TOEFL MAP

ACTUAL TEST

New TOEFL® Edition

Susan Kim
Michael A. Putlack
Lee Cheong
Stephen Poirier

Speaking 1

DARAKWON

TOEFL MAP

ACTUAL TEST

New TOEFL Edition

Speaking 1

Publisher Chung Kyudo
Editors Zong Ziin, Cho Sangik
Authors Susan Kim, Michael A. Putlack, Lee Cheong,
Stephen Poirier
Designers Kim Nakyung, Park Narae, Lee Seunghyun

First published in April 2022
By Darakwon, Inc.
Darakwon Bldg., 211, Munbal-ro, Paju-si, Gyeonggi-do 10881
Republic of Korea
Tel: 82-2-736-2031 (Ext. 250)
Fax: 82-2-732-2037

Price ₩18,000
ISBN 978-89-277-8012-0
       978-89-277-8007-6 (set)

www.darakwon.co.kr

Photo Credits
Shutterstock.com

Components Main Book / Script and Translation Book
7 6 5 4 3 2 1   22 23 24 25 26

TOEFL® MAP
ACTUAL TEST

New TOEFL® Edition

Speaking **1**

머리말

영어로 말해야 하는 상황에서, 정확한 답을 알면서도, 혹은 더 좋은 아이디어가 있음에도 불구하고 섣불리 손을 들고 말하지 못했던 경험이 있으신가요? 많은 유학생들이 손꼽는 학교 생활에서 가장 힘든 점은 토론이고, 해외에 있는 직장인들이 겪는 회사 생활의 힘든 점은 회의입니다. 말을 할 줄 알면서도 모국어가 아니라서 내 발음이 맞을까, 혹시 문법이 틀리지 않을까 하는 걱정에 말을 할 타이밍을 놓치거나 아예 안 하는 경우가 종종 있습니다.

특히나 눈 앞에 타이머가 작동하는 토플 시험장에서는 아무리 준비를 하고 가도 문제가 제시되는 순간 머릿속이 하얘진다는 경험담을 많이 들었습니다. 저 역시 처음 iBT가 나와서 한국에서는 시행되지 않았던 시기에, 캐나다에 가서 시험을 보았던 시간을 잊을 수 없습니다. 저는 "강사니까…" 자신 있게 스피킹을 시작했건만, 처음 1번 문제에서 아이디어가 쉽사리 떠오르지 않다 보니 페이스를 잃으면서 그 다음 문제들도 줄줄이 허둥대며 낭패를 보았죠. 학생들에게 전략을 알려 주고자 봤던 시험이, 본의 아니게 학생들이 패닉 상태에 빠지는 순간에 공감하게 되는 에피소드로 남았습니다.

그렇다면, 영어를 할 줄 아느냐 모르느냐가 스피킹 실력의 척도를 나타낼까요? 영어가 모국어인 사람들에게 주제를 주고 15초의 준비 시간 후 초시계를 앞에 보여 주며 45초 동안 말하라고 하면 대부분은 여러분과 같은 반응을 보이며 몇 마디 못할 것입니다. 이는 비단 언어의 문제가 아닌 논리와 순발력의 문제이기도 하니까요. 시험은 분명 편한 분위기의 환경이 아닙니다. 정해진 시간 안에 조리 있는 답변을 또박또박 말해야 합니다.

논리, 영어 실력, 그리고 자신감과 순발력이 어우러질 때 스피킹 점수는 올라갑니다. 본 교재는 최신 경향에 맞는 다양한 주제를 다루고 있으며, 효율적인 학습을 위해 단계적인 스피킹 훈련 방법을 제시하고 있습니다. 먼저 brainstorming을 통해 주제에 대한 아이디어를 도출해 내고, note-taking을 하면서 논리를 키우며, sample response를 큰 소리로 따라 읽고 자신감과 실력을 키울 수 있습니다.

본 교재를 통해 토플 시험을 준비하는 여러분들이 반드시 좋은 결과를 얻어 여러분들의 꿈을 향해 조금 더 다가설 수 있게 되기를 진심으로 기원합니다. 학생들에게 조금이나마 도움을 주고자 하는 제 바람을 펼칠 수 있도록 책이 출판되기까지 도움을 주신 다락원 편집부에 감사의 말씀을 전합니다. 마지막으로, 언제나 사랑과 응원으로 제 하루하루를 행복하고 가치 있게 만들어 주는 가족들께 깊이 감사드립니다.

저자 김수진

목차

이 책의 특징

최신 경향의 최다 문제 수록

- 각권 16회분 총 32회분의 문제 수록
- 최신 기출 문제를 분석하여 빈출 주제 및 단어로 문를 재구성

모든 문제에 대한 샘플 리스판스 제공

- 수험생에게 실질적인 도움이 될 수 있는 모범 답안 제공
- 찬/반 혹은 의견을 선택해야 하는 문제에서는 각각에 대한 샘플 리스판스를 수록

고득점으로 이어지는 필수 팁 제공

- 고득점을 얻기 위해 답변 시 반드시 알아야 할 팁 제시

각 독립형 문제에 관련된 연관 토픽 제시

- 해당 주제와 관련이 있는 다양한 문제들을 수록

모든 지문과 스크립트, 그리고 샘플 리스판스에 대한 해석 수록

- 리딩 지문과 리스닝 스크립트, 그리고 각 샘플 리스판스에 대한 해석 포함

리스닝 MP3 파일

이 책의 구성

TASK

주제들이 한 쪽으로 치우치지 않도록 빈출 주제들을 균형감 있게 재배치하였다.

NOTE-TAKING

독립형의 경우 노트테이킹 요령뿐만 아니라 브레인스토밍을 원활히 할 수 있는 테이블을 제시하고 있으며, 통합형의 경우에는 리딩 및 리스닝에 대한 노트테이킹 요령을 제시해 두었다.

WORD REMINDER

해당 주제와 관련되고 실제 토플 시험에서 자주 사용되는 단어들을 일목요연하게 정리해 두어, 수험생들이 빠른 시간 내에 단어 학습에 대한 효과를 볼 수 있다.

SAMPLE ESSAY & TIPS for SUCCESS

수험생들이 실제 말을 할 수 있는 레벨을 감안하여 눈높이에 맞춘 샘플 리스판스들을 제공하였다. 특히 찬/반을 묻는 문제와 의견 선택을 요구하는 문제의 경우, 이에 대한 각각의 샘플 리스판스를 제공해 줌으로써, 자신의 의견에 맞는 모범 답안을 분석해 볼 수 있다. 또한 답변에 유용한 사항 등을 TIPS for SUCCESS에 정리해 놓았다.

RELATED TOPICS

독립형의 경우 해당 주제와 관련되어 출제될 수 있는 다양한 문제들을 추가적으로 제시하고, 아울러 간단한 노트테이킹 작성 요령들도 수록해 두었다.

TOEFL® iBT에 대한 소개

1. 구성

시험 영역	지문 형식과 문제 수	시간	점수
Reading	• 시험당 3~4개의 지문 　– 지문 하나는 약 700개의 단어로 구성됨 　– 각 지문마다 10개의 문제가 출제됨	54-72분	30점
Listening	• 시험당 2~3개의 대화 　– 약 3분 동안 12~25차례의 대화가 오고 감 　– 각 대화마다 5개의 문제가 출제됨 • 시험당 3~4개의 강의 　– 강의는 3~5분 동안 500~800개의 단어로 구성됨 　– 각 강의마다 6개의 문제가 출제됨	41-57분	30점
Break 10 minutes			
Speaking	• 독립형 문제 1개 　– 15초의 준비 시간과 45초의 응답 시간 　– 선호 및 의견에 근거한 말하기 문제 1개가 출제됨 • 읽고 듣고 말하기의 통합형 문제 2개 　– 30초의 준비 시간과 60초의 응답 시간 　– 대학 생활과 관련된 문제 1개와 특정 학문과 관련된 문제 1개가 출제됨 • 듣고 말하기의 통합형 문제 1개 　– 20초의 준비 시간과 60초의 응답 시간 　– 특정 학문과 관련된 문제 1개가 출제됨	17분	30점
Writing	• 읽고 듣고 쓰기의 통합형 문제 1개 　– 20분간 읽기 및 듣기 내용을 150~225개의 단어로 요약하는 문제가 출제됨 • 독립형 문제 1개 　– 30분간 제시된 주제에 따라 최소 300개의 단어로 에세이를 작성하는 문제가 　　출제됨	50분	30점

2. 특징

전 세계의 지정된 시험장에서 인터넷을 통해 실시

TOEFL® iBT에서 iBT란 인터넷 기반 시험을 뜻하는 Internet-based Test의 약자이다. 시험은 인터넷 시설이 갖추어진 지정된 시험장에서만 실시되며, 시차에 따른 문제 유출의 소지를 없애기 위해 전 세계에서 동시에 하루 만에 시행된다. 총 시험 시간은 3시간에서 3시간 30분 사이이고, 읽기와 듣기 영역 시험이 끝난 후 10분간의 휴식 시간이 주어진다.

읽기, 듣기, 말하기, 쓰기 영역을 통합적으로 평가

TOEFL® iBT는 네 가지 언어 영역을 평가하는 시험으로, 일부 영역의 시험만 선택할 수는 없다. 특히 말하기와 쓰기 영역에서는 읽고 듣고 말하기, 듣고 말하기, 읽고 듣고 쓰기 등과 같은 통합적인 언어 구사 능력을 평가한다. 문법은 별도의 평가 항목 없이 위의 네 영역에 나오는 문제와 과제를 통해 간접적으로 평가된다.

노트 필기 허용

TOEFL® iBT는 핵심 사항을 필기할 수 있도록 시험장에 입장할 때 연필과 종이를 나누어 준다. 따라서, 읽기, 듣기, 말하기, 쓰기 영역에서 지문을 읽거나 들으면서 중요한 내용을 메모해 두었다가 문제를 풀 때 참고할 수 있다. 노트 필기한 종이와 연필은 시험장에서 퇴실할 때 반납해야 한다.

미국식 이외의 발음 추가

TOEFL® iBT의 듣기 영역에서는 강의 가운데 한 개가 미국식 발음 이외의 영국, 캐나다 등 다양한 국적의 발음으로 나올 수도 있다. 하지만 실제 시험에서 대체적으로 미국식 발음이 가장 많이 들리기 때문에 수험자가 다국적 발음에 대해 크게 걱정할 필요는 없다.

쓰기 영역과 컴퓨터 자판

TOEFL® iBT의 쓰기 영역은 모든 답안을 컴퓨터 자판을 통해 작성해야 한다. 효율적인 답안 작성을 위해 평소에 영문 자판에 익숙해 있어야 한다.

인터넷을 통한 성적 확인

TOEFL® iBT는 수험자가 시험을 치른 후 15일 정도 지나서 시험 결과를 온라인으로 확인할 수 있다. 시험을 신청할 때 온라인 성적 확인과 함께 우편 확인까지 선택하면 차후에 우편으로도 성적표를 받아볼 수 있다.

TOEFL® iBT의 Speaking Section 채점 기준

1. 독립형 문제 (Independent Writing Task)

Score 4

매우 명확하고 자연스럽게 답변을 한다. 명확하고 일관성 있는 아이디어로 답변의 완성도가 높다. 이해하기 쉬운 자연스러운 답변을 보이며 문법과 어휘를 효과적으로 사용한다. 발음 및 언어 사용에 있어서 사소한 실수들이 있을 수 있으나, 답변의 전체적인 명료함이나 의미에는 영향을 미치지 않는다.

Score 3

적절하게 답변을 하지만 완성도가 충분히 높지는 않다. 전체적으로 표현이 자연스러우며 답변이 명확하고 문법과 어휘를 효과적으로 사용하는 편이다. 하지만 발음, 말하는 속도, 언어 구조, 혹은 단어 선택에 있어서 사소한 문제가 있기 때문에, 듣는 사람이 이를 이해하기 위해서는 때때로 노력을 기울여야 하며 말이 끊기는 경우도 있을 수 있다.

Score 2

답변을 하지만 아이디어의 전개에 한계가 있다. 아이디어들이 모호하게 표현되고 서로간 연결이 잘 되지 않으며, 문법 및 어휘의 사용이 기초적인 수준에 머물러 있다. 또한, 기본적으로 답변이 명확하기는 하나 발음, 억양, 혹은 말하는 속도에 있어서의 실수 때문에 듣는 사람이 상당한 노력을 기울여야 한다.

Score 1

답변이 매우 짧고 사실상 문제와의 연관성이 없다. 기본적인 아이디어를 표현하는 것 이외의 내용이 부족하며, 발음, 강세, 그리고 억양에 문제가 있고, 문법 및 어휘의 사용이 제한되어 있어서 듣는 사람이 답변을 이해하기가 어렵다.

Score 0

답변이 문제와 관련되어 있지 않거나 요지가 없다.

2. 통합형 문제 (Integrated Writing Task)

Score 4

필요한 정보와 적절한 세부 내용으로 답변을 한다. 전체적으로 명확하고, 자연스럽고, 일관성 있는 답변을 하며 문법과 어휘도 효과적으로 사용한다. 발음, 억양, 혹은 언어 사용에 있어서 사소한 문제가 있을 수 있지만, 답변의 전체적인 명료함이나 의미에는 영향을 미치지 않는다.

Score 3

적절하게 답변을 하지만 완성도가 충분히 높지는 않다. 필요한 정보는 전달하나 세부 내용은 충분히 포함되어 있지 않다. 전체적으로 표현이 자연스럽고 답변이 명료하나, 발음, 억양, 혹은 말하는 속도에 있어서의 사소한 문제 때문에, 듣는 사람이 이를 이해하기 위해서는 약간의 노력을 기울여야 한다. 또한 문법과 어휘를 효과적으로 사용하는 편이나, 일부 단어 혹은 언어 구조의 선택이 부적절하다.

Score 2

연관성 있는 정보를 전달하나, 아이디어들이 잘 연결되지 않는다. 주요 아이디어가 빠져 있거나, 전개가 부적절하거나, 주요 아이디어를 잘못 이해하고 있다. 때때로 답변이 명확하지만 대체적으로 발음, 억양, 혹은 말하기의 속도에 문제가 있어서 듣는 사람이 상당한 노력을 기울여야 한다. 또한 기본적인 수준의 문법과 어휘를 나타내고 있기 때문에, 아이디어의 표현이 제한되어 있거나 모호하며, 혹은 아이디어들이 잘 연결되지 않는다.

Score 1

답변이 매우 짧고 사실상 문제와 연결되지 않는다. 관련된 내용이 없으며 부정확하거나 모호한 표현들이 있다. 말이 종종 끊기고, 말하기를 주저하며, 발음과 억양에 있어서 지속적인 문제가 나타난다. 또한 문법과 어휘의 사용도 심각하게 제한된 범위에서만 이루어진다.

Score 0

답변이 문제와 관련되어 있지 않거나 요지가 없다.

TOEFL® MAP
ACTUAL
TEST Speaking **1**

01

01-01

ACTUAL TEST **01**

Some teachers have discussions in their classes. Others prefer to lecture all of the time. Which method of teaching do you think is better for students and why? Use details and examples to explain your answer.

PREPARATION TIME
00:00:15

RESPONSE TIME
00:00:45

📝 NOTE-TAKING

DISCUSSIONS
- *students involved → learn more* 학생 참여 → 보다 많이 배움
- *think about material → learn why things happened* 수업 내용에 대해 생각 → 현상이 발생하는 이유를 알 수 있음

LECTURES
- *teachers know more than students* 교사들은 학생들보다 더 많이 알고 있음
- *discussions – waste of time* 토론 – 시간 낭비

Sample Response 🎧 01-02

› DISCUSSIONS

    In my opinion, teachers should have discussions in their classes. I have two reasons for holding this opinion. First, discussions get students more involved in the class. To be specific, students will pay more attention in class since they have to talk about the topic with the teacher and other students. This will help students learn more. Secondly, class discussions will make students think about the material they are discussing. To illustrate, in history classes, students can think about why people acted in a certain way instead of just learning what they did. For these two reasons, I believe teachers should have discussions in their classes.

› LECTURES

    In my opinion, teachers should only lecture in their classes. I have two reasons for holding this opinion. First, teachers know a lot more than their students. To be specific, teachers have attended college and often graduate school. So they have a deep knowledge of their subjects. Students don't. So only the teacher should speak in order for students to learn as much as possible. Secondly, class discussions are often a waste of time. Students usually start talking about topics other than the one they should be discussing. When that happens, students don't learn the lesson that the teacher had intended. For these two reasons, I believe teachers should only lecture in their classes.

WORD REMINDER
get involved 관여시키다, 개입시키다   to be specific 자세히 말하면

TIPS for SUCCESS

Choice of Examples
응시자들이 설명하기 어려운 사례를 선택하는 경우가 종종 있는데, 토플 스피킹 시험의 목적은 응시자의 지적 수준을 측정하려는 것이 아니라, 영어로 명확하게 설명하는 능력을 측정하는 것이다. 따라서, 어려운 사례를 선택하여 설명하는 것은 오히려 감점 요인이 될 수 있다. 예를 들어, 가장 즐겨 읽는 책에 대해 말을 할 때, 어려운 개념의 철학 서적 보다는 많은 사람들이 알고 있는 소설책을 예로 드는 것이 채점자가 내용을 이해하는데 도움이 된다.

RELATED TOPICS

1 When you attend a class, do you take notes, or do you listen closely to the lecture?

수업을 들을 때, 필기를 하는가, 강의를 면밀히 듣는가?

TAKE NOTES	LISTEN CLOSELY
- can't remember everything prof. says 교수가 말한 내용을 모두 기억할 수는 없음 - helps me review for tests 시험 대비를 위한 복습에 도움	- have good memory 기억력이 좋음 - get extra info from textbook 교재에서 추가적인 정보를 얻음

2 Everyone does not need to attend college. 모든 사람들이 대학에 다닐 필요는 없다.

AGREE	DISAGREE
- some jobs = no need for college 일부 직업 = 대학에 다닐 필요 없음 - not everyone likes studying 모든 사람이 공부를 좋아하는 것은 아님	- learn more info at school 학교에서 보다 많은 정보를 얻을 수 있음 - college life → good experience 대학 생활 → 좋은 경험

3 Teachers need to work harder to make their students learn better.

선생님은 학생들이 더 잘 배우게 하기 위해 더 열심히 일할 필요가 있다.

AGREE	DISAGREE
- many lazy teachers → don't do enough for students 많은 게으른 교사들 → 학생들을 위해 충분히 일하지 않음 - some students need extra help → teachers should spend more time w/them 몇몇 학생들은 추가적인 도움이 필요함 → 교사들은 그들과 더 많은 시간을 보내야 함	- many students = lazy → won't learn even if teachers work hard 많은 학생들 = 게으름 → 교사들이 열심히 한다 해도 배울 수 없음 - some students = incapable of learning well 몇몇 학생들 = 잘 배울 수 없음

4 Students should try to learn at least one new skill each year.

학생들은 매년 적어도 하나의 새로운 기술을 배우기 위해 노력해야 한다.

AGREE	DISAGREE
- make selves better → improve skillsets 스스로를 더 낫게 만듦 → 역량을 강화함 - might make new friends when learning new skills 새로운 기술을 배울 때 새로운 친구를 만들 수 있음	- Students have busy lives → no time to learn new skills 학생들은 분주한 삶을 살고 있음 → 새로운 기술을 배울 시간 ✗ - might ignore family when learning new skills → family > new skills 새로운 기술을 배울 때 가족을 못 본 척할 수 있음 → 가족 > 새로운 기술

To the Editor,

Recently, the school has spent millions of dollars refurbishing existing athletic facilities and constructing new ones. The school currently has some outstanding places to play sports and to exercise.

However, I have noticed that these facilities often have few people working out in them. I propose that the school make participating in sports mandatory for all students. This will ensure that the school has not wasted the money that it spent on building and renovating the facilities. In addition, many students are overweight and clearly need to exercise. Requiring them to work out will help them get in good shape.

Daniel Carter
Sophomore

 01-03

The man expresses his opinion about the letter to the editor in the school newspaper. Explain his opinion and the reasons he gives for holding that opinion.

PREPARATION TIME
00:00:30

RESPONSE TIME
00:00:60

📝 NOTE-TAKING

READING

- **_school spent $ on athletic facilities_** 학교에서 체육 시설에 돈을 썼음
  – often empty ∴ make sports mandatory 종종 비어 있음 ∴ 운동을 의무적인 것으로 만듦
- **_students overweight → need to exercise – get in shape_** 학생들이 과체중 → 운동을 해야 할 필요가 있음 – 건강 유지

▶ WORD REMINDER
refurbish (건물 등을) 새로 꾸미다   work out 운동하다   mandatory 강제적인, 필수적인   in good shape 건강한

LISTENING

WOMAN	MAN
● **_school spent lots of $_** 학교가 많은 돈을 썼음	● **_no one asked school to spend $_** 아무도 학교에 돈을 써 달라고 요구하지 않았음
	– no survey of students 학생들을 상대로 한 조사가 없었음
	– spend $ on library 도서관에 투자
● **_students need to work out_** 학생들은 운동을 해야 할 필요가 있음	● **_school not responsible for making students exercise_** 학교측에 학생을 운동시켜야 한다는 책임은 없음
	– students not at gym 체육관에 학생들이 없음
	– but others jog & ride bikes on campus 하지만 다른 학생들은 교내에서 조깅 및 자전거 타기를 함

▶ WORD REMINDER
be forced to 강제로 ~하다, 억지로 ~하다   survey 조사

Sample Response   🎧 01-04

The man and the woman share their opinions on the letter to the editor that the student wrote about requiring all university students to participate in sporting events. The man expresses a negative opinion of the student's letter for two reasons. The first reason is that he doesn't believe the school should have spent so much money on the athletic facilities. According to him, the school should have asked the students how to spend the money, but it didn't do that. He states that he wanted the money to be spent on the library. Secondly, the man claims that it isn't the school's job to make students exercise or lose weight. He also notes that many students work out at places other than the gym. They jog or cycle elsewhere around campus. Therefore, the man strongly disagrees with the student's letter to the editor.

■ TIPS for SUCCESS

Task 2: Reading

일반적으로 2번 문제의 읽기 지문의 뒷부분에는 특정 사안에 대한 학교의 대응책에 관련된 내용이 포함되어 있다. 이러한 내용에 대해 따로 노트테이킹을 할 필요는 없으며, 다만 이를 단서로 리스닝의 내용을 미리 예상해 볼 수는 있다.

Mental Accounting

People often make mental calculations when considering how to spend their money. In their minds, they may separate the money that they have into different accounts based upon criteria that are known only to them. For instance, mental accounts may be created for food, housing, entertainment, and other budgetary items. Each of these receives a certain amount of money in the person's mind. When that money is exhausted, the person will typically no longer spend any money on that type of item even if that individual has enough funds to pay for it.

01-05

The professor talks about how people choose to spend their money. Explain how these examples are related to mental accounting.

PREPARATION TIME
00:00:30

RESPONSE TIME
00:00:60

📝 NOTE-TAKING

READING

❶ *separate $ into diff. accounts – food, housing, entertainment, etc.*
돈을 서로 다른 계정에 배정 – 식품, 주거, 오락 등

❷ *each account: some $ → exhaust $: spend no more* 각각의 계좌: 일정한 돈 → 돈 소진: 더 이상 쓰지 않음
(각각의 계좌 관리가 어떤 식으로 도움이 될지에 대한 예시가 나올 가능성 ↑)

▌ WORD REMINDER
calculation 계산   criterion 기준, 표준   budgetary 예산상   exhaust 소진하다, 고갈시키다

LISTENING

❶ *wife: buys $5 donuts → leaves on bus* 아내: 5달러어치의 도넛 구입 → 버스에 두고 내림
– *doesn't buy again → $10 for donuts: too expensive* 다시 사지 않음 → 도넛에 10달러: 너무 비쌈

❷ *save for house but car breaks* 주택 구입을 위해 저축, 하지만 차가 고장 남
– *need $ for repairs → don't spend* 수리에 많은 돈이 필요 → 돈을 쓰지 않음
– *new house > fixing car* 주택 구입 > 자동차 수리

▌ WORD REMINDER
ascribe A to B A를 B에 속하는 것으로 생각하다   the other day 일전에   refuse 거절하다, 거부하다

Sample Response 🎧 01-06

　　In the lecture, the professor describes two ways in which people choose to spend their money. The first example he gives concerns his wife. She paid five dollars for donuts but left them on the bus. She refused to buy another bag because she thought that spending ten dollars on donuts was excessive. The second example he gives concerns a family saving to buy a house. When their car needs repairing, they don't do it because they don't want to spend any of the money that they have saved for their new home. These demonstrate the concept called mental accounting, which is defined as a way in which people make mental calculations about how they will spend their money. In mental accounting, people set aside money for certain items and won't spend more if they go over budget.

▌ WORD REMINDER
excessive 초과하는, 과도한   demonstrate 논증하다, 설명하다   define 정의하다   set aside 따로 떼어두다, 비축하다
go over budget 예산을 초과하다

■ TIPS for SUCCESS

Task 3: Listening

3번 문제의 리스닝에서는 지문의 내용을 보다 자세히 설명해 주는 강의가 나오는데, 이때 교수는 이해를 돕기 위한 사례들을 제시한다. 문제 자체가 강의에서 나온 사례를 이용하라고 요구하고 있기 때문에, 예라고 해서 무시하지 말고 이에 대한 노트테이킹을 반드시 해야 한다.

01-07

Using points and examples from the talk, explain two different ways that roads can have a harmful effect on the ecology of a region.

PREPARATION TIME
00:00:20

RESPONSE TIME
00:00:60

📝 NOTE-TAKING

roads: unnatural 도로: 자연적이지 않음

negatively affect region's economy 지역 경제에 부정적인 영향을 끼침

❶ *weeds: unwanted / grow aggressively* 잡초: 바람직하지 않음 / 공격적으로 성장
   - outcompete flowers and crops (→ use resources) 꽃과 작물을 밀쳐 냄 (→ 자원으로 사용)
   - picked up by cars 차량에 달라 붙음
     drivers go other places → seeds fall off 운전자가 다른 곳으로 감 → 종자가 떨어져 나감

❷ *animal movement* 동물의 이동
   - movement patterns: migrate / breeding grounds / food 이동 패턴: 계절에 따른 이동 / 새끼를 낳고 기름 / 음식
   - pronghorn: doesn't cross roads → can't get food or migrate
     가지뿔영양: 도로를 건너지 않음 → 음식을 구하지 못하거나 이동을 하지 못함
   - snakes, frogs, & porcupines → killed crossing roads 뱀, 개구리, & 호저 → 도로를 건너다 죽음

WORD REMINDER

ecology 생태(학), 자연 환경   outcompete 경쟁에서 우위를 점하다   unwittingly 자신도 모르게   road corridor 도로
subsequently 그 결과, 따라서   serve as ~로서 기능하다   pronghorn 가지뿔영양   be reluctant to ~하는 것을 꺼리다   starvation 아사

Sample Response   🎧 01-08

In the lecture, the professor provides two types of ways in which roads can have a negative effect on a region's ecology. The first way is by spreading weed seeds. Weeds are plants that people dislike because they compete with flowers and crops for resources. The professor says that vehicles pick up weed seeds along roads. Then, when a person drives, the seeds fall off in different places. So the weeds grow in places they don't belong. The second way is by forming barriers to the movements of animals. The professor mentions the pronghorn. According to her, it doesn't like to cross roads. This can keep the pronghorn from migrating and getting to food. The professor also says that animals like snakes, frogs, and porcupines can get hit by cars when they cross roads, so they often are killed. In this way, the professor describes how roads can harm a region's ecology.

WORD REMINDER

compete 겨루다, 경쟁하다

TOEFL® MAP

ACTUAL TEST

Speaking **1**

02

⌒ 02-01

ACTUAL TEST **02**

A university is having funding problems, so it needs to reduce the amount of money it spends. Which of the following do you think the school should do?

- Eliminate unpopular college sports teams
- Decrease the number of tenured faculty members
- Hire fewer student employees

PREPARATION TIME
00:00:15

RESPONSE TIME
00:00:45

ELIMINATE UNPOPULAR SPORTS TEAMS
- *require a lot of money for facility, coaches, athletes* 시설, 코치, 선수에게 많은 돈이 필요함
- *purpose: build college spirit* 목적: 대학의 정신을 생기게 하는 것

DECREASE THE NUMBER OF TENURED FACULTY MEMBERS
- *salaries: much higher than assistant or adjunct professors* 연봉: 부교수나 겸임 교수보다 훨씬 높음
- *benefits: some schools provide housing* 복지: 일부 학교들은 주거지를 제공

HIRE FEWER STUDENT EMPLOYEES
- *many other jobs off campus* 교내 밖의 다른 일자리
- *numerous positions replaced by machines* 많은 직책이 기계로 교체됨

Sample Response 🎧 02-02

› ELIMINATE UNPOPULAR SPORTS TEAMS

In order to close the budget gap, the college should eliminate unpopular sports teams. There are two reasons I have this opinion. First of all, college sports teams require a lot of money in order to cover the costs of facilities, coaches, and athletes. However, if a team is not popular and cannot bring in money from selling tickets for games or donations, it will operate at a deficit. Secondly, one of the main aims for college sports teams is to build college spirit for students by cheering. To be specific, there is no point in supporting a sports team which no one pays attention to. For these two reasons, I believe the college should eliminate unpopular sports teams.

› DECREASE THE NUMBER OF TENURED FACULTY MEMBERS

In order to close the budget gap, the college should decrease the number of tenured faculty members. There are two reasons I have this opinion. First of all, colleges spend a lot of money on tenured professors. For instance, tenured professors get much higher salaries compared to assistant and adjunct professors. Secondly, universities need to provide good benefits for tenured professors, and the benefits take up a large part of the budget. For example, besides benefits such as health insurance, flexible spending accounts, and tuition reimbursement, some colleges even provide housing to tenured professors. For these two reasons, I believe the college should decrease the number of tenured faculty members.

> HIRE FEWER STUDENT EMPLOYEES

In order to close the budget gap, the college should hire fewer student employees. There are two reasons I have this opinion. First of all, students can find jobs off campus. For instance, many restaurants and retail shops are located near universities, and they are constantly looking for part-time and full-time workers. Secondly, the need for student employees is decreasing because of machines. For example, self-checkout systems in libraries can replace student librarians. Moreover, students can locate books easily thanks to computerized library catalogs. Consequently, many student employees end up just sitting at their desks. For these two reasons, I believe that colleges should hire fewer student employees.

WORD REMINDER

budget 재정   gap 차이   eliminate 폐지하다   cover 덮다, 부담하다   facility 시설   athlete 운동선수   deficit 적자   spirit 정신   tenured 종신의   assistant professor 부교수   adjunct professor 겸임 교수   benefit 혜택   take up 차지하다   flexible 융통성 있는   reimbursement 환급   faculty 교수진   retail 소매, 매장   replace 교체하다   thanks to 덕분에

RELATED TOPICS

1   Schools that have funding problems should raise tuition for students.
자금 문제가 있는 학교들을 학생들의 등록금을 인상해야 한다.

AGREE	DISAGREE
- can get the money they need 필요한 돈을 구할 수 있음	- many students can't afford 많은 학생들은 여유가 없음
- can avoid closing down 폐교하는 것을 피할 수 있음	- can ask donors for necessary funds 기부자들에게 필요한 자금을 요청할 수 있음

2   Would you prefer to take out loans to attend an exclusive yet expensive university or attend a less-exclusive college on a full scholarship?
대출을 받아 일류이지만 학비가 비싼 대학에 들어가는 것을 선호하는가, 전액 장학금을 받고 일류보다 덜 좋은 대학에 가는 것을 선호하는가?

TAKE OUT LOANS	ATTEND ON A FULL SCHOLARSHIP
- can pay back later 나중에 갚을 수 있음	- can start career w/no debt 빚 없이 경력을 시작할 수 있음
- exclusive school = better job prospects 좋은 대학 = 더 나은 직업 전망	- can get good education if study hard 열심히 공부하면 좋은 교육을 받을 수 있음

No More Teacher Evaluations

Teacher evaluations will no longer be passed out to students during the last class of the semester. While they had proven useful in the past, in recent years, very few constructive comments have been provided by students. In addition, many comments have simply been personal attacks against professors. As a result, the administration feels that there is no longer a need to collect evaluations from students. Should students wish to provide evaluations of their professors, they can contact the relevant department and request to fill out a form.

 02-03

The woman expresses her opinion about the announcement by the university administration. Explain her opinion and the reasons she gives for holding it.

PREPARATION TIME
00:00:30

RESPONSE TIME
00:00:60

NOTE-TAKING

READING

- ***No more teacher evaluations will be offered*** 교수 평가제가 더 이상 제공되지 않을 것
  - few constructive comments → personal attacks 건설적인 의견이 거의 없음 → 인신공격
  - students can contact department and request to fill out form 학생들은 과에 연락을 취해 양식을 작성하고자 요청할 수 있음

WORD REMINDER

evaluation 평가 pass out 나눠주다 semester 학기 constructive 건설적인 comment 지적 personal 개인적인 attack 공격
administration 행정처 collect 모으다 relevant 관련 있는 department 부서 fill out 작성하다, 기입하다 form 서식

LISTENING

WOMAN	MAN
● ***unhappy with decision*** 결정에 불만족	

- ***unhappy with decision*** 결정에 불만족
  - prof's: read and pay attention 교수들: 읽고 신경 씀
  - discuss evaluations + change teaching methods
    평가에 대해 토론 + 교육 방법을 바꿈
- ***school admin reads them***
  학교 행정처에서도 평가지를 읽음
  - positive evaluations → promotion
    긍정적 평가 → 진급
  - negative evaluations → leave 부정적 평가 → 퇴사

WORD REMINDER

pay attention to 주목하다 Economics Department 경제학부 teaching methods 교수법 negative 부정적인 improve 향상시키다
quality 질

Sample Response
🎧 02-04

　　The man and the woman share their opinions on the school's decision to abolish teaching evaluations that are done on the last day of class. The woman expresses a negative opinion of the school's decision and provides two reasons for having her opinion. The first reason is that professors read evaluations and pay attention to them. According to the woman, after professors read comments by students, they decide to modify their teaching methods when needed. The second reason is that people in the administration also read the feedback. She mentions that the evaluation forms can affect professors in many ways as they can be promoted or their contracts with the school can even be terminated. She adds that the evaluations help improve the quality of teaching. Therefore, the woman disagrees with the school's decision to stop offering students faculty evaluation forms.

WORD REMINDER

abolish 폐지하다 feedback 피드백 terminated 해고된 offer 제공하다

Greenwashing

Nowadays, there are efforts being undertaken to protect the environment in countries around the globe. In numerous instances, businesses announce that they are making an effort to take care of the environment. They may do this through advertising, special promotions, unique products, and various campaigns. However, despite their claims, these businesses frequently have poor records when it comes to looking after the environment. In some cases, their actions may even cause harm to the environment. In instances like these, the businesses' actions can be described by the term greenwashing.

🎧 01-05

The professor talks about his trip last summer. Explain how his experience is related to greenwashing.

PREPARATION TIME
00:00:30

RESPONSE TIME
00:00:60

📝 NOTE-TAKING

READING

● *greenwashing: companies taking actions that can cause harm to environment*
그린워싱: 기업들이 환경에 해를 끼칠 수 있는 행동을 취하고 있음
(greenwashing을 하는 기업/단체에 대한 예시가 나올 거라는 것을 인지하고 준비)

WORD REMINDER

undertake 착수하다, 하다   numerous 많은   instance 경우   promotion 판촉, 홍보   campaign 캠페인, 운동

LISTENING

many companies are involved in greenwashing 많은 기업들은 그린워싱에 연루되어 있음

❶ *hotel room: memo → towel + bedsheet changes only upon request in order to save water*
호텔 방: 메모 → 물을 아끼기 위해 수건 + 침대 시트를 오직 요청이 있을 때만 교체함
- hotel was expanding 호텔이 확장되는 중임
- the area: where sea turtles come to lay eggs 해당 지역: 바다 거북이 알을 낳으러 오는 곳
  → no concern for the natural environment 자연 환경에 대한 관심 ✗

❷ *scuba diving* 스쿠버 다이빙
- announcement from guide: shouldn't throw garbage into ocean 가이드로부터의 공지: 바다에 쓰레기를 버려서는 안 됨
- protect marine life 해양 생물을 보호함
- boat: leaking oil 보트: 기름 유출

WORD REMINDER

in some manner 어떤 식으로든   inform 알리다   specifically 명확하게, 특별히   request 요청하다   lay 알을 낳다   expand 확장시키다
concern 걱정, 우려   excursion 여행   leak 새다   coral reef 산호초

Sample Response   🎧 02-06

The professor talks about a trip he went on to the beach last summer. First, he mentions that his hotel would only wash towels and bedsheets if the guests specifically requested it. That was done to save water. However, he later noticed that the hotel was expanding in a place where sea turtles lay their eggs. Next, he discusses a scuba-diving trip he took. He says that the guides were constantly reminding the divers that they shouldn't throw garbage in the ocean. But the boat they were on was leaking oil into a coral reef. Both instances are examples of greenwashing. This happens when a business makes claims that it is trying to help the environment in a variety of manners. The business often engages in various activities that harm the environment though. This was the case for both the hotel and the scuba-diving operation.

WORD REMINDER

in a variety of manners 다양한 방식으로   case 경우, 사례   operation 사업, 기업

02-07

Using points and examples from the talk, explain two types of thinking.

PREPARATION TIME
00 : 00 : 20

RESPONSE TIME
00 : 00 : 60

LISTENING

2 types of thinking: fast thinking + slow thinking 두 종류의 사고 방식: 빠른 사고 방식 + 느린 사고 방식

❶ *FT: brain utilizes FT for simple processes* 빠른 사고 방식: 뇌가 간단한 과정을 위해 빠른 사고 방식을 활용

- **Ex** decisions (important ✗), social interactions / automatic statement + responses / responses to sensory input 결정 (중요치 ✗), 사회적 상호 작용 / 무의식적인 표현 + 반응 / 감각적 유입에 대한 반응
- refers to responses → swift + instinctual 반응을 가리킴 → 빠르고 무의식적
    - **Ex** scary-looking dog: stop moving → avoid attracting attention 무섭게 생긴 개: 움직임을 멈춤 → 주의를 끌지 않기 위함
    - touching a hot stove: pull hand away → keep from getting burned
    - 뜨거운 가스레인지를 만짐: 손을 치움 → 데는 것으로부터 막음
    - → automatic responses 자동 반응

❷ *ST: deeper kind of thinking* 느린 사고 방식: 좀 더 깊이 있는 생각

- logical part of brain 뇌의 논리적인 부분
- utilize deliberate thought + use brain's processing power 신중한 생각을 활용 + 뇌의 처리 능력을 이용
    - **Ex** using a map + giving directions 지도를 사용 + 방향을 주는 것
    - driving a car: steering, using accelerator + brakes, paying attention to road
    - 자동차 운전: 조종, 엑셀과 브레이크를 사용하는 것, 길에 주의를 기울이는 것

WORD REMINDER

in brief 간단히 말해서   social interaction 사회적 상호 관계   casual 가벼운   nature 종류, 유형, 본성   automatic 자동의
sensory input 감각 입력   refer to ~을 지칭하다   swift 신속한, 빠른   instinctual 본능에 따른   attract 마음을 끌다   attention 주목, 관심
get burned 화상을 입다   logical 논리적인   deliberate 신중한   steer 조종하다   pay attention to ~에 집중하다   require 요구하다

Sample Response   🎧 02-08

In the lecture, the professor talks about thinking. Then, he explains two types of thinking. The first type is fast thinking. It requires prompt and instinctual responses that don't need too much thought. For instance, a person would stop moving and avoid attention when encountering a scary-looking dog. In addition, if a person touches a hot stove, he would pull his hand away to keep it from getting burned. The second type is slow thinking. The lecturer says that slow thinking involves the logical part of the brain and uses the brain's processing power. Then, he provides an example of solving a challenging math problem that needs a few steps. Moreover, he explains that driving a car requires more thought, such as when a driver must remember all the road signs and make decisions. In this way, the professor discusses two types of thinking.

WORD REMINDER

encounter 맞닥뜨리다, 마주치다   challenging 어려운

TOEFL MAP

ACTUAL TEST Speaking **1**

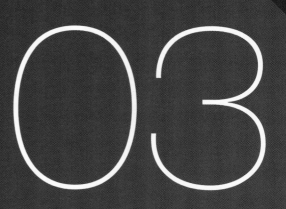

03

🎧 03-01

Which is a better place to raise young children, a small town or a big city? Use details and examples to explain your answer.

PREPARATION TIME
00:00:15

RESPONSE TIME
00:00:45

✎ NOTE-TAKING

A SMALL TOWN
- *safe → lower crime rate* 안전함 → 보다 낮은 범죄율
- *friendlier – lots of friends* 보다 친근함 – 많은 친구들

A BIG CITY
- *many things to do → keeps children from being bored* 할 것이 많음 → 아이들이 지루해하지 않음
- *good schools – education impt. for children* 좋은 학교 – 아이들에게는 교육이 중요

Sample Response 🎧 03-02

› A SMALL TOWN

I believe a small town is a better place to raise young children than a big city. I have two reasons for holding this opinion. First, small towns are often safe. To be specific, they have lower crime rates. So it is fine for children to play outside by themselves. They don't have to worry about being kidnapped or suffering from any other type of criminal behavior. Secondly, people in small towns are friendlier than people in cities. For example, I live in a small town and know my neighbors well. I have therefore had many close friends since childhood. For those two reasons, a small town is a better place to raise young children than a city.

› A BIG CITY

I believe a big city is a better place to raise young children than a small town. I have two reasons for holding this opinion. First, there are many things to do in the city. To be specific, big cities have libraries, museums, parks, amusement parks, and many other fun places for children to visit. Since children get bored easily, big cities are great for them because there are lots of entertaining places. Secondly, big cities often have excellent schools. For example, schools in big cities have better teachers and facilities than small towns. Education is very important for young children. For those two reasons, I think big cities are better than small towns when it comes to raising children.

WORD REMINDER
raise 키우다, 기르다   by oneself 혼자서   kidnap 납치하다   facility 시설   when it comes to -ing ~에 대해 말하자면

TIPS for SUCCESS

Topic Sentence I
컴퓨터 화면에 문제가 제시될 때, 헤드셋을 통해 문제를 들을 수 있다. 이때, 문제를 빨리 읽고 브레인스토밍을 하려고 하는 응시자들이 종종 있으나, 헤드셋으로 음성을 들으면서 아이디어를 떠올리는 것은 어려운 일이다. 그렇기 때문에, 이때 브레인스토밍을 하는 것보다는 문제를 평서문으로 바꿔서 종이에 써본 후, 이를 읽는 연습을 하는 것이 오히려 도움이 된다.

RELATED TOPICS

1 Modern technology has made people's lives too complex. 현대 기술로 인해 사람들의 삶은 너무나 복잡해졌다.

AGREE	DISAGREE
- computers = too much work 컴퓨터 = 너무 많은 일	- life easier thanks to tech. 기술로 인해 삶이 보다 편해짐
- life in past → no tech. but simpler 과거의 삶 → 기술은 없었으나 더 단순했음	- lead simple life → work & relax 단순한 생활을 유도 → 일하고 쉬고

2 Teenagers cause many problems for their parents. 십대들로 인해 부모들이 많은 문제를 겪는다.

AGREE	DISAGREE
- more rebellious nowadays 요즘보다 반항적임	- me = good kid ∴ no problems 나 = 착한 아이 ∴ 문제가 없음
- sister → always gets in trouble 동생 → 항상 문제를 일으킴 doesn't listen to parents 부모님 말을 듣지 않음	- friends → well behaved & good manners 친구들 → 착한 행동과 좋은 매너

3 The events that happen to people when they are young can have permanent effects on their lives. 어렸을 때 사람들에게 일어난 사건들은 그들의 인생에서 영구적인 영향을 가진다.

AGREE	DISAGREE
- traumatic events in youth = affect people decades later 어린 시절 힘든 사건들 = 몇십 년이 지나도 사람들에게 영향을 미침	- many people don't remember youth → no effect on later lives 많은 사람들이 어린 시절을 기억하지 않음 → 나중의 삶에 영향 ✗
- sister went to space center as kid → training to be astronaut now 동생은 어린이였을 때 우주 센터에 갔음 → 현재 우주 비행사가 되기 위해 훈련	- not many important events in youth → nothing to remember 어렸을 때는 중요한 사건들이 많지 않음 → 기억할 것이 없음

4 The best friends are the ones that people make in elementary school. 사람들이 초등학교 때 만든 친구가 최고의 친구들이다.

AGREE	DISAGREE
- met best friend in first grade → can talk about anything 1학년 때 가장 친한 친구를 만남 → 어떤 것이든 이야기할 수 있음	- brother met best friend in college → do everything together 동생은 대학에서 가장 친한 친구를 만남 → 모든 것을 함께 함
- parents still close friends w/people from elementary school 부모님은 초등학교 때 만난 사람들이 여전히 가장 친한 친구들임	- can meet person you become close to at any time 어떤 때라도 가까워질 사람을 만날 수 있음

Basketball Court Usage

From October 1 to March 10, the indoor basketball court in Preston Gym will be unavailable for use by students from seven to eleven in the morning. The basketball court has been reserved for the exclusive use of the men's basketball team. Students wishing to play basketball during this time are welcome to use the university's outdoor basketball courts next to Wilson Hall. In addition, on occasions when the team requires extra practice, students may not use the indoor basketball court. The times when the court is unavailable will be posted on a day-to-day basis.

 03-03

The woman expresses her opinion about the notice by the university gym. Explain her opinion and the reasons she gives for holding that opinion.

PREPARATION TIME
00:00:30

RESPONSE TIME
00:00:60

📝 NOTE-TAKING

READING

- *basketball team – indoor court from 7:00-11:00 AM every day* 농구 팀 – 매일 오전 7–11시 실내 농구장
- *students – use outdoor courts* 학생들 – 실외 농구장을 이용
  - team may need indoor court other times → will post times 다른 때에 팀이 실내 농구장을 필요로 할 수 있음 → 시간을 공고할 것임

WORD REMINDER

unavailable 이용할 수 없는   reserve 예약하다   exclusive 배타적인, 독점적인   welcome to 마음껏 ~하다, 자유로이 ~하다
on a day-to-day basis 매일, 날마다

LISTENING

WOMAN	MAN
• *school spent lots of $* 학교가 많은 돈을 썼음	• *uses outdoor court* 실외 농구장을 이용
- dislikes → waits 30 minutes to play + cold in winter 싫어함 → 경기하기 위해 30분을 기다려야 함 + 겨울에 추움	

• *pays tuition ∴ has right to use court*
  학비를 냄 ∴ 농구장을 이용할 권리를 가짐
	• *team needs to practice – not good*
	  팀이 연습할 필요가 있음 – 잘하지 못함

- will complain 불만을 털어놓을 것임	

WORD REMINDER

frustrating 불만스러운, 좌절감을 주는   take over 차지하다, 점유하다   tuition 학비

Sample Response　　　　　　　　　　　　　　　　　　　　　　🎧 03-04

    The man and the woman share their opinions on the basketball team getting exclusive use of the indoor basketball court every day from seven to eleven in the morning. The woman expresses a negative opinion of the new policy for two reasons. The first reason is that she doesn't like to use the outdoor court. According to her, she has to wait thirty minutes to play sometimes. The weather in winter is also cold and snowy, so she doesn't want to play outdoors then. Secondly, the woman says that she pays tuition, so she has the right to use the indoor court just like all of the other students do. She mentions that she will complain about the new policy. Therefore, the woman disagrees with the way the basketball team will use the indoor basketball court.

WORD REMINDER

policy 정책

The Peak-End Rule

When people describe various events that have recently occurred in their lives, a phenomenon known as the peak-end rule often happens. According to the peak-end rule, a person usually only discusses the highlights of an experience or else talks about the events that happened most recently. Then, that person associates the emotions experienced during these events and uses them to express an overall opinion of the entire experience. One reason for this is that occurrences which elicit strong positive and negative emotions are remembered more easily than other events.

🎧 03-05

The professor talks about how people's overall memories of certain events are affected by minor incidents. Explain how these examples are related to the peak-end rule.

PREPARATION TIME

00:00:30

RESPONSE TIME

00:00:60

📝 NOTE-TAKING

READING

❶ *discuss highlights of experience or most recent events* 경험 중 가장 중요한 부분이나 가장 최근에 있었던 사건에 대해 말함

❷ *emotions of those events: describe entire experience* 그러한 사건에 대한 감정: 전체 경험을 설명
  - remember events w/strong emotions more easily 격한 감정을 느꼈던 사건들을 보다 쉽게 기억
  (마지막 감정이 전체의 경험을 좌우한다는 것에 대한 좋은 경험 and/or 안 좋은 경험에 대해 구체적 예시)

WORD REMINDER
peak-end rule 절정과 종결의 법칙   highlight 하이라이트, 가장 흥미로운 부분   associate 연관시키다   overall 전체적인

LISTENING

❶ *vacation on island → rained many days ∴ no fun* 섬으로의 휴가 → 수일 동안 비가 내림 ∴ 재미없었음
  - last 3 days: beautiful → fun 마지막 3일: 화창 → 재미있었음
  - children said entire trip was great 아이들은 여행 전체가 재미있었다고 말함
❷ *football game* 미식 축구 경기
  - first 3 quarters: boring 처음 3쿼터: 지루함
  - last quarter: exciting 마지막 쿼터: 흥미진진
  - friends: entire game exciting 친구들: 경기 전체가 흥미진진

WORD REMINDER
tricky 교활한; 미묘한   encapsulate 캡슐에 넣다; 요약하다   miserable 불쌍한, 끔찍한   casually 우연히, 무심코
come into effect 효력을 나타내다, 실시되다

Sample Response 🎧 03-06

   In the lecture, the professor describes two ways in which people's memories of emotional events affect their overall feelings about some larger events. The first example concerns the professor's trip to a tropical island. It rained the first few days, so everyone in his family was unhappy. But they had fun for the last few days, so the professor's children said that they had a great time the entire trip. The second example involves a football game the professor went to see. Most of the game was boring, but the end was exciting. So the professor's friends said that the entire game was exciting. These two instances demonstrate the concept called the peak-end rule, which is defined as a phenomenon during which people remember the best, worst, or final events of something big and then use those feelings to describe the entire event.

WORD REMINDER
affect 영향을 미치다   define 정의하다   phenomenon 현상   describe 묘사하다

🎧 03-07

Using points and examples from the talk, explain how the two parts of the human immune system protect people from pathogens.

PREPARATION TIME
00 : 00 : 20

RESPONSE TIME
00 : 00 : 60

LISTENING

pathogens: harmful 병원균: 해로움

human body: immune system → 2 parts 인간의 신체: 면역 체계 → 두 부분

❶ *outer immune system* 외부 면역 체계
- skin: outer shell / keeps pathogens out 피부: 외피 / 병원균이 들어오지 못하게 함
- mucus: in nose & respiratory system 점액: 코 및 호흡기 안
  traps pathogens + expels them 병원균을 가둠 + 쫓아냄

❷ *inner immune system* 내부 면역 체계
- white blood cells: soldiers → fight pathogens 백혈구: 군인 → 병원균과 싸움
- digestive tract 소화관
  acid & bacteria → kill pathogens 산성 물질 및 박테리아 → 병원균을 죽임

WORD REMINDER

pathogen 병원균   immune system 면역 체계   be comprised of ~로 이루어지다, 구성되다   mucus 점액   orifice (신체 내에 있는) 구멍
expose 노출시키다   expel 쫓아내다   respiratory system 호흡기(계)   white blood cell 백혈구   digestive tract 소화관

Sample Response   🎧 03-08

In the lecture, the professor discusses two parts of the human immune system. The first part is the outer immune system. According to the professor, the skin and mucus make up the outer immune system. The skin is an outer shell that keeps harmful pathogens out of the body. Mucus traps pathogens that try to get inside the body. There is mucus in the nose, and it's also in the respiratory system from the throat to the lungs. The second part is the inner immune system. This is important when pathogens manage to enter the body. White blood cells are a part of the inner immune system. They fight pathogens in the body. The digestive tract uses acid and bacteria to fight pathogens. Both the acid and the bacteria are able to kill pathogens.

WORD REMINDER

make up 구성하다   manage to 그럭저럭 ~하다, 가까스로 ~하다

TOEFL® MAP
ACTUAL
TEST Speaking 1

04

🎧 04-01

1. Some people prefer to interview for jobs in person while others prefer to interview for positions over the phone. Talk about the advantages and disadvantages of interviewing in person. Use details and examples to explain your answer.

2. Some people prefer to interview for jobs in person while others prefer to interview for positions over the phone. Talk about the advantages and disadvantages of interviewing over the phone. Use details and examples to explain your answer.

PREPARATION TIME
00:00:15

RESPONSE TIME
00:00:45

ACTUAL TEST **04**

📝 NOTE-TAKING

IN PERSON
- **Advantages**
  - direct interaction: get to know interviewer better 면접 대상자를 더 잘 알 수 있음
  - able to convey meaning / opinion more effectively with gestures + facial expressions
    의미 / 의견을 몸짓 + 표정을 통해 좀 더 효율적으로 전달할 수 있음
- **Disadvantages**
  - more nerve racking / intimidating 더욱 안절부절못하게 함 / 두려움
  - takes time to get ready and travel to interview site 준비하고 면접 장소까지 이동하는데 시간이 걸림

OVER THE PHONE
- **Advantages**
  - relaxed / comfortable 여유 있음 / 편안함
  - convenient: no need to dress up, travel to the interview site 편리함: 옷을 차려입거나 면접 장소로 갈 필요가 없음
- **Disadvantages**
  - no direct interaction: cannot get feedback / reactions right away
    직접적인 교류가 없음: 의견 / 반응을 바로 얻을 수 없음
  - cannot convey opinions clearly: no gestures / facial expressions 의견을 명확히 전달할 수 없음: 몸짓 ✕ / 표정 ✕

Sample Response　🎧 04-02

› IN PERSON

Having an interview in person offers a couple of benefits. First of all, there is direct interaction between the interviewee and the interviewer, so the interviewee can get to know the interviewer better. In addition, by using gestures and facial expressions, the interviewee can convey the meanings of his statements and his opinions more effectively. On the other hand, there are some disadvantages as well. First, it is more nerve racking and intimidating to sit in front of the interviewers. So some people can get very nervous and perform poorly during their interviews. Moreover, the person being interviewed needs to spend time getting ready for the interview and traveling to the interview site.

› OVER THE PHONE

Having an interview over the phone offers a couple of benefits. First, it helps the interviewee feel more relaxed and comfortable. In addition, it is more convenient for the person applying for the job as he does not need to dress up or travel to the job site. On the other hand, there are some disadvantages as well. First, there is no direct interaction between the interviewer and the interviewee, so it is hard to get instant feedback. Moreover, it may be hard to convey one's opinions without making any facial expressions or gestures. As a result, some interviewees' statements may be misunderstood or misinterpreted.

WORD REMINDER

direct 직접적인　interaction 교류　interviewee 면접 대상자　interviewer 면접관　overall 전체의　atmosphere 분위기　gesture 몸짓
facial expression 얼굴 표정　convey 전달하다　effectively 효과적으로　as well 또한　intimidating 겁나는　relaxed 여유 있는
convenient 편리한　apply for ~에 지원하다　dress up 차려입다　site 장소　instant 즉각적인　feedback 피드백

RELATED TOPICS

1 It is better to meet friends in person than to talk to them online.
온라인으로 이야기하는 것보다 직접 친구를 만나는 것이 더 낫다.

AGREE	DISAGREE
- can have better experience 더 좋은 경험을 할 수 있음 - visit different places when meet 만나서 다양한 장소를 방문할 수 있음	- just talk → don't need to meet in person 단지 이야기를 할 뿐 → 직접 만날 필요 없음 - prefer to stay home than to go out 외출하는 것보다 집에 있는 것을 선호함

2 Which do you prefer, working in an office with many people or working alone at home?
많은 사람들과 함께 일하는 것과 집에서 혼자 일하는 것 중에 어떤 것을 선호하는가?

AN OFFICE WITH MANY PEOPLE	ALONE AT HOME
- more social → enjoy being w/others 더 사회적임 → 다른 사람들과 함께 하는 것을 즐김 - talk to colleagues → learn new skills 동료들과 이야기함 → 새로운 기술을 배움	- more productive when alone 혼자일 때 더 생산적임 - dislike group projects → don't need to be w/others 단체 프로젝트를 좋아하지 않음 → 다른 사람들과 함께할 필요가 없음

3 It is better to have several jobs during your career than to work at the same place for your entire **career.** 전체 경력 동안 같은 곳에서 일하는 것보다 경력 동안 여러 직업을 가지는 것이 더 낫다.

AGREE	DISAGREE
- get experience doing different activities 다른 활동들을 하면서 경험을 얻음 - avoid getting bored 지루해지는 것을 피함	- become expert in field 분야에서 전문가가 됨 - more opportunities for promotions 승진을 위한 더 많은 기회들

4 Which do you prefer, working the same shift every day or changing shifts every week?
매일 같은 시간에 일하는 것과 매주 시간을 변경하는 것 중 어떤 것을 선호하는가?

WORKING THE SAME SHIFT	CHANGING SHIFTS EVERY WEEK
- can develop constant routine 변함 없는 일상을 개발할 수 있음 - don't need to worry about forgetting schedule 스케줄을 잊을 걱정이 없음	- prefer variety in life 인생에서 다양성을 선호 - don't want to do same thing again and again 반복해서 같은 일을 하고 싶지 않음

Food Trucks Banned from Campus

Effective immediately, all food trucks are banned from operating anywhere on the campus. It has been discovered that many food trucks are serving food improperly prepared and, in some cases, several months past its expiration date. In addition, the prices of meals charged by food truck operators have been deemed excessively high. The university can no longer permit them to operate on campus. Any food truck seen on campus will result in the university police escorting the operator off campus and charging that individual with trespassing.

 04-03

The man expresses his opinion about the notice by the dining services office. Explain his opinion and the reasons he gives for holding it.

PREPARATION TIME
00:00:30

RESPONSE TIME
00:00:60

READING

● ***all food trucks: banned on campus*** 모든 음식 트럭: 교내에서 금지
  – food: improperly prepared / expired 음식: 부적절하게 준비됨 / 유통기한이 지남
  – prices: too high 가격: 너무 높음

> **WORD REMINDER**
> effective 시행되는   ban 금지하다   operate 운영하다   serve 제공하다   improperly 적절하지 않게   expiration date 유효 기간   operator 운영자
> deem ~로 여기다   excessively 과도하게   permit 허락하다   result in ~의 결과를 낳다   escort 호위하다   charge 기소하다
> trespassing 무단 침입

LISTENING

WOMAN	**MAN**

● ***unhappy w/decision***
결정에 불만
	● ***unhappy w/decision*** 결정에 불만
	  – students have freedom to make own
	    choices 학생들은 자기의 자신 선택을 결정할 자유가 있음
	● ***expired food: can cause food poisoning***
	유통기한이 지난 음식: 식중독을 일으킬 수 있음
	  – school is protecting students
	    학교는 학생들을 보호

ACTUAL TEST **04**

> **WORD REMINDER**
> notice 공지   mixed 뒤섞인   deprive of ~을 빼앗다   substandard 수준 이하의   expired 기한이 지난   apparently 듣자 하니
> food poisoning 식중독   suppose 생각하다, 추정하다   protect 보호하다   look after 돌보다   respect 존중하다

Sample Response   🎧 04-04

　　The man and the woman share their views on the school's announcement to ban food trucks on campus. The man expresses mixed feelings about the school's decision and provides two reasons for his opinion. First of all, the man is against the idea since he believes students need to have the freedom to make their own choices. According to him, banning all food trucks will deprive students of choices. He adds that it is up to students to decide whether they are willing to pay high prices or not. On the other hand, he also supports the school's decision. He expresses his concern that expired food can cause food poisoning. The man believes the school is taking action in order to protect students. Therefore, the man has mixed feelings about the school's decision to ban all food trucks on campus.

> **WORD REMINDER**
> announcement 발표   against ~에 반대하여   freedom 자유   add 덧붙이다   be willing to 기꺼이 ~하다   concern 우려
> take action ~에 대해 조치를 취하다

Flagship Species

Some animals have become iconic and achieved a great amount of fame over time. Because they have a unique appeal to people, they act in some ways as ambassadors or symbols of various movements, particularly environmental causes. Today, flagship species include the elephant, the polar bear, and the tiger. As a general rule, flagship species are animals which are endangered and could possibly go extinct. They are used to increase awareness of the need not only to protect the species itself but also to help preserve the environment in some way.

🎧 04-05

The professor talks about the panda and the blue whale. Explain how they are related to flagship species.

PREPARATION TIME
00:00:30

RESPONSE TIME
00:00:60

NOTE-TAKING

READING

● *flagship species: unique appeal to people → act as symbols of environmental causes*
깃대종: 사람들에게 특별한 호소를 함 → 환경적 원인에 대한 상징 역할을 함

- elephant, polar bear, tiger 코끼리, 북극곰, 호랑이
- endangered + could go extinct 멸종 위험에 처함 + 멸종될 수 있음
- used to increase awareness (protect species + preserve environment) 인식 개선 (종을 보호 + 환경 보존)
(두 가지 예측 가능: 1. 사람들의 노력에 의해 보호를 받는 두 종류의 동물들 2. 보호를 하는 두 가지 방법)

WORD REMINDER

flagship 깃대종   iconic ~의 상징이 되는   fame 명성   ambassador 대사   endangered 멸종 위기에 처한   extinct 멸종된   preserve 보존하다

LISTENING

many close to going extinct 많은 종들이 멸종에 가까워지고 있음

① *panda* 판다
- native to China 중국 토종
- numbers ↓ over the years (especially size of natural habitat ↓) 수년 간 개체수 ↓ (특히 자연 서식지 크기 ↓)
- global effort: zoos + many conservation groups → inform people about threat to habitat → more people trying to help pandas
세계적 노력: 동물원 + 많은 자연 보호 단체 → 사람들에게 서식지 위협에 대해 알림 → 더 많은 사람들이 판다를 돕기 위해 노력함

② *blue whale* 흰긴수염고래
- save the whales T-shirts 고래를 구하자 티셔츠
- population ↓ in 1970s + oceans were in danger 1970년대에 개체수 ↓ + 바다가 위험에 처함
- major problems: pollution + overfishing 주요 문제점: 오염 + 남획
- many cleanup projects + laws to protect marine species 많은 정화 프로젝트들 + 해양종을 보호하기 위한 법률들

WORD REMINDER

habitat 서식지   feature ~을 특징으로 하다   overfishing 남획   cleanup 정화   pass (법안 등을) 통과시키다

Sample Response 🎧 04-06

　　The professor's lecture includes information about the panda and the blue whale. First, she talks about the panda. She mentions that its native habitat in China has been shrinking. However, people have been trying to save pandas. For instance, at zoos, where pandas are popular, people tell visitors about the need to help the panda and to conserve it. This has resulted in people wanting to help the panda. The professor then talks about the Save the Whales T-shirts popular in the 1970s and 1980s. She remarks that the blue whale featured on the shirts became a flagship species and helped bring attention not only to endangered marine species but also to polluted and overfished oceans. Both the panda and the blue whale are flagship species. These are iconic animals that achieve fame. They act as ambassadors, mostly for environmental causes, and help people become aware of the need to conserve the animals and the Earth.

WORD REMINDER

shrink 줄어들다   conserve 보존하다   bring attention to ~에 관심을 가져오다   achieve 성취하다, 이루다

04-07

Using points and examples from the talk, explain how the Humboldt Current affects both marine and land ecosystems.

PREPARATION TIME
00:00:20

RESPONSE TIME
00:00:60

📝 NOTE-TAKING

Gulf Stream: current → alongside east coast of the U.S. and over to Europe
맥시코 만류: 해류 → 미국의 동부 해안을 따라 유럽으로 향함

other currents: Humboldt → found in S. Pacific Ocean
다른 해류: 훔볼트 해류 → 남태평양에서 발견됨

– important to marine + land ecosystem 해양 + 육지 생태계에 중요

❶ *marine ecosystem* 해양 생태계
  – upwelling in the water → nutrients rising to the surface of ocean → phytoplankton grow
    물의 융승 → 영양분이 바다 표면으로 올라옴 → 식물성 플랑크톤이 자라게 해줌
  – pp (phytoplankton): primary food source 식물성 플랑크톤: 주요 식량 자원
    → a lot of fish (anchovies, mackerel, sardines) 많은 종류의 물고기들 (멸치, 고등어, 정어리)

❷ *land (countries in SA)* 육지 생태계
  – water: cold 물: 차가움
    → 1. foggy (Chile, Ecuador, Peru) 안개 (칠레, 에콰도르, 페루)
    2. arid conditions (Atacama Desert → no rain for hundreds of years) 건조한 상태 (아타카마 사막 → 수백 년간 비 ✕)

WORD REMINDER

be familiar with 잘 알다, ~에 익숙하다   Gulf Stream 멕시코 만류   current 해류   run 흐르다   head over to ~로 가다, ~로 향하다   flow 흐르다
northernly 북쪽에 위치한   offshore 연안의   marine ecosystem 해양 생태계   land ecosystem 육지 생태계   affect 영향을 미치다
upwelling 용승   nutrient 영양소, 영양분   surface 표편   phytoplankton 식물성 플랑크톤   abundant 풍부한   thrive 잘 살다, 번성하다
anchovy 멸치   mackerel 고등어   sardine 정어리   fairly 꽤, 상당히   primary 주된, 주요한   arid 건조한   coastal 해안의

Sample Response   🎧 04-08

    The professor lectures on the Humboldt Current, which is in the South Pacific Ocean off the coast of South America. According to the professor, the current affects both marine and land ecosystems. First, the professor talks about the effects on the marine ecosystem. She points out that upwelling in the current results in nutrients being carried to the surface. This enables phytoplankton, which many ocean animals eat, to grow well. Because there is so much food, there are all kinds of fish, including mackerel, sardines, and anchovies, in the Humboldt Current. Next, the professor discusses the current's effects on the land ecosystem. She mentions that the cold water of the current creates lots of fog along the coast. She also says that many coastal areas are extremely arid. She cites the Atacama Desert as one example. According to her, the desert is so dry that some places in it haven't gotten rain in hundreds of years.

WORD REMINDER
effect 영향

TOEFL® MAP

ACTUAL TEST Speaking 1

05

05-01

Some students prefer to take easy classes at school. Other students like to take more difficult classes at school. Which type of classes do you prefer to take and why? Use details and examples to explain your answer.

PREPARATION TIME
00:00:15

RESPONSE TIME
00:00:45

ACTUAL TEST 05

📝 NOTE-TAKING

EASY CLASSES
- *higher GPA – get job after graduate* 보다 높은 평점 – 졸업 후 취업
- *do clubs + work → no time to study* 동아리 활동 + 아르바이트 → 공부할 시간이 없음

DIFFICULT CLASSES
- *can learn more in difficult classes* 어려운 수업에서 더 많이 배울 수 있음
- *like to challenge myself* 자신에 대한 도전 정신을 갖는 것을 좋아함

Sample Response 🎧 05-02

› EASY CLASSES

I prefer to take easy classes at school for two reasons. First, my GPA is extremely important to me. In other words, I need a high GPA when I graduate in order to get a job. By taking easy classes, I can get higher grades, so that will result in my GPA being high. In addition, I'm not just interested in classes at school. I'm also involved in several club activities, and I have a part-time job. Because I don't have very much time to study, I need to take easy classes. This way, I can join clubs and work but still do well at school. That is why I prefer taking easy classes to taking harder ones.

› DIFFICULT CLASSES

I prefer to take difficult classes at school for two reasons. First, I am at school to learn. In other words, I want to learn as much as possible at school. If I only take easy classes, I won't learn that much. But by taking difficult classes, I can learn a lot. This will make my college experience worthwhile. In addition, I like to challenge myself. As an example, I feel much better when I get an A in a difficult class than when I get an A in an easy class. For me, taking easy classes isn't a challenge. But taking difficult classes and doing well in them is challenging. That is why I prefer taking difficult classes to taking easy ones.

WORD REMINDER
worthwhile 할 보람이 있는, 가치 있는

TIPS for SUCCESS

Recording
에세이를 작성하는 경우와 마찬가지로, 응시자가 답변을 하면서 자신이 점점 나아진다고 느끼게 되면 본인의 단점을 파악하지 못하는 경우가 많이 있다. 스스로의 발음이나 문법을 체크하는 가장 좋은 방법은 직접 녹음해서 들어보는 것이다. 타인의 녹음 파일이라고 생각하고 들어보면, 자신의 답변이 영어로 된 것인지 스페인어로 된 것인지를 구분할 수 없을 만큼 알아들을 수 없는 경우도 있다.

RELATED TOPICS

1 Which would you prefer to take, an art class or a music class? 미술 수업과 음악 수업 중, 어느 것을 더 좋아하는가?

ART CLASS	MUSIC CLASS
- enjoy painting → improve skill 그림 그리기를 좋아함 → 실력 향상 - visit art museums / see great paintings 미술관 관람 / 멋진 그림들을 봄	- want to learn instrument 악기를 배우고 싶음 - like classical music → can learn about it 클래식 음악을 좋아함 → 그에 대해 배울 수 있음

2 It is a waste of time for university students to take courses in subjects other than their majors.
대학생들이 전공이 아닌 과목의 수업을 듣는 것은 시간 낭비다.

AGREE	DISAGREE
- should learn as much about major as poss. 가능한 전공에 대해 많이 알아야 함 - non-major classes = boring 비전공 수업 = 지루함	- should be well-rounded person 균형 잡힌 사람이 되어야 함 - person w/knowledge in 1 field = uninteresting 한 분야의 지식만 있는 사람 = 흥미 없음

3 High school is the best time in most people's lives. 고등학교 시절이 대부분의 사람들의 삶에서 최고의 시절이다.

AGREE	DISAGREE
- brother loved high school → said would do over again if could 동생은 고등학교를 좋아했음 → 가능하다면 다시 한번 돌아가고 싶다고 말함 - no worries like job or $ → can have lots of fun 직장이나 돈 같은 걱정 x → 많은 재미가 있음	- high school students study too hard in many countries → very stressful 고등학생들은 많은 나라에서 너무 힘들게 공부함 → 매우 스트레스를 받음 - expect future life w/family to be best time in my life 가족과 보내는 미래의 삶이 인생에서 최고의 시간이 될 것으로 기대함

4 Which do you prefer, having two long vacations from school each year or having several vacations that last one week each throughout the year?
매년 학교에서 두 번의 긴 방학을 가지는 것과 일년 동안 매월 마지막 주에 여러 개의 방학을 가지는 것 중 어떤 것을 선호하는가?

TWO LONG VACATIONS	SEVERAL ONE-WEEK-LONG VACATIONS
- need long rest after difficult semester 힘든 학기 후의 긴 휴식이 필요함 - opportunity to take trips or to learn new skills 여행을 하거나 새로운 기술을 배울 기회	- just need short time to rest from school 학교에서 쉬기 위해서는 단지 짧은 시간이 필요함 - get bored if vacation is too long 방학이 너무 길면 지루함

No Exercising on the Commons

From now on, no one is allowed to exercise on the Commons anymore. The area known as the Commons lies in the middle of campus and forms a square between Johnson Hall, Barnum Hall, the Bronson Building, and Freedom Dormitory. Lately, students exercising on the Commons have been disrupting others who are studying or relaxing. So no students may jog, throw Frisbees, play football, or do any other athletic activities there. Any students caught exercising on the Commons will be fined for their first offense. Second offenders will be sent to the dean of students for punishment.

🎧 05-03

The woman expresses her opinion about the announcement by the dean of students. Explain her opinion and the reasons she gives for holding that opinion.

PREPARATION TIME
00:00:30

RESPONSE TIME
00:00:60

- *no exercise on Commons – disrupts others* 교내 공원에서 운동을 못함 – 다른 학생들을 방해
- *1st offense → fine* 첫 번째 위반 시 → 벌금
  2nd offense → meet dean of students 두 번째 위반 시 → 학장과의 면담

WORD REMINDER

commons 공원   square 광장   athletic 운동의   fine 벌금을 부과하다   first offense 초범   offender 범죄자   dean of students 학장
punishment 벌

WOMAN

- *agrees w/ban* 금지 조치에 찬성
  - grass on Commons: brown 교내 공원의 잔디: 갈색
  - grass elsewhere: green 다른 곳의 잔디: 초록색
- *students know about ban ∴ fine – okay*
  학생들은 금지 조치에 대해 알고 있음 ∴ 벌금 – 괜찮음
  - second offense → meet dean – okay
    두 번째 위반 → 학장과의 면담 – 괜찮음
  - actions have consequences 행동에는 결과가 따름

MAN

- *plays football there*
  그곳에서 미식 축구를 함

- *punishment too harsh*
  처벌이 너무 가혹

WORD REMINDER

harsh 가혹한, 심한   acceptable 받아들일 수 있는, 용인할 수 있는   consequence 결과   overact 과민 반응하다, 지나치게 행동하다

ACTUAL TEST 05

Sample Response　🎧 05-04

The two speakers have a discussion about the announcement by the dean of students. The announcement states that the school has banned students from exercising and playing games on the Commons, a place in the middle of campus. The woman supports the decision by the school to ban activities there. First of all, she states that the grass on the Commons is all brown. According to her, it's spring, and the grass everywhere else on campus is green. However, the grass on the Commons is brown because so many people playing on it have killed the grass. Next, the student agrees that offenders should be fined. She mentions that students know about the ban, so they should no longer play on the Commons. She stresses that actions should have consequences, so it is acceptable to her if second offenders have to meet the dean of students.

WORD REMINDER

stress 강조하다

Pricing Techniques

Business establishments often rely upon pricing techniques to attract customers. One popular method is employing penetration pricing. A company using this sets its initial prices at fairly low levels. By doing so, it can gain new customers. Over time, the company may slowly increase the prices it charges in order to turn a profit. Promotional pricing is another method commonly employed. When a new product enters the market, it is offered at a discounted rate. This stimulates demand for the item. After a sufficient amount of time has passed, the price of that product may be raised.

🎧 05-05

The professor talks about how businesses attempt to attract new customers. Explain how their attempts are related to pricing techniques.

PREPARATION TIME
00:00:30

RESPONSE TIME
00:00:60

READING

❶ *penetration pricing → new prices: low ∴ new customers* 침투 가격 → 처음 가격: 낮음 ∴ 새로운 고객
- over time, raise prices 시간이 지나면 가격을 올림

❷ *promotional pricing → new product: discounted price* 판촉 가격 → 신제품: 할인 가격
- time passes → raise price 시간 경과 → 가격 인상
(pricing technique 한 개가 아닌 techniques라고 복수형의 명사가 쓰였기 때문에 지문에서는 두 가지를 설명할 것임. 강의에서 언제나 2개의 포인트가 나오기 때문에 지문 역시 3가지 이상의 pricing technique이 나올 가능성은 상당히 낮음. 따라서 **반드시** 두 가지 방식을 모두 읽어야 하며 각각의 방식에 대한 예시를 강의에서 들을 것이라고 예측)

WORD REMINDER

business establishment 사업체, 기업체   penetration pricing 침투 가격   initial 처음의, 초기의   turn a profit 이익을 내다
promotional price 판촉 가격   stimulate 자극하다   sufficient 충분한

LISTENING

❶ *new dept. store: 20% discount in first week* 새로운 백화점: 첫 주 20% 할인
- attract new customers → penetration pricing 새로운 고객 유치 → 침투 가격
- new customers become regulars 새로운 고객이 고정 고객이 됨

❷ *ad for diet soda – released in days* 다이어트 소다수에 대한 광고 – 며칠 후 출시
- promotional pricing: half off 판촉 가격: 절반 가격
- break into market → pay full price later 시장 진입 → 이후 정상 가격 지불

WORD REMINDER

regular customer 고정 고객, 단골   commercial 광고   competitor 경쟁자

Sample Response 🎧 05-06

The professor lectures to the students about two different methods involving the lowering of the prices of products that companies may use in order to attract new customers. The first example concerns penetration pricing. A new department store is going to sell everything at a twenty-percent discount for one week. The store is hoping that it will gain many regular customers by doing this. The second example involves promotional pricing. A new diet soda is going to be sold for half price, so the professor expects many students to buy it and for some of them to purchase it at the full price later in the future. These methods demonstrate the concept called pricing technique. It is defined as the different methods companies use to try to attract customers. Penetration pricing and promotional pricing are both types of pricing techniques.

05-07

Using points and examples from the talk, explain two actions that companies take when they suffer financial setbacks.

PREPARATION TIME
00 : 00 : 20

RESPONSE TIME
00 : 00 : 60

✎ NOTE-TAKING

LISTENING

financial setback 재정난
save money or increase sales / profits 비용을 절약하거나 판매 / 이윤을 증대
❶ *downsize: fire workers* 인원 삭감: 노동자 해고
 - remaining employees → work harder but same $ 남아 있는 직원들 → 더 열심히 일하나 보수는 동일
 - company: reduces costs → improves fortunes 기업: 비용 감소 → 기업의 미래가 개선됨
❷ *offer discounts* 할인 가격 제시
 - high prices → low sales 높은 가격 → 저조한 판매
 - sale price → more customers 할인 가격 → 고객 증가
 - high markup → sale price: company still profits 높은 가격 책정 → 가격 할인: 그래도 기업은 이윤을 남김

WORD REMINDER

expectation 기대, 예상   setback 차질   downsize (인원을) 대폭 삭감하다   go-to (도움 및 충고 등을 얻기 위해) 찾는   division 부, 부서
eliminate 제거하다   workload 업무량, 작업량   take on (일 등을) 떠맡다   markup 가격 인상(폭)   stagnant 정체된

Sample Response 🎧 05-08

ACTUAL TEST **05**

The professor talks to the students about two types of responses that companies have when they suffer financial setbacks. The first is to downsize the company. This means that the company fires some of its workers. According to the professor, this is a common response at the present time. A company might lay off entire departments or just some people in various departments. The employees that don't get fired wind up having to work harder. Since the company instantly lowers its costs by having to pay fewer workers, it can often improve its financial situation. The professor also notes that some companies offer discounts on their goods and services. Since companies often have high markups, even when they offer sale prices, they still make money. They don't make as much money as they had planned, but they can still turn a profit.

WORD REMINDER

at the present 현재   lay off (일시적으로) 해고하다   wind up -ing 결국 ~로 끝나다   turn a profit 이익을 내다

TIPS for SUCCESS

"prefer"
"I prefer the first option ~" 등의 문장을 말하는 경우, "prefer"는 "p"와 "f"를 모두 담고 있는 단어이기 때문에 "prefer"를 "freper", "frefer", 또는 "preper"라고 발음하는 경우를 많이 보았다. "prefer"처럼 자주 쓰이는 단어들은 미리 발음 연습을 해서 시험장에서 당황하지 않도록 하자.

TOEFL® MAP

ACTUAL
TEST Speaking 1

06-01

Do you agree or disagree with the following statement?

Students in high school should be banned from having part-time jobs.

Use details and examples to explain your answer.

PREPARATION TIME
00:00:15

RESPONSE TIME
00:00:45

ACTUAL TEST **06**

AGREE

- *need to focus on studies → can't do if work* 공부에 집중해야 함 → 일하면 집중 ✕
  - sister got job in high school → grades went down 동생이 고등학교에 다닐 때 일함 → 성적이 떨어짐
  - quit job → grades improved 일은 그만 둠 → 성적이 향상됨
- *parents should provide children w/$* 부모님이 자녀들에게 돈을 제공해야 함
  - parents gave sister weekly allowance → used for needs and wants
    부모님은 동생에게 매주 용돈을 지급하심 → 필요한 것들과 원하는 것들을 사기 위해 사용함
  - no worries about $ anymore 돈에 대해 더 이상 걱정 ✕

DISAGREE

- *students need jobs to make $* 학생들은 돈을 벌기 위해 일이 필요함
  - families in neighborhood not well off → parents can't give children much $
    이웃의 가족들은 넉넉하지 않음 → 부모가 자녀에게 많은 돈을 줄 수 없음
  - high schoolers get jobs to buy books, snack, and other things
    고등학생은 책, 간식, 그리고 다른 것들을 사기 위해 일이 필요함
- *get work experience* 직업 경험을 얻음
  - many kids don't go to college → get jobs after high school 많은 아이들이 대학에 가지 않음 → 고등학교 졸업 후에 일자리를 얻음
  - part-time job = work experience → on résumés so easier to get hired
    아르바이트 = 직업 경험 → 이력서에 나와 채용되기 더 쉬움

Sample Response 🎧 06-02

› AGREE

I strongly agree with the statement because I believe high school students should be banned from having part-time jobs. Let me provide two reasons to explain my feelings. One is that high school students need to focus on their studies, but they can't do that if they work. My sister got a job in high school, but her grades went down immediately. As soon as she quit working, her grades improved. Another reason is that parents should provide their children with money during high school. When my sister quit her job, my parents started giving her a weekly allowance. As a result, she was able to buy some things that she wanted and needed. She therefore didn't have to worry about making money anymore.

› DISAGREE

I don't believe that high school students should be banned from having part-time jobs, so I disagree with the statement. First of all, some students need jobs so that they can make money. Lots of families in my neighborhood are not well off, so parents can't give their children much money. Many high schoolers therefore get jobs so that they can earn money for books, snacks, and other things. Secondly, many high school students find part-time jobs so that they can get work experience. Not everyone goes to college. Instead, many high school students find jobs when they graduate. If they work part time in high school, they will have work experience on their résumés, so it will be easier for them to get hired.

WORD REMINDER

well off 부유한, 사정이 좋은

RELATED TOPICS

1 Teenagers should be encouraged to do volunteer activities during their school vacations.

청소년들은 학교 방학 동안 봉사 활동을 하는 것이 장려되어야 한다.

AGREE	DISAGREE
- learn how to help others 다른 사람들을 돕는 법을 배움 - get experience doing various jobs 다양한 일을 하며 경험을 얻음	- should be able to relax during vacations 방학 동안에는 휴식을 취할 수 있어야 함 - should only volunteer if you want to, not because you are expected to 그것을 하기 기대되기 때문이 아니라 원할 때만 봉사 활동을 해야 함

2 Which do you prefer, working part time on the weekend or after school ends on weekdays?

주말에 아르바이트를 하는 것과 주중에 학교가 끝난 후에 아르바이트를 하는 것 중 어떤 것을 선호하는가?

ON THE WEEKEND	ON WEEKDAYS
- can work several hours at a time 한 번에 여러 시간을 일할 수 있음 - weekend work = higher pay at many jobs 주말 일 = 많은 직업에서 더 높은 임금	- is okay to go from school to job 학교에서 직장으로 가는 것이 좋음 - only want to work 2 hours a day → can do after school 하루에 두 시간만 일하기 원함 → 학교가 끝난 후에 할 수 있음

3 Doing a part-time job can teach a person many important skills.

아르바이트를 하는 것은 사람에게 많은 중요한 기술들을 가르쳐 줄 수 있다.

AGREE	DISAGREE
- learn various job duties → important for future 다양한 직업 의무를 배움 → 미래를 위해 중요함 - sister has job → learned to work w/computers 동생이 직업이 있음 → 컴퓨터로 일하는 것을 배움	- most part-time jobs = busy work → don't learn skills 대부분의 아르바이트 = 바쁜 일 → 기술을 배우지 않음 - brother works outdoors cutting grass → doesn't learn anything useful 동생이 야외에서 잔디 깎는 일을 함 → 유용한 어떤 것도 배우지 않음

4 Which do you prefer, doing a part-time job on the weekend or doing volunteer work instead?

주말에 아르바이트를 하는 것과 대신 자원봉사를 하는 것 중 어떤 것을 선호하는가?

A PART-TIME JOB	VOLUNTEER WORK
- can make $ → save $ for future 돈을 벌 수 있음 → 미래를 위해 돈을 저축함 - get job experience → looks good on résumé 직업 경험을 얻음 → 이력서가 보기 좋음	- help community → make neighbors' lives better 공통체를 도움 → 이웃의 삶을 더 낫게 함 - volunteer at hospital → learn about being doctor or nurse 병원에서 자원 봉사를 함 → 의사나 간호사가 되는 것에 대해 배움

New Policy on Posters around Campus

Students may no longer put up posters around campus. This includes advertisements, announcements, and other similar types of posters. The large number of posters is making the campus grounds an eyesore, and too many posters are becoming unattached and falling to the ground, which is causing a litter problem. From now on, students may post ads and announcements on the electronic bulletin board on the school's website. Posting is free of charge. Students simply need to register by using their student ID number. By utilizing the electronic bulletin board, we can also reduce the amount of paper being used.

 06-03

The man expresses his opinion about the announcement by the school administration. Explain his opinion and the reasons he gives for holding that opinion.

PREPARATION TIME
00:00:30

RESPONSE TIME
00:00:60

- *no posters around campus – eyesore + causing litter* 교내에 포스터 금지 – 보기 싫음 + 쓰레기 문제 야기
- *post ads, et al. on electronic bulletin board* 광고 및 기타의 것들은 전자 게시판에 게시
  → *no charge but register w/student ID #* 비용은 들지 않으나 학번으로 등록해야 함

WORD REMINDER

put up 게시하다, 고시하다   eyesore 눈살을 찌푸리게 만드는 것   litter 쓰레기   from now on 지금부터   electronic bulletin board 전자 게시판

WOMAN	MAN
● *pleased no more posters* 포스터가 없어지게 되어 기쁨 　– campus looks like billboard 캠퍼스가 광고판처럼 보임 ● *no problem w/student ID* 학번에 있어서 문제가 없음 　– safety procedure 안전 절차	● *liked old style* 기존 방식을 선호 　– saw ads → learned about clubs & concerts 　　광고를 봄 → 동아리 및 공연에 대해 알게 됨 ● *never used electronic bulletin board* 전자 게시판을 사용해 본 적이 없음 　– school website: user unfriendly + slow 　　학교 웹사이트: 사용자 중심이 아님 + 느림 　– registering: bad 등록: 좋지 않음 　– in past, took long time + forgot password 　　예전, 시간이 오래 걸림 + 패스워드 분실

WORD REMINDER

every once in a while 이따금, 때때로   as a matter of fact 실은, 사실   user friendly 사용하기에 편한, 사용자 중심의
safety procedure 안전 절차   hassle 혼란; 불필요한 노력

ACTUAL TEST **06**

Sample Response　　　　　　　　　　　　　　　　　　　　　　　🎧 06-04

　　　The man and the woman have a conversation about an announcement by the school administration. According to the announcement, the school has a new policy in which it is banning the putting up of posters around campus. The man dislikes the school banning posters and making students put their announcements on the electronic bulletin board. First, he says that he has randomly walked by posters and seen interesting announcements on them before. According to him, he has learned about both clubs and concerts thanks to these posters. Secondly, the man says he has never used the electronic bulletin board. He dislikes the school's website since it's not easy to use and slow. Plus, he doesn't want to register for the site since he had a bad experience doing so in the past. Therefore, the man disagrees with the school's decision to ban posters around campus.

WORD REMINDER
randomly 무작위로, 되는 대로

Target Marketing

When a company has a product to sell, it almost always has a specific target market. This refers to the type of people most likely to purchase the product. A target market may be determined by age, ethnic group, gender, or other factors. The company then aims its marketing efforts at that specific market. Prior to releasing a product, a company usually exposes people in the target market to it. The company then determines which of the product's aspects are appealing and which are not. After gathering data, it can tailor its product to be more attractive.

06-05

The professor talks about Hollywood studios. Explain how their actions are related to target marketing.

PREPARATION TIME
00 : 00 : 30

RESPONSE TIME
00 : 00 : 60

✍ NOTE-TAKING

❶ *sell product → have target market* 제품 판매 → 표적 시장을 가짐
  - people likely to purchase → age, ethnic group, gender, etc. 구매할 가능성이 높은 사람들 → 나이, 인종, 성별 등

❷ *b4 release product → expose target market* 제품 출시 전 → 표적 시장에 노출
  - what appeals & what doesn't → tailor product: more attractive
    어떤 점이 매력적이고 어떤 점이 그렇지 못한지 → 제품 수정: 보다 매력적
  (표적 시장에 의도적으로 노출시켰던 예시 가능)

WORD REMINDER
target market 표적 시장 gender 성 release 풀어놓다; 출시하다 expose 노출시키다 appealing 매력적인 tailor 재단하다, 맞추다

❶ *studio – animated movie* 영화사 – 만화 영화
  - target audience : children 대상 관객: 아이들
  - b4 release, showed children → loved 개봉 전, 아이들에게 보여 줌 → 좋아함
  - no changes ∴ blockbuster 변화 없음 ∴ 블록버스터

❷ *new drama → showed women* 새로운 드라마 → 여성들에게 보여 줌
  - complained but no changes 불평이 있었으나 변화 없음
  - released film → unpopular 영화 개봉 → 인기 없음

WORD REMINDER
potential 잠재적인 prior to ~에 앞서서, 이전에 preview 시연하다, 시사회를 열다 reaction 반응 alter 변경하다

ACTUAL TEST 06

Sample Response   🎧 06-06

   In her lecture, the professor describes two instances in which the movie industry previewed movies prior to releasing them. The first example concerns an animated movie. The movie studio showed the movie to a bunch of children, and they loved it. No changes were made, and the movie became a blockbuster. The second example is about a drama that a studio previewed. Most of the viewers disliked the movie, but the studio didn't change it. The movie was unpopular for many of the reasons that the first audience had given. These demonstrate the concept called target marketing, which is defined as a type of marketing effort that companies use to make their products more attractive to the people most likely to purchase them. In target marketing, targeted buyers often get a chance to look at the product before it is released on the market.

WORD REMINDER
a bunch of 한 무리의, 다수의

06-07

Using points and examples from the talk, explain how lions and deer engage in group feeding.

PREPARATION TIME
00 : 00 : 20

RESPONSE TIME
00 : 00 : 60

group feeding → both predators & prey 무리를 지어 먹이를 먹음 → 포식자와 피식자 모두

❶ *predators* 포식자

- lions → live in prides 사자 → 프라이드로 생활
- search for prey together 먹이를 함께 찾음
  run down prey / kill it / eat it 먹이를 쓰러트리고 죽여서 먹음

❷ *prey* 피식자

- deer → live in groups 사슴 → 무리를 지어 생활
  herbivores: eat plants 초식 동물: 식물을 먹음
- some eat & others watch 일부가 먹고 다른 이들은 경계를 섬
  if predator comes, flee together 포식자가 접근하면, 함께 달아남
- rotate watching → all deer can eat 교대로 경계 → 모든 사슴들이 먹이를 먹을 수 있음

WORD REMINDER

nourishment 영양분   collaboratively 협동하여, 협력하여   pride 프라이드 (사자의 무리)   cub 새끼 사자   elude 피하다   stamina 체력
pursuit 추적, 추격   chase 쫓다   corner 구석으로 몰다   carcass (동물의) 사체   forage (먹이를 찾아) 돌아다니다   rotate 회전하다; 교대하다
optimal 최적의   on guard 경계 중인, 경계를 서는

ACTUAL TEST 06

Sample Response   🎧 06-08

    The professor lectures to the class about two ways in which animals engage in group feeding. The first method he discusses is the way that lions feed. Lions live in prides, which are large groups of lions. When they are hunting, several lions search for prey together. Then, they find an animal and begin to chase it. Since there are many lions working together, they can catch the animal. The lions first kill the animal and then eat it together. The second is the way that deer feed. Deer are prey animals that also live together in groups. Deer eat plants, but they don't all eat at the same time. Instead, some deer watch for danger while the others in the group eat. If a predator comes near, the deer flee together. Deer also take turns watching, so all of them get to eat enough food.

WORD REMINDER

search for ~을 찾다   at the same time 동시에   take turns -ing 교대로 ~을 하다

TOEFL® MAP
ACTUAL TEST Speaking 1

07

07-01

Do you agree or disagree with the following statement?

The legal age for getting a driver's license should be lowered.

Use details and examples to explain your answer.

PREPARATION TIME
00 : 00 : 15

RESPONSE TIME
00 : 00 : 45

📝 NOTE-TAKING

AGREE
- *old enough to be responsible* 충분히 책임감 있는 나이
- *experience is important* 경험이 중요

DISAGREE
- *too young to make decisions* 결정을 내리기에는 너무 어림
- *impulsive* 충동적

Sample Response 🎧 07-02

› AGREE

I agree with the statement that the legal age for getting a driver's license should be lowered. There are two reasons I have this opinion. First of all, teenagers are old enough to be responsible. For instance, they are able to learn traffic laws and follow them. Secondly, getting driving experience at an early age is important. To illustrate, learning to make fast decisions when there are unexpected situations will teach them to become extra cautious. It is also a good time to memorize road signs and speed limits. For these two reasons, I believe the legal age for getting a driver's license should be lowered.

› DISAGREE

I disagree with the statement that the legal age for getting a driver's license should be lowered. There are two reasons I have this opinion. First of all, teenagers are still too young to make decisions. For instance, a lack of life experience makes it hard for them to think about what to do when there is an obstacle or a danger on the road. Secondly, younger people tend to be impulsive. To illustrate, a lot of studies prove that teenagers often cannot control themselves, which causes them to speed. For these two reasons, I believe the legal age for getting a driver's license should remain as it is.

WORD REMINDER

legal age 법정 연령 driver's license 운전 면허 lower 낮추다 responsible 책임이 있는 traffic law 교통 법규 follow 따르다
unexpected 예상하지 못한 extra 추가의 cautious 조심스러운, 신중한 proper 적절한 memorize 암기하다 speed limit 제한 속도
lack 부족 obstacle 방해물 impulsive 충동적인 speed 과속하다 remain 계속 〜이다

RELATED TOPICS

1 Teenagers should be allowed to vote when they turn sixteen. 청소년들은 16살이 될 때 투표할 수 있어야 한다.

AGREE	DISAGREE
- are knowledgeable enough to vote 투표하기에 충분히 많이 알고 있음 - can teach civic duty from young age 어릴 때부터 시민의 의무를 가르칠 수 있음	- can't understand issues in depth 사안들을 깊이 이해할 수 없음 - can be easily influenced by teachers → will vote according to what teachers say 선생님들에 의해 쉽게 영향을 받을 수 있음 → 선생들이 말하는 대로 투표할 것임

2 Parents should be encouraged to let their high school children drive by themselves.
부모는 자녀들이 고등학교에 다닐 때 스스로 운전하도록 장려해야 한다.

AGREE	DISAGREE
- can gain experience 경험을 얻을 수 있음 - is good for self-confidence 자신감에 좋음	- inexperienced → will have many accidents 경험 부족 → 많은 사고가 날 것임 - should focus on learning rather than driving 운전보다는 배움에 집중해야 함

3 All students should be taught to play a musical instrument. 모든 학생들은 악기 연주하는 법을 배워야 한다.

AGREE	DISAGREE
- learn new skill → make music 새로운 기술을 배움 → 음악을 만듦 - improves creativity → become more artistic 창의력을 향상시킴 → 더 예술적이 됨	- instruments = expensive → not everyone can afford 악기 = 비쌈 → 모두가 여력이 되는 것은 아님 - some students not musically talented → hard and stressful to learn 몇몇 학생들은 음악적인 재능이 없음 → 배우기 힘들고 스트레스를 받음

4 Classes in high school should stress lectures more than discussions.
고등학교 수업은 토론이 아닌 강의에 중점을 두어야 한다.

AGREE	DISAGREE
- teachers have knowledge → should lecture to students 선생님들은 지식이 있음 → 학생들에게 강의해야 함 - few students speak in discussions → waste of time for most students 적은 수의 학생들만이 토론에서 말함 → 대부분의 학생들에게는 시간 낭비	- discussions help students improve knowledge 토론은 학생들이 지식을 향상시키는 것을 도움 - let students consider new ideas + improve speaking skills 학생들이 새로운 아이디어를 강구하게 함 + 말하기 기술을 향상시킴

To the Editor,

We are rapidly approaching the end of the school year, and when that happens, several hundred students are going to graduate from our school. However, before they can receive their diplomas, they will have to sit through a terribly long graduation ceremony. It is time for the administration to make graduation day shorter. There is no need to have a speaker who drones on for a long time. After all, nobody is listening. We need to get through this ceremony as fast as possible so that graduates can celebrate their accomplishments with their friends and family members.

Eric Bright
Junior

🎧 07-03

The woman expresses her opinion about the letter to the editor in the school newspaper. Explain her opinion and the reasons she gives for holding it.

PREPARATION TIME
00:00:30

RESPONSE TIME
00:00:60

📝 NOTE-TAKING

READING

- *school should make graduation day shorter* 학교는 졸업식을 짧게 바꿔야 함
  - speaker talks for too long 연설자가 너무 길게 연설을 함
  - graduates need time to celebrate with friends and family 졸업생들은 친구, 가족과 축하할 시간이 필요함

WORD REMINDER

rapidly 빨리   approach 다가가다   graduate from ~를 졸업하다   diploma 졸업장   graduation ceremony 졸업식   drone 웅얼거리다
accomplishment 업적

LISTENING

WOMAN

- *agrees w/opinion* 의견에 동의
  - graduation speaker: too boring
    졸업 연설: 너무 지루함
  - talked for an hour: hottest day of the year
    한 시간 동안 연설: 일년 중 가장 더운 날이었음
- *day is supposed to be for graduates*
  졸업식은 졸업생들을 위한 날이어야 함

MAN

- *should have paid more attention*
  좀 더 신경을 썼어야 함

WORD REMINDER

drag on 질질 끌다   pay attention to 주목하다   inspiring 고무하는, 격려하는   sweat 땀을 흘리다   be supposed to ~하기로 되어 있는

Sample Response　　　　　　　　　　　　　　　　　　　　　　　　　🎧 07-04

　　The man and the woman share their views on the letter to the editor that the student wrote stating that the school should make changes to the graduation ceremony. According to the student, the school administration should change the graduation ceremony and make it shorter. The woman expresses a positive opinion of the student's letter for two reasons. First of all, based on her experience last year, she thought that the graduation speaker's speech was too long. She adds that graduation was held on one of the hottest days of the year and that everyone was hoping for it to end soon. The second reason is that the woman thinks the graduation ceremony should be for the students who are graduating. But instead, the graduates ended up talking to their friends and not closely listening to the speaker. Therefore, the woman agrees with the writer of the letter.

WORD REMINDER

based on ~에 근거하여   hold 개최하다   end up -ing 결국 ~하게 되다

The Psychology of Packaging

Products which are boxed up must be packaged in way to protect the items from damage and also to present them to potential customers in attractive and appealing manners. Companies have come to realize that the packaging of their products is noticed by customers and makes impressions—both good and bad—upon them. For instance, companies that utilize cheap packaging are informing their customers that they do not feel their product is worth much whereas those that utilize high-quality packaging are letting their customers know that they care deeply about their products.

07-05

The professor talks about luxury watches and snacks. Explain how they are related to the psychology of packaging.

PREPARATION TIME
00:00:30

RESPONSE TIME
00:00:60

● *packaging: protect items + present to potential customers in appealing manner*
포장: 제품을 보호함 + 매력적인 방식으로 잠재적 고객들에게 보여 줌

- makes impressions (good / bad) 인상을 줌 (좋은 / 나쁜)
- cheap packaging: product is not worth much 저렴한 포장: 제품이 별로 가치가 없음
- high-quality packaging: companies care deeply about products 질 좋은 포장: 회사들은 제품에 대해 깊은 관심을 가짐
(packaging과 사람들의 반응에 대한 관계를 나타내줄 수 있는 예시가 나올 가능성 ↑)

WORD REMINDER

packaging 포장, 포장재   box up 상자에 담다   package 포장하다   damage 손상   present 제시하다, 보여 주다   in a manner 어느 정도, 얼마간
appealing 매력적인, 흥미로운

first impression: important 첫인상: 중요함
packaging: how sellers feel about products 포장: 판매자가 제품에 대해 어떻게 생각하는지
❶ *luxury watches* 명품 시계
- nice packaging: want to keep box 좋은 포장: 상자를 가지고 있고 싶음
- business is selling high-quality product → more appealing to customers 기업은 고품질의 제품을 판매함 → 고객의 관심을 끎
- must be valuable 값비쌈
❷ *typical snack in cheap plastic bag* 싼 비닐 봉지에 든 일반 과자
- packaging rips → chips / candy spilling onto ground 포장이 찢어짐 → 칩 / 사탕이 바닥으로 쏟아짐
- companies don't believe they have good products 기업들은 좋은 제품을 가지고 있다고 믿지 않음

WORD REMINDER

impression 인상   seller 판매자   luxury 명품   come in 들어 있다   indicate 보여 주다   valuable 귀중한   typical 보통의, 일반적인
plastic bag 비닐 봉지   rip 찢어지다   spill 쏟다, 쏟아지다   countless 무수한, 셀 수 없는

Sample Response 🎧 07-06

    During her lecture, the professor discusses both luxury watches and snacks. First, while talking to the students about luxury watches, she mentions the packaging they come in. She points out that the boxes are so nice that many customers keep them despite never using them. She further mentions that customers are impressed by the high-quality packaging, and that makes them regard the items which come in that packaging as valuable. Second, the professor discusses snacks. She remarks that they are usually packaged in cheap plastic bags that easily rip and spill their contents. The professor comments that the cheap packaging indicates that the makers themselves don't believe that their products are worth much. Both luxury watches and snacks are related to the psychology of packaging. This describes how customers can form good or bad impressions of products based upon the type of packaging that they come in.

WORD REMINDER
further 추가의   impress 깊은 인상을 주다   content 내용물

07-07

Using points and examples from the talk, explain how the California Gold Rush of 1849 affected the United States.

PREPARATION TIME
00 : 00 : 20

RESPONSE TIME
00 : 00 : 60

1848: Marshall discovered gold in California 1848 마샬은 캘리포니아에서 금을 발견

California Gold Rush of 1849 1849년의 캘리포니아 골드 러시

– important effects 중요한 영향

❶ *140,000 people arrived 1849-1954: lots remained in California*
  140,000 명의 사람들이 1849년에서 1954년에 도착: 다수가 캘리포니아에 남음

  → population in California ↑: became a state in 1850 캘리포니아의 인구 ↑: 1850년에 주가 됨

  – 2 years before: territory → became a part of the U.S. → gained statehood due to huge influx of people
    2년 전: 준주 → 미국의 일부가 됨 → 사람들의 대거 유입 덕에 주의 지위 획득

❷ *GR: open the interior of the country to settlers* 골드러시: 국가의 내륙을 정착민들에게 개방

  – many people heading for California: settled in territories 캘리포니아로 향한 많은 사람들: 준주에 정착

    Ex Oklahoma, Colorado, Utah 오클라호마, 콜로라도, 유타

  – typically took up farming + increased the population 일반적으로 농사를 지음 + 인구 증가

    → territories became states 영토가 주가 됨

WORD REMINDER

discovery 발견　spark 촉발시키다, 유발하다　flock 모이다　westward 서쪽으로　fame 명예　fortune 부　effect 영향　approximately 거의
remain 남다, 계속 ~이다　populate 살다, 거주하다　state 주　territory 준주　influx 유입　statehood 주의 지위　record time 기록적인 시간
interior 내륙　settler 정착민　head for ~으로 향하다　typically 일반적으로　settle 정착하다　take up ~을 시작하다　effort 노력

Sample Response　🎧 07-08

　　　In the lecture, the professor talks about the California Gold Rush of 1849. According to the professor, the California Gold Rush of 1849 started when John Marshall discovered gold in California in 1848. She provides two significant effects caused by the gold rush. The first effect was that California joined the United States as a state. The lecturer explains that California gained statehood only two years after it had become a territory of the U.S. This was possible due to the huge influx of people looking for gold. The second effect was that the gold rush helped other territories become states. Since many people heading to California never actually made it there, they settled in other territories. She says that the settlers typically took up farming and increased the populations of the territories. Consequently, those territories became states such as Oklahoma, Colorado, and Utah. In this way, the professor discusses two major effects of the California Gold Rush.

WORD REMINDER

significant 중요한　look for 찾다　remain 남다　major 주요한

TOEFL® MAP
ACTUAL
TEST Speaking 1

08

08-01

Some people believe that children should receive money for doing household chores. Others believe that children should not be paid for doing them. Which do you prefer and why?

PREPARATION TIME
00:00:15

RESPONSE TIME
00:00:45

📝 NOTE-TAKING

> **RECEIVE MONEY**
> - *chores = work* ∴ *should get paid* 집안일 = 일 ∴ 보수를 받아야 함
> - *learn value of money* 돈의 가치를 배울 수 있음
>
> **NOT RECEIVE MONEY**
> - *everyone should do chores* 모든 이들이 집안일을 함
> - *getting paid would make chores like work* 보수를 받으면 집안일이 일과 같은 것이 될 것임

› RECEIVE MONEY

I think that children should receive money for doing household chores. Let me explain why I feel this way. To begin with, chores are difficult and take time. Basically, they are work. For example, cleaning the bedroom, washing the dishes, and doing the laundry are all jobs. Children should be paid for the work they do. In addition, giving children money for doing chores teaches them the value of money. For example, my friend does no chores, yet his parents give him a big allowance. My sister and I do many chores, and our parents give us an allowance. We have therefore learned the value of money while my friend hasn't. Those are the reasons why I feel that children should receive money for doing household chores.

› NOT RECEIVE MONEY

I don't think that children should receive money for doing household chores. Let me explain why I feel this way. To begin with, chores are something that everyone should do. At my house, my parents, brothers, and I all have specific chores to do. By doing our chores, we keep our house looking nice and neat. We shouldn't get paid to do that. In addition, getting paid makes chores seem like work. For example, I enjoy feeding the dog and taking out the trash. But if my parents paid me for doing those chores, they would seem like work. In that case, I might not enjoy doing them. Those are the reasons why I feel that children shouldn't receive money for doing household chores.

WORD REMINDER

allowance 용돈   specific 특정한

TIPS for SUCCESS

Intonation

응시자가 모든 단어를 강조해서 말하면 채점자가 이해하기 어렵다. 중요한 단어에만 강세를 주고, 관사, 전치사, 접속사 등은 조금 더 부드럽게 말하는 것이 점수를 높이는데 도움이 된다. 또한, 질문을 하듯이 문장의 끝에서 억양을 올리며 말하는 버릇은 버리도록 하자. 마침표로 끝나는 평서문은 대부분 억양을 내리며 마무리해야 한다.

1 Teenagers should have part-time jobs. 십대들은 아르바이트를 해야 한다.

AGREE	DISAGREE
- children need to earn $ 아이들이 돈을 벌어야 할 필요가 있음 - teach children financial independence 아이들에게 재정적 독립을 가르쳐 줌	- no time to work – need to study 아르바이트를 할 시간이 없음 – 공부해야 함 - I had p/t job → grades went down 아르바이트를 했음 → 성적 하락

2 Some parents give their children a weekly allowance. Other parents give their children money whenever they ask for some. Which method of providing children with money do you prefer and why?
어떤 부모들은 아이들에게 일주일마다 용돈을 준다. 다른 부모들은 아이들이 요청할 때마다 돈을 준다. 아이들에게 어떠한 방법으로 돈을 주는 것이 더 낫고 이유는 무엇인가?

WEEKLY ALLOWANCE	ASK FOR MONEY
- prepares children for salary later 아이들로 하여금 이후 월급 생활에 대비할 수 있도록 함 - teaches children value of $ 아이들에게 돈의 가치를 가르침	- should let children have what they want 아이들이 원하는 것을 갖도록 해야 함 - children ask for small amounts ∴ not big $ 아이들은 소액을 요구 ∴ 많지 않음

3 Teenagers are too busy to do any household chores. 십대들은 집안일을 하기에는 너무 바쁘다.

AGREE	DISAGREE
- studying + doing homework = too busy 공부 + 숙제하기 = 너무 바쁨 - many after-school activities → no time for chores 많은 방과 후 활동들 → 집안일을 할 시간 ✗	- many teens waste time → TV & Internet 많은 십대들이 시간을 낭비함 → TV & 인터넷 - have lots of leisure time after school and on weekends 방과 후와 주말에 여가 시간이 많음

4 Teenagers today have too many possessions. 오늘날 십대는 너무 많은 소유물들이 있다.

AGREE	DISAGREE
- prices of items are low → teenagers buy too many things they don't need 물건들의 값이 낮음 → 십대들은 필요 없는 너무 많은 것들을 구입함 - have room filled with stuff don't use at home 집에서 사용하지 않는 물건들로 방이 가득 참	- family doesn't have much $ → don't own many items 가족들은 돈이 많지 않음 → 많은 물건들을 가지고 있지 않음 - many teenagers don't waste $ → only buy what they need 많은 십대들이 돈 낭비 ✗ → 필요한 것만 구입함

Free Airport Bus

The school will be providing free bus rides to the airport to students on the following dates:

December 18-23

January 12-15

The bus will leave campus at eight AM, one PM, and four PM and will arrive at Terminal A around nine AM, two PM, and five PM. Seats are available on a first-come, first-served basis. The school hopes that this will help save money for students as they go on break and then return from their holiday. Students must show a current student ID before they will be permitted to get on the bus.

🎧 08-03

The man expresses his opinion about the announcement by the university administration. Explain his opinion and the reasons he gives for holding that opinion.

PREPARATION TIME
00 : 00 : 30

RESPONSE TIME
00 : 00 : 60

✎ NOTE-TAKING

READING

- *free bus rides to airport in Dec. & Jan.* 12월과 1월에 공항으로 가는 무료 버스 서비스
  - leave 3x/day 하루에 3차례 출발
- *save $ for students b4 & after break* 방학 전후 학생들이 돈을 아낄 수 있음

> **WORD REMINDER**
> on a first-come, first-served basis 선착순으로   get on 탑승하다

LISTENING

WOMAN	MAN
WOMAN	**MAN**

- *happy → will arrive early to get seat*
  기쁨 → 자리를 얻기 위해 일찍 출발할 것임

- *great idea* 좋은 아이디어
  - school far from airport → taxi: expensive
    공항에서 학교가 멀리 있음 → 택시: 비쌈
  - get ride w/friend sometimes
    때때로 친구의 차를 얻어 탐

- *free – good*
  무료 – 좋음

- *taxi – $50* 택시 – 50달러
  - quit p/t job for finals ∴ $ low
    기말 고사로 아르바이트를 그만 둠 ∴ 돈이 없음

> **WORD REMINDER**
> practically 실제로는, 사실상   final 기말 시험   thrilled 황홀해 하는, 매우 흥분한   fare 요금

Sample Response 🎧 08-04

    The speakers are having a conversation about the announcement by the university administration. According to the announcement, the school will provide free bus rides to and from the airport. The man is pleased with the information in the announcement. First of all, he tells the woman that he either takes a taxi to the airport or goes with a friend who is also heading to the airport. According to him, now he won't have to worry about how he is going to get to the airport. In addition, the man says that taking a taxi to the airport costs around $50. He mentions that he quit his part-time job to study for his exams, so he does not have very much money now. He's therefore pleased that he won't have to spend the rest of his money on taxi fare.

> **WORD REMINDER**
> get to ~에 도달하다, 도착하다

ACTUAL TEST 08

Vertical Migration

Organisms that live in the water often migrate. In many cases, they engage in what is known as vertical migration. Organisms that vertically migrate move up and down between different layers of the water. There are a number of reasons why organisms do this. In some instances, they are escaping from predators. In other situations, they may be responding to light, moving to new feeding areas, or moving because of temperature changes in the water. Vertical migration may occur on a daily or seasonal basis.

🎧 08-05

The professor talks about the behavior of zooplankton and Arctic animals. Explain how their actions are related to vertical migration.

PREPARATION TIME
00 : 00 : 30

RESPONSE TIME
00 : 00 : 60

❶ *move up and down* 위아래로 이동

❷ *reasons* 이유

  – escape from predators 포식자로부터 달아남
  – respond to light 빛에 반응
  – new feeding areas 먹이를 구할 새로운 지역
  – temperature changes 온도 변화

(지문에서 제목에 관한 정의를 설명할 것이고, 강의에서 구체적인 예시를 제공할 것이라 예측 가능)

WORD REMINDER

vertical migration 수직 회유   engage in ~에 관여하다

❶ *zooplankton: tiny creature others eat* 동물성 플랑크톤: 다른 생명체들이 먹는 작은 생물

  – dawn → descends 100s of meters 새벽 → 100미터 아래로 내려감
  – dusk → rises to surface 황혼 → 표면으로 상승
  – dark areas: avoids predators 어두운 지역: 포식자들을 피함

❷ *Arctic – glaciers melt in summer* 북극 – 여름에 빙하가 녹음

  – freshwater layer at top – salt water under 위에 민물 층 형성 – 아래에 바닷물
  – fish don't live in fresh water ∴ descend 어류가 민물에서 살 수 없음 ∴ 아래로 내려감

WORD REMINDER

zooplankton 동물성 플랑크톤   tiny 매우 작은   descend 내려가다, 하강하다   dusk 황혼   evade 피하다

Sample Response   🎧 08-06

The professor tells the students about two ways that animals engage in vertical migration. The first example he provides concerns zooplankton. This is a tiny animal that many creatures feed on. Every dawn, it descends hundreds of meters, and then it heads to the surface at dusk. Scientists believe it hides in the darker parts of the ocean to avoid predators. The second example he discusses is some animals that live in the Arctic. When glaciers melt, they sometimes create a layer of fresh water above the salt water. Most ocean creatures can't live in fresh water, so they vertically migrate to avoid it. These demonstrate the concept called vertical migration, which is defined as the movement of animals up and down between different layers of the ocean. Sea creatures do this for many reasons, including escaping from predators and reacting to temperature changes.

WORD REMINDER

react 반응하다, 반응을 보이다

 08-07

Using points and examples from the talk, explain how acacia ants and lemon ants engage in mutualism with trees.

PREPARATION TIME
00 : 00 : 20

RESPONSE TIME
00 : 00 : 60

✎ NOTE-TAKING

mutualism: 2 different organisms help each other 상리 공생: 2개의 생물이 서로를 도움

❶ *acacia ants & acacia trees* 아카시아 개미와 아카시아 나무
- ants: live in thorns + suck nectar for food 개미: 가시에서 생활 + 음식으로 즙을 빨아먹음
- trees: defended by ants 나무: 개미에 의해 방어를 함
- ants eat plants nearby → trees get more sunlight 개미가 근처의 식물을 먹음 → 나무가 더 많은 햇빛을 받음

❷ *lemon ants & Duroia hirsute trees* 레몬 개미와 두로이아 히르수타(Duroia Hirsuta) 나무
- ants: kill other plants w/acid → devil's garden 개미: 산성 물질로 다른 식물들을 제거 → 악마의 정원
- trees: provide shelter & nourishment for ants 나무: 개미에게 안식처와 영양분을 제공

WORD REMINDER

engage in ~에 종사하다, 관여하다   mutualism 상리 공생   in return 답례로, 그 대신에   herbivore 초식 동물   intruder 침입자
drive away 쫓아내다, 몰아내다   eliminate 제거하다

Sample Response   🎧 08-08

In her lecture, the professor describes two kinds of mutualism involving ants and trees. The first example she discusses is the relationship between the acacia ant and the acacia tree. The ants live in the tree's thorns and eat the nectar that the tree produces. In return, the ants attack other insects and herbivores that approach the acacia tree. The ants also eat other plants near the acacia tree, so the acacia tree gets more sunlight and grows bigger. The second example concerns the relationship between the lemon ant and the Duroia hirsute tree. Lemon ants produce an acid that they use to destroy other vegetation in the region. This creates something called devil's gardens. In these places, only Duroia hirsute trees grow in some parts of the Amazon Rainforest. In return, the ants use the trees as places to live and get nourishment as well.

TIPS for SUCCESS

Repetition

녹음을 하다가 잘못된 문법을 사용하거나 혹은 다음 문장이 바로 떠오르지 않는 경우, 응시자들이 종종 바로 전 문장을 반복하여 말하는 경우가 많은데, 이때는 답변이 마치 랩을 하는 것처럼 들릴 수 있다. 실수를 해서 당황을 하면, 한 번에 실수를 고쳐서 매끄러운 문장으로 만들기가 힘들다. 즉, 같은 실수를 반복하거나 더 큰 실수를 할 수가 있기 때문에, 차라리 자연스럽게 다음 문장으로 넘어가는 것이 더 도움이 된다.

TOEFL® MAP

ACTUAL TEST Speaking 1

09

🎧 09-01

Do you agree or disagree with the following statement?

It is better to travel in one's own country than to travel abroad.

Use details and examples to explain your answer.

PREPARATION TIME
00:00:15

RESPONSE TIME
00:00:45

NOTE-TAKING

AGREE
- *important to learn own culture* 자신의 문화를 배우는 것은 중요함
- *convenient* 편리함

DISAGREE
- *experience different cultures* 다른 문화 체험
- *broaden perspectives* 관점을 넓힘

› AGREE

I agree with the statement that it is better to travel in my own country than to travel abroad. I have two reasons for holding this opinion. First of all, it is important to learn and appreciate one's own culture. For instance, I have visited many national parks and historical places with my family and developed a deeper appreciation for the beauty of the country. Secondly, traveling in my own country is easy and convenient. To illustrate, my family often takes day trips to nearby places. This doesn't require a lot of planning and makes impromptu trips possible, which is almost infeasible when traveling abroad. For these two reasons, I believe traveling around my own country is better than traveling abroad.

› DISAGREE

I disagree with the statement that it is better to travel in my own country than to travel abroad. I have two reasons for holding this opinion. First of all, it is important to experience diverse cultures. For instance, after traveling in a lot of countries in Europe, I've gained a deeper knowledge of the history, music, and art of various cultures and have learned to appreciate different kinds of food. Secondly, one can develop broad perspectives by encountering different cultures and people. To illustrate, as I experienced lots of foreign cultures, the way I perceive unfamiliar customs and traditions has changed. For these two reasons, I believe traveling abroad is better than traveling around my own country.

WORD REMINDER

abroad 해외로   appreciate 이해하다   appreciation 이해   nearby 가까운   require 필요하다   impromptu 즉흥적으로 한
infeasible 실행 불가능한   diverse 다양한   broad 넓은   perspectives 관점   perceive 인식하다   unfamiliar 낯선   custom 관습

1 Which do you prefer, traveling with a group or traveling with your family?
단체 여행과 가족과의 여행 중 어떤 것을 선호하는가?

TRAVELING WITH A GROUP	TRAVELING WITH FAMILY
- have more fun 더 재미있음 - make new friends 새로운 친구들을 만듦	- share experiences w/loved ones 사랑하는 사람들과 경험을 나눔 - family members are similar → want to see the same places 가족 구성원은 비슷함 → 같은 장소를 보길 원함

2 It is better to take short trips than to take long ones. 장기 여행을 가는 것보다 단기 여행을 가는 것이 더 낫다.

AGREE	DISAGREE
- won't spend too much money 너무 많은 돈을 쓰지 않을 것임 - won't be tired when come back home 집에 돌아왔을 때 피곤하지 않을 것임	- long trips = can do lots of sightseeing 장기 여행 = 관광을 많이 할 수 있음 - get one vacation a year → want to travel for most of it 일년에 한 번의 휴가가 있음 → 그 대부분을 여행하기 원함

3 Do you prefer to travel to new places or to places you have visited before?
새로운 장소를 여행하는 것과 전에 가본 장소를 여행하는 것 중 어떤 것을 선호하는가?

TRAVEL TO NEW PLACES	TRAVEL TO PLACES I HAVE VISITED BEFORE
- new sights and experiences 새로운 광경과 경험 - want to travel to places around the world 세계 각국의 장소를 여행하고 싶음	- know where everything is → comfortable 모든 것이 어디에 있는지 앎 → 편함 - don't enjoy sightseeing → want to relax 관광을 즐기지 않음 → 느긋하게 있고 싶음

4 Watching travel videos of a place is just as good as visiting that location in person.
한 장소의 여행 비디오를 보는 것은 직접 그 장소에 가는 것만큼 좋다.

AGREE	DISAGREE
- can see highlights of places 장소에서 가장 흥미로운 것을 볼 수 있음 - don't spend money on trips → economical 여행에 돈을 쓰지 않음 → 경제적	- nothing beats seeing places in person 어떤 것도 직접 장소를 보는 것을 이기지 못함 - videos don't show everything in places → can see more in person 비디오는 장소의 모든 것을 보여주지 않음 → 직접 더 많은 것을 볼 수 있음

New Department to Be Added

Beginning next fall, a new department will be added to the university. The Robotics Department will be located in Felton Hall, the newest building on campus. There will be eight associate professors and several adjunct professors who will teach a wide variety of classes in the field of robotics. Students will be able both to major and minor in Robotics. The Robotics Department will be a part of the School of Engineering. For more information, visit the office of the dean of engineering or go to the school website.

09-03

The man expresses his opinion about the announcement by the dean of engineering. Explain his opinion and the reasons he gives for holding it.

PREPARATION TIME
00:00:30

RESPONSE TIME
00:00:60

📝 NOTE-TAKING

- ***new department added to university: Robotics Department*** 대학교에 새로운 학과 추가: 로봇 공학과
  - 8 associate prof's + several adjunct prof's 8명의 부교수 + 다수의 겸임 교수
  - both major + minor in Robotics 로봇 공학에 전공 + 부전공 모두 가능
  - part of school of engineering 공학의 일부

WORD REMINDER

Robotics 로봇 공학   associate professor 부교수   adjunct professor 겸임 교수   field 분야   major in ~을 전공하다   minor in ~을 부전공하다

LISTENING

WOMAN	MAN
● ***school expanding too fast*** 학교가 너무 빠르게 확장	● ***robotics: important in the future*** 로봇 공학: 미래에 중요 - students can be trained in the field 학생들은 그 분야에 훈련을 받을 수 있음 - would like to try to minor 부전공을 해보고 싶음
● ***requires a lot of funding*** 재정이 많이 필요함	● ***Caldwell Foundation donated $50 million*** 칼드웰 재단이 5천만불을 기부 - school has had a lot of donations 학교에 기부금이 많음

WORD REMINDER

expand 확장하다   train 교육 받다   donate 기부하다   earmark 배정하다   procure 구하다   donation 기부   endowment 기부

Sample Response   🎧 09-04

The man and the woman share their views on the school's announcement to add a new department to the School of Engineering. The Robotics Department will offer both major and minor programs to students. The man expresses a positive opinion of the school's decision and provides two reasons for his opinion. The first reason is that he thinks robotics will be crucial in the future. According to the man, adding the new department will help students get trained in the field. Secondly, he says there are no problems in terms of funding. Since the school received a donation of fifty million dollars, the department does not have to worry about its financial status. He adds that the endowment and the school's general fund have plenty of money. Therefore, the man has a positive opinion about the school's decision to add a new department to the School of Engineering.

WORD REMINDER

crucial 중요한   in terms of ~면에서는   funding 자금   financial status 재정 상태

Frequency Illusion

Linguist Arnold Zwicky coined this term, also commonly known as the Baader-Meinhof Phenomenon, in 2005. It refers to the phenomenon that once a person becomes aware of someone or something, then that individual suddenly appears to notice that person or thing with regularity. For instance, a woman may talk about a little-known historical individual with one of her friends. The next day, that same woman might read an article about the individual she was speaking about. This frequency illusion is a combination of selective attention and confirmation bias.

🎧 09-05

The professor talks about his children. Explain how their experiences are related to frequency illusion.

PREPARATION TIME
00:00:30

RESPONSE TIME
00:00:60

✎ NOTE-TAKING

● ***frequency illusion (FI): once person becomes aware of someone / something → notice that person / thing w/regularity*** 빈도 환상: 한번 사람이 어떤 사람이나 어떤 사물을 인식하게 됨 → 그 사람이나 사물을 정기적으로 알아챔

Ex talk about little-known historical figure → read article about figure
잘 알려지지 않는 역사적 인물에 대해 이야기함 → 그 인물에 대한 기사를 읽음

→ combination of selective attention + confirmation bias 선택적 주의의 결합 + 확증 편향

(좀 더 구체적인 예시가 나와서 FI이론을 뒷받침 할 것)

WORD REMINDER

frequency 빈도   illusion 환상, 환각   coin (새로운 낱말·어구를) 만들다   phenomenon 현상   with regularity 규칙적으로
confirmation bias 확증 편향

LISTENING

2 examples of FI 빈도 환상의 두 가지 예시

❶ ***tutor daughter in French*** 딸에게 프랑스어를 가르침
  - 5 new words each day 매일 5개의 새로운 단어
  - have her watch movie / TV program in French 그녀가 프랑스 영화 / TV 프로그램을 보게 함
  - daughter: learns a new word → hears it many times while watching movie / show
    딸: 새로운 단어를 배움 → 영화 / 쇼를 보면서 그 단어를 여러 번 들음
  - had heard word before → didn't recognize it since didn't know it though
    전에 단어를 들었었음 → 그러나 그 단어를 몰랐기 때문에 그것을 알아채지 못함

❷ ***baseball team*** 야구팀
  - knows coach → sees him everywhere (supermarket, shopping mall, streets)
    코치를 앎 → 그를 어디서나 보게 됨 (슈퍼마켓, 쇼핑몰, 거리)
  - started noticing him since he met him 그를 만난 이후로 그를 알아채기 시작함

WORD REMINDER

currently 현재   constantly 끊임없이   frequently 빈번하게   show up 나타나다

Sample Response	🎧 09-06

   The professor talks about his children's experiences. He first discusses his daughter, who is learning French. The professor gives her new words to learn and has her watch a French movie or TV show. He states that his daughter hears the new words then and mentions that to him. He remarks that she had probably heard the words before, but since she didn't know the words, she had never noticed them. He next talks about his son, who has a new baseball coach. The coach lives near the professor's house. Now that his son knows the coach, he sees his coach all around town. The professor remarks that his son must have seen the coach before but didn't know him, so he didn't remember seeing his coach. These are examples of frequency illusion. This phenomenon refers to the fact that when an individual learns about a person or thing, that individual often notices the person or thing regularly.

WORD REMINDER

remark 언급하다   regularly 정기적으로

09-07

Using points and examples from the talk, explain two advantages of business partnerships.

PREPARATION TIME
00:00:20

RESPONSE TIME
00:00:60

potential entrepreneurs: whether to do business by themselves or with a partner 잠정적 사업가들: 혼자 사업을 할지 파트너와 같이 할지

2 advantages 두 가지 이점

❶ *reason for failure: too many responsibilities for owner* 망하는 이유: 소유주에게 너무 많은 책임이 따름

 – partnership: sharing responsibility → work could be done more easily and faster
 동업: 책임 공유 → 일이 더 쉽고 빠르게 진행될 수 있음

 Ex Steve Jobs + Steve Wozniak (Apple) // Bill Gates + Paul Allen (MS)
 스티브 잡스 + 스티브 워즈니악 (애플) // 빌 게이츠 + 폴 앨런 (마소)

❷ *skills + abilities → individual differences* 기량 + 능력 → 개인적 차이

 Ex creative individual (inventor, programmer, designer) → works on product / service
 창의적인 사람 (발명가, 프로그래머, 디자이너 → 제품 / 서비스에 대한 일을 함)

 business oriented → marketing, selling 사업 중심적 → 마케팅, 판매
 ∴ able to focus on what they excel at 잘할 수 있는 것에 집중 가능

WORD REMINDER

potential 잠정적인, 가능성이 있는   entrepreneur 사업가   go into business 사업을 하다   business partnership 사업 제휴   numerous 수많은   take on 떠맡다   responsibility 책임   co-owner 공동 소유자   accomplish 성취하다   handle 다루다   corporation 기업   found 설립하다   enter business 사업을 시작하다   venture 벤처 사업   business oriented 비즈니스 중심의   excel at ~에 뛰어나다

Sample Response   🎧 09-08

   In the lecture, the professor talks about how important it is for potential entrepreneurs to make a decision whether to go into business by themselves or with a partner. Then she provides two advantages of business partnerships. The first advantage is sharing responsibility. According to the lecturer, one of the main reasons why companies fail is that the owner has too many responsibilities. She gives the examples of Steve Jobs and Steve Wozniak at Apple and Bill Gates and Paul Allen at Microsoft as entering business partnerships. The second advantage involves using different skills. She says that because partners have different skills and abilities, one person doesn't have to do everything. The lecturer says a creative individual such as an inventor, programmer, or designer can work on a product or service while a business-oriented person can focus on marketing and selling. In this way, the professor discusses two major advantages of business partnerships.

WORD REMINDER
divide 나누다   expertise 전문 지식

TOEFL® MAP

ACTUAL TEST

TEST Speaking 1

10

10-01

ACTUAL TEST **10**

Do you agree or disagree with the following statement?

A person should carry a cellphone at all times.

Use details and examples to explain your answer.

PREPARATION TIME
00:00:15

RESPONSE TIME
00:00:45

📝 NOTE-TAKING

AGREE
- *need in case of emergency* 긴급 상황의 경우 필요
- *can report crimes w/them* 휴대 전화로 범죄를 신고할 수 있음

DISAGREE
- *invade people's privacy* 사생활을 침해
- *don't like being contacted easily* 쉽게 연락이 되는 것을 좋아하지 않음

Sample Response　　　　　　　　　　　　　　　🎧 10-02

› AGREE

I agree with the statement and think that a person should always carry a cellphone. First, people should have cellphones in case of an emergency. In the past, my family was in a car accident when it was snowing heavily. No other cars were around, but my father had his cellphone. He called a tow truck on his phone, and someone came to help us. Secondly, people can report crimes with their cellphones. For example, my friend once saw a person robbing a jewelry store. He used his cellphone to call the police. The police quickly came and arrested the thief. For these two reasons, I agree that people should always carry their cellphones.

› DISAGREE

I disagree with the statement and don't think that a person should always carry a cellphone. First, cellphones invade people's privacy. To be specific, if you carry a cellphone, a person can contact you anytime anywhere. I always hate when I'm eating or sleeping and my cellphone suddenly starts ringing because I forgot to put it on silent mode. Secondly, not everyone likes to be contacted easily. For example, my uncle enjoys camping in the woods by himself. He does that for a week or two. When he goes camping, he never takes his phone with him because he enjoys being all alone. For these two reasons, I disagree that people should always carry their cellphones.

WORD REMINDER

in case of ~의 경우, ~의 경우를 대비하여　　tow truck 견인차　　arrest 체포하다　　invade 침입하다, 침범하다　　contact 접촉하다, 연락을 취하다

TIPS for SUCCESS

불안한 마음에 세부 사항을 다 적으려는 응시자들도 있지만, 15초의 준비 시간 동안 모든 사항들을 적는 것은 어렵다. 상황을 떠올리는데 즉시 도움이 되는 주요한 단어들만 적어 두는 것이 보다 바람직하다.

1 It is acceptable for restaurants to ban diners from using their cellphones while they are at their tables. 식사 중인 식당 손님들에게 휴대 전화 사용을 금지하는 것은 받아들일 수 있다.

AGREE	DISAGREE
- talking while eating = disturbs others 식사를 하면서 이야기 = 다른 사람들을 방해 - restaurant should be able to make its own rules 식당은 자체적인 규칙을 만들 수 있어야 함	- diners often doing business → need phones 식사를 하는 사람들은 종종 업무를 봄 → 전화기가 필요 - phone off = might miss emergency call 전화기 끔 = 긴급 전화를 놓칠 수 있음

2 Cellphones have decreased the amount of privacy people have. 휴대 전화는 사람들의 사생활의 범위를 좁혀 놓았다.

AGREE	DISAGREE
- friends sometimes call while sleeping 잠을 자고 있을 때 친구들이 때때로 전화를 함 - can get calls anywhere, even in forests and on mountains 어디에서도, 심지어 숲이나 산에서도 전화를 받을 수 있음	- often turn off phone ∴ no disturbances 종종 전화를 꺼 둠 ∴ 방해를 받지 않음 - don't have to give out # to everyone 모든 사람들에게 전화 번호를 알려 줄 필요는 없음

3 The Internet is the most influential invention in modern times. 인터넷은 현대의 가장 영향력 있는 발명이다.

AGREE	DISAGREE
- has connected people around world w/one another 전세계의 사람들을 서로 연결함 - easy to get information on anything nowadays 오늘날은 어떤 것에 대한 정보를 얻는 것이 쉬움	- are still billions of people not online → no effect on their lives 여전히 수십억 명의 사람들이 온라인에 있지 않음 → 그들의 삶에 영향 ✗ - automobile = more influential → lets people travel anywhere quickly 자동차 = 더 영향력이 큼 → 사람들이 어디든 빠르게 이동할 수 있게 함

4 Young people play too many mobile games nowadays. 요즘 젊은 사람들은 모바일 게임을 너무 많이 한다.

AGREE	DISAGREE
- brother: several hours of games/day 동생: 하루에 수 시간 동안 게임 - kids play games ∴ don't interact w/each other 아이들이 게임을 함 ∴ 서로 간에 교류가 없음	- many games teach good skills – problem solving 많은 게임들은 좋은 능력을 길러 줌 – 문제 해결 - often see kids playing outside – no games 종종 아이들이 밖에서 노는 것을 봄 – 게임을 하지 않음

To the Editor,

    I believe the recent ban on speaking on cellphones in the library is wrong. First, most students who talk on their phones in the library whisper into them. They talk no louder than students who chat with each other in the reading room. Second is that if students cannot use their phones, then they will not be able to answer them in case of an emergency. What if a student gets an emergency phone call from her parents but cannot answer while she is in the library? This new policy seems wrong to me.

Gina Stuart
Freshman

🎧 10-03

The woman expresses her opinion about the letter to the editor in the school newspaper. Explain her opinion and the reasons she gives for holding that opinion.

PREPARATION TIME
00 : 00 : 30

RESPONSE TIME
00 : 00 : 60

✎ NOTE-TAKING

- *ban on cellphones – bad* 휴대 전화 사용 금지 – 좋지 않음
- *students whisper into phones → not louder than others* 학생들은 조용하게 통화함 → 다른 사람보다 시끄럽지 않음
  - might miss emergency calls from parents or others 부모나 다른 사람으로부터 온 긴급 전화를 받지 못할 수 있음

WORD REMINDER
ban 금지   whisper 속삭이다, 작은 목소리로 말하다   reading room 도서 열람실, 독서실

LISTENING

WOMAN

- *students start by whispering*
  학생들은 조용하게 통화를 시작
  - talk longer → get louder ∴ disturb others
    통화가 길어짐 → 목소리가 커짐 ∴ 다른 이들을 방해
- *can go outside to answer phone*
  밖으로 나가서 전화를 받을 수 있음
  - have caller ID ∴ can call back # 발신자 번호
    서비스 ∴ 그 번호로 다시 전화를 걸 수 있음

MAN

- *agrees w/woman* 여자의 말에 동의

- *hadn't thought of caller ID*
  발신자 번호 서비스는 생각하지 못했음

WORD REMINDER
caller ID 발신자 번호 서비스   lift 철폐하다, 취소하다   upsetting 혼란스러운

Sample Response   🎧 10-04

The man and the woman have a discussion about the letter to the editor in the school newspaper. The letter writer notes that she is against the ban on students talking on their cellphones in the library. The woman expresses a negative opinion of the student's letter for two reasons. The first reason is that even though students may start their cellphone conversations by whispering, they start talking louder after a while. According to her, they are soon speaking so loudly that they are bothering the other students in the library. As her next point, the woman declares that students can go outside to answer their phones when they ring. In addition, if they miss a phone call, they can use caller ID to call back the person who telephoned them. That way, they won't miss any emergency calls they receive.

WORD REMINDER
after a while 잠시 후에   declare 선언하다, 단언하다

Negative Ideation

Some people have bad habits. These include smoking, eating junk food, drinking too much alcohol, and failing to exercise. In many cases, people do not wish to succumb to these temptations, yet they fail. One method people frequently utilize to break their bad habits is to employ negative ideation. By doing this, a person's brain associates the object of his desire with something that is either unpleasant or disgusting. When this happens, the person eventually comes to regard whatever he once wanted as something that is distasteful and undesired.

10-05

The professor talks about how people try to break their bad habits. Explain how their attempts are related to negative ideation.

PREPARATION TIME
00:00:30

RESPONSE TIME
00:00:60

NOTE-TAKING

READING

❶ *many bad habits → want to break ∴ try neg. ideation* 많은 나쁜 습관 → 끊기를 원함 ∴ 부정적 관념화를 시도

❷ *associate desired object w/unpleasant or disgusting thought* 원하는 대상을 불쾌하거나 혐오스러운 생각과 연관시킴
(제목에 용어가 등장할 경우 지문은 항상 정의를 내리고, 강의에서는 그에 대한 예시가 제공됨)

WORD REMINDER

ideation 관념, 관념화   succumb 굴복하다   temptation 유혹   disgusting 메스꺼운, 역겨운   regard A as B A를 B라고 간주하다

LISTENING

❶ *man loves chocolate → wants to stop eating* 남자가 초콜릿을 좋아함 → 끊고 싶음
– imagines chocolate – mud ∴ disgusted so stops eating 초콜릿 – 진흙이라고 상상 ∴ 역겨워서 먹지를 않음

❷ *woman loves alcohol → wants to stop drinking* 여자가 술을 좋아함 → 금주를 원함
– imagines alcohol – licorice taste 술 – 감초 맛이 난다고 상상
– repulsed ∴ stops drinking 거부 ∴ 금주

WORD REMINDER

resist 저항하다   recommend 추천하다   think of A as B A를 B라고 생각하다   licorice 감초   repulse 격퇴하다; 거절하다

Sample Response

🎧 10-06

During her lecture, the professor describes two ways in which people try to break their bad habits. The first example concerns a man who eats too much chocolate. The man wants to stop eating chocolate, but he cannot, so he pretends that it is mud. After a while, he gets disgusted by the thought of eating chocolate, so he stops. The second example the professor provides is about a woman who wants to stop drinking alcohol. In order to do that, the woman imagines that alcohol tastes like something she dislikes very much, so she eventually stops drinking. These demonstrate a concept called negative ideation. According to the reading passage, it is a way of associating something negative with a bad habit. If a person uses negative ideation, it is possible for that individual to stop doing some bad habit.

10-07

Using points and examples from the talk, explain two ways that the design of a product is important to customers.

PREPARATION TIME
00:00:20

RESPONSE TIME
00:00:60

📝 NOTE-TAKING

product design → utility + attractiveness 제품 디자인 → 유용성 + 매력

❶ *utility* 유용성
- ketchup bottles: were once glass 케첩 병: 한때 유리였음
  → was hard to get ketchup out 케첩을 빼내기가 어려움
- change to plastic bottles → squeeze → flows evenly 플라스틱병으로 교체 → 짜냄 → 고르게 나옴

❷ *appearance* 외관
- high-end cookies: tin boxes w/pix 고급 쿠키: 그림이 있는 주석 상자
  → look nice → use as decorations 멋지게 보임 → 장식품으로 사용

📌 **WORD REMINDER**

considerable 상당한 switch 바꾸다 squeeze 짜내다 evenly 고르게 high-end 최고급의 thematic 주제의
in the first place 첫째로, 처음부터

Sample Response 🎧 10-08

In the lecture, the professor describes two kinds of designs that make products more appealing to customers. The first is the utility of the product. The professor uses ketchup bottles as an example. He mentions that ketchup bottles used to be made of glass. But it was hard to get ketchup to come out from glass bottles. So companies switched to plastic bottles. Now, customers can squeeze the plastic bottles, and the right amount of ketchup comes out. The second type is how the product actually looks. For this, the professor talks about cookie containers. He mentions that high-end cookies often come in tin boxes. These boxes have thematic pictures for Christmas or Halloween. The professor says that some people like these boxes so much that they decorate their homes with them. Since customers eat the cookies and use the boxes, they're more likely to buy the products.

📌 **WORD REMINDER**

be made of ～로 이루어지다, 구성되다

TIPS for SUCCESS

Timing

토플의 모든 영역은 제한된 시간 안에 문제를 풀어야 한다. 마찬가지로, 시간이 초과하면 스피킹의 녹음 기능도 자동으로 멈춘다. 이를 상관하지 않고 무조건 본인이 하고 싶은 말을 끝까지 하려고 하다가 중간에 녹음이 끊겨 감점을 당하는 경우가 있는데, 이에 대한 대비를 평소에 해두어야 한다.

TOEFL® MAP

ACTUAL TEST Speaking 1

11

🎧 11-01

Which of the following infrastructure projects would you prefer that your city do?

• Construct a stadium that can be used to play sports and to perform concerts in
• Widen the main streets in the downtown area

Use details and examples to support your choice.

PREPARATION TIME
00:00:15

RESPONSE TIME
00:00:45

CONSTRUCT A STADIUM FOR SPORTING EVENTS AND CONCERTS
- *economic benefits* 경제적 이득
- *upgrade other facilities* 다른 시설 개선

WIDEN THE MAIN STREETS IN THE DOWNTOWN AREA
- *economic benefits* 경제적 이득
- *upgrade other facilities* 다른 시설 개선

Sample Response   🎧 11-02

› CONSTRUCT A STADIUM FOR SPORTING EVENTS AND CONCERTS

I prefer constructing a stadium for sporting events and concerts to widening the main streets in the downtown area. There are two reasons I have this opinion. First of all, a stadium will create numerous economic benefits. For instance, hotels, restaurants, and retail shops make huge profits when a famous singer holds a concert in my city. Secondly, other facility upgrades in the local infrastructure will follow. To be specific, in order to meet demand and to accommodate the local population, there will be improved public transportation and better communication networks. For these two reasons, I believe constructing a stadium is better than widening the main streets in the downtown area.

› WIDEN THE MAIN STREETS IN THE DOWNTOWN AREA

I prefer widening the main streets in the downtown area to constructing a stadium for sporting events and concerts. There are two reasons I have this opinion. First of all, widening the main streets will create numerous economic benefits. For instance, better traffic conditions will attract many tourists as well as local residents to restaurants, retail shops, and hotels. Secondly, other facility upgrades in the local infrastructure will follow. To be specific, in order to meet demand and to accommodate the local population, there will be more public parking garages and an improved public transportation system. For these two reasons, I believe widening the main streets in the downtown area is better than constructing a stadium.

WORD REMINDER

construct 건설하다   stadium 경기장   widen 넓히다   downtown area 도심 지역   benefit 혜택, 이득   retail shop 소매 상점   profit 수익   facility 시설   infrastructure 공공 기반 시설   demand 요구   accommodate 수용하다   public transportation 대중교통   attract 끌어 모으다   public parking garage 공공 차고

1 The government should raise taxes to improve the conditions of roads in cities.
정부는 도시의 도로 상태를 개선하기 위해 세금을 올려야 한다.

AGREE	DISAGREE
- fix potholes and make roads safer 움푹 패인 곳을 수리하여 도로를 더 안전하게 만듦 - citizens should pay for all repairs 시민들은 모든 보수에 대한 비용을 지불해야 함	- taxes = too high 세금 = 너무 높음 - roads are in good condition → don't need to spend more money 도로는 상태가 좋음 → 돈을 더 쓸 필요가 없음

2 Which would you prefer, to renovate an historical home in your town or to construct a new park?
여러분의 동네에 있는 유서 깊은 집을 보수하는 것과 새로운 공원을 짓는 것 중 어떤 것을 선호하는가?

RENOVATE AN HISTORICAL HOME	CONSTRUCT A NEW PARK
- can learn about life in the past 과거의 삶에 대해 배울 수 있음 - shouldn't forget important historical figures 중요한 역사적인 인물들을 잊어서는 안됨	- children need a place to play 아이들을 놀 장소가 필요함 - families can spend time outdoors 가족들이 야외에서 시간을 보낼 수 있음

3 City governments should sponsor more cultural events for their residents.
시 정부는 주민들을 위해 더 많은 문화 행사를 주최해야 한다.

AGREE	DISAGREE
- let residents experience new cultures → fun 주민들이 새로운 문화를 경험하게 함 → 재미있음 - educational → help residents learn 교육적 → 주민들이 배우는 것을 도움	- too expensive → cities shouldn't waste taxpayer money 너무 비용이 많이 듦 → 도시는 납세자들의 돈을 낭비해서는 안 됨 - governments are inefficient → let private citizens host events 정부가 하면 비효율적임 → 개인으로서의 시민들이 행사를 주최하게 함

4 Local governments should spend more money to help the poor.
지역 정부는 가난한 이들을 돕기 위해 더 많은 돈을 써야 한다.

AGREE	DISAGREE
- too many poor in town → need assistance 마을에 너무 많은 가난한 사람들 → 지원이 필요함 - food and shelter are human rights → need to give poor dignity 음식과 쉼터는 인권임 → 가난한 이들에게 존엄성을 부여할 필요가 있음	- cities constantly increase spending → but are still many poor people 도시는 계속해서 지출을 늘이고 있음 → 여전히 많은 가난한 사람들 - charity from private groups is better → more efficient + effective 민간 조직으로부터의 자선이 더 나음 → 더 효율적 + 효과적

To All Students in History 44,

In class this morning, I informed you that the review session for our final exam would take place next Wednesday from 6:00 to 7:00 PM. However, due to circumstances outside my control, the day and the time of the review session have been changed. The review session will now be held next Thursday from 8:00 to 9:00 PM. It will still take place in room 934 in Bannon Hall. The review session is not mandatory, but attending it should help you do better on your final exam. After the session ends, you are welcome to ask questions.

Professor David Ward

 11-03

The man expresses his opinion about the notice by a professor. Explain his opinion and the reasons he gives for holding it.

PREPARATION TIME
00:00:30

RESPONSE TIME
00:00:60

📝 NOTE-TAKING

READING

- *review session: Wed 6-7 PM → Thurs 8-9 PM* 복습 시간: 수요일 오후 6~7시
  - place remains the same (Rm934 in Bannon Hall) 장소는 같음 (배넌 홀 934번 방)
  - not mandatory but highly recommended 의무는 아니지만 강력히 추천

WORD REMINDER

inform 알리다 take place 개최되다 circumstances 상황 hold 열다, 개최하다 mandatory 의무적인 attend 참석하다

LISTENING

WOMAN	MAN
	● *happy about the change* 변경에 만족함
	- works at library on Wed 5:30-10 PM
	수요일 오후 5:30~10시까지 도서관에서 일함
	- could not change shift 근무 시간을 바꿀 수 없었음
	- Thurs: ends at 7:30 → able to attend RS
	목요일: 7시 반에 끝남 → 복습 시간에 참석 가능
● *not sure if RS will be helpful* 도움이 될지 모르겠음	● *friend took the class last semester*
- waste of time 시간 낭비	친구가 같은 반을 지난 학기에 수강했었음
	- RS: a lot of hints 복습 시간: 많은 힌트를 얻었음

WORD REMINDER

occur 발생하다 coworker 동료 shift 교대 근무 시간 grab 잠깐 ~하다 head 가다, 향하다 gigantic 거대한 case 경우 definitely 절대로

Sample Response 🎧 11-04

   The man and the woman share their views on the notice that their professor has posted. According to the notice, a review session will now be held on Thursday evening instead of on Wednesday evening, and the place will remain the same. The man expresses a positive opinion of the notice and provides two reasons for his opinion. First of all, the man is happy with the change because he can make it to the review session after he finishes working at the library. Thus, he doesn't need to worry about changing shifts. Secondly, he does not agree with the woman's idea that the review session is a waste of time. He says his friend took a class with the same professor last semester. While attending the review session, his friend got a lot of tips that were helpful for the exam. Therefore, the man has a positive opinion about the notice on the review session.

WORD REMINDER

post 게시하다 notice 공고 remain 계속 ~이다 make it 참석하다

Maladaptive Diffusion

Cultural diffusion refers to the spreading of various aspects of a culture to other geographical locations occupied by people of different ethnicities or cultures. In this way, one culture can influence others with regard to religion, language, food, or society in general. Maladaptive diffusion is the adopting of traits from one culture which are not practical or useful with regard to the environment or culture in a particular region. This may happen when people take on an aspect of a new culture that does not go well with their own due to a variety of reasons.

11-05

The professor talks about fast-food restaurants and blue jeans. Explain how they are related to maladaptive diffusion.

PREPARATION TIME
00:00:30

RESPONSE TIME
00:00:60

📝 NOTE-TAKING

● *cultural diffusion: spreading of various aspects of culture to other geographical locations*
문화 전파: 다양한 문화 측면을 다른 지리적 장소에 전파함

- influence on religion, language, food, society 종교, 언어, 음식, 사회에 영향
- maladaptive diffusion: adopting of traits from culture → not practical / useful in environment / culture in particular region 부적응 전파: 문화에서 특성을 도입 → 특정 지역 문화와 환경에 실용적이거나 유용하지 않음

(구체적인 예시를 제시할 것 같은 가능성 ↑)

WORD REMINDER

maladaptive 부적응 diffusion 전파, 보급 spreading 보급, 확산 aspect 측면, 양상 geographical 지리적인 occupied 점령된 ethnicities 인종, 민족 with regard to ~에 관해 influence 영향을 미치다 in general 전반적으로 adopting 도입, 채택 trait 특성 practical 실용적인 take on ~을 받아들이다

globalization: more cultural diffusion 세계화: 더 많은 문화 전파

❶ *fast-food restaurants: hamburgers → beef* 패스트푸드 음식점 → 소고기

- spread internationally 국제적으로 전파됨
- India: most don't eat beef (∵ religious reasons) 인도: 대부분 소고기를 먹지 않음 (∵ 종교적 이유)
- many McDonald's + Burger Kings → clash w/culture 많은 맥도날드와 버거킹 → 문화와 충돌함

❷ *blue jeans: comfortable, relatively inexpensive, look good* 청바지: 편함함, 상대적으로 안 비쌈, 멋있어 보임

- Northern Europe + Siberia: temp is low in winter 북유럽 + 시베리아: 겨울에 기온이 낮음
  → blue jeans: not appropriate 청바지: 적절하지 않음

WORD REMINDER

in contact with ~와 접하다 serve 제공하다 for the most part 대개, 보통 franchise 가맹점, 체인점 population 인구 religious 종교의 nevertheless 그럼에도 불구하고 belong to ~에 속하다 clash with ~와 충돌하 relatively 상대적으로 export 수출품 temperature 기온 extremely 극도로 appropriate 적절한

Sample Response 🎧 11-06

The professor lectures on both fast-food restaurants and blue jeans. Regarding fast-food restaurants, she points out that many of them serve hamburgers, which mostly contain beef. She also says there are fast-food restaurants around the world, including in India. Although many people in India do not eat beef, the country still has lots of McDonald's and Burger King restaurants. She declares that those restaurants clash with the culture of India and don't belong there. Next, she mentions that blue jeans are worn by millions of people everywhere. People in Northern Europe and Siberia even wear them in winter, yet blue jeans are inappropriate clothes there due to the very cold temperatures. Both of these are examples of maladaptive diffusion. This is a type of cultural diffusion in which people in one culture adopt a practice or habit from another that is impractical or not useful because of differences in the environment or culture.

WORD REMINDER

declare 분명히 말하다 inappropriate 적절하지 않은 adopt 택하다 practice 관행, 관례 impractical 터무니없는, 비현실적인

11-07

Using points and examples from the talk, explain two advantages of synthetic fibers.

PREPARATION TIME
00:00:20

RESPONSE TIME
00:00:60

LISTENING

SF: made from petroleum-based products 합성 섬유: 석유를 원료로 한 제품들로 만들어짐
- polyester, acrylic, nylon 폴리에스테르, 아크릴, 나일론
- clothing 옷

advantages of SF 합성 섬유의 장점

❶ *highly elastic: return to original shape & size when stop pulling on them*
신축성이 뛰어남: 잡아 당기는 걸 멈추면 원래 모양 + 크기로 돌아옴

❷ *durability: last longer than natural fibers* 내구성: 천연 섬유보다 오래감
→ difficult to rip / tear / cut → result of crystalline structure → 찢어지거나, 구멍이 나거나, 잘리기 어려움 → 결정 조직의 결과

WORD REMINDER

natural fiber 천연 섬유   synthetic fiber 합성 섬유   petroleum-based 석유를 원료로 한   be made from ~로 만들어지다
chemical process 화학 처리 공정   arguably 거의 틀림 없이   elastic 신축성이 있는   stretch 잡아 늘이다   considerable amount 상당 정도
cotton 면, 목화   ruin 망치다   though 그렇지만   revert to ~로 되돌아가다   appearance 모습   benefit 이점   durability 내구성
by accident 우연히   durable 내구성이 있는   rip 찢어지다, 뜯어지다   tear 구멍 나다   scrape 긁다, 찰과상을 내다   cut up 부상을 당하다
intact (전혀 손상되지 않고) 온전한   crystalline structure 결정 조직

Sample Response   🎧 11-08

The professor lectures on synthetic fibers such as polyester, acrylic, and nylon and describes two benefits they have over natural fibers like cotton. The first advantage he discusses is the elasticity of synthetic fibers. The professor points out that it's possible to stretch a polyester shirt and then to have it revert to its original shape and size once the person stops pulling on it. However, he mentions that if a person pulls on a cotton T-shirt, the shirt will get ruined because the fibers will be stretched too far. The second reason the professor mentions is that synthetic fibers are highly durable. He points out that it's hard to cut, rip, or tear them. He states that he once put a wool sweater in the washing machine, which ruined it. But that won't happen to polyester clothes. Likewise, a jogger who falls down might get cut but won't ruin the synthetic fiber that the person is wearing.

WORD REMINDER

lecture 강의하다   elasticity 신축성   likewise 마찬가지로, 비슷하게   jogger 조깅하는 사람

TOEFL® MAP

ACTUAL
TEST Speaking 1

12

🎧 12-01

1. Some people prefer to spend their birthdays with many people while others prefer to spend their birthdays with just a few people. Talk about the advantages and disadvantages of spending birthdays with many people. Use details and examples to explain your answer.

2. Some people prefer to spend their birthdays with many people while others prefer to spend their birthdays with just a few people. Talk about the advantages and disadvantages of spending birthdays with just a few people. Use details and examples to explain your answer.

PREPARATION TIME
00:00:15

RESPONSE TIME
00:00:45

 **NOTE-TAKING**

SPENDING BIRTHDAYS WITH MANY PEOPLE

- *Advantage*
  - no stress involved in choosing a few guests 몇 명만 선택해야 하는 데 대한 스트레스 ✕
  - able to get more help from others 다른 이들로부터 도움을 받을 수 있음
- *Disadvantage*
  - harder to organize 계획하기 더 어려움
  - harder to find common theme for everyone to enjoy 모두가 즐길 수 있는 공통된 주제를 찾는 것은 더 어려움

SPENDING BIRTHDAYS WITH JUST A FEW PEOPLE

- *Advantage*
  - feeling closer to one another 서로 더 가까워지는 느낌
  - easier to organize 계획하기 쉬움
- *Disadvantage*
  - inviting only a few guests 몇 명만 초대할 수 있음
  - could be a problem if some guests cannot attend 손님들이 올 수 없다면 문제가 될 수 있음

Sample Response   🎧 12-02

› SPENDING BIRTHDAYS WITH MANY PEOPLE

Spending birthdays with many people offers a couple of benefits. First, there is no stress involved in choosing guests. A host can invite as many people as he wants. In addition, the host can get help from many friends since some can help with setting up tables while others can help with cleaning up after the party. On the other hand, there are some disadvantages as well. First, it is harder to organize a party with a lot of people since many guests will have different schedules and be unable to meet on certain days. Moreover, finding a common theme for the party for everyone to enjoy could be challenging. Some people could therefore not have much fun at the party.

› SPENDING BIRTHDAYS WITH JUST A FEW PEOPLE

Spending birthdays with just a few people offers a couple of benefits. First, the attendees can feel closer to one another because they will all get a chance to talk during the party. In addition, it is easier to organize a small party and to find a common theme for the party that everyone can enjoy. On the other hand, there are some disadvantages as well. First, it could be stressful to narrow down the guest list, especially if the host has many different groups of friends. Choosing which guests to invite could be very difficult. Moreover, there could be a problem if some guests cannot attend and notify the host of that on the day of the party.

WORD REMINDER

guest 손님 host 주인 organize 준비하다 common theme 보편적인 주제 challenging 어려운 bond with ~와 유대감을 형성하다
stressful 스트레스가 많은 narrow down 좁히다, 줄이다 belong to ~에 속하다 notify 알리다

1 Which do you prefer, getting several small presents or one expensive present?
여러 개의 작은 선물을 받는 것과 하나의 비싼 선물을 받는 것 중에 어떤 것을 선호하는가?

SEVERAL SMALL PRESENTS	ONE EXPENSIVE PRESENT
- like opening presents 선물을 열어 보는 것을 좋아함 - don't need expensive things → like small gifts from friends 비싼 것들이 필요 없음 → 친구들로부터 받는 작은 선물들을 좋아함	- don't spend money on myself → want others to spend money 혼자만 돈을 쓰지 않음 → 다른 사람들이 돈을 쓰기를 원함 - would rather get one useful present than many useless ones 많은 쓸모 없는 선물들보다 하나의 유용한 선물을 받고 싶음

2 It is not important to celebrate a birthday with a party. 파티를 열어 생일을 축하하는 것은 중요하지 않다.

AGREE	DISAGREE
- birthday = just another day for me 생일 = 내게는 그저 또 다른 하루 - can have parties anytime I want 원할 때면 언제든 파티를 할 수 있음	- is important to remember birthdays 생일을 기억하는 것은 중요함 - lets me meet friends and family members 친구들과 가족 구성원들을 만날 수 있게 함

3 Which do you prefer, a practical gift or an entertaining one? 실용적인 선물과, 재미있는 선물 중 어떤 것을 선호하는가?

A PRACTICAL GIFT	AN ENTERTAINING GIFT
- can use well 잘 사용할 수 있음 - shows friend knows me well enough to get me something I need 친구들이 내가 필요한 것을 내게 줄 정도로 나를 충분히 잘 안다는 것을 보여줌	- don't buy entertaining gifts for self but still enjoy them 스스로 재미있는 선물을 사지 않지만 여전히 그것들을 즐김 - like having toys → fun to play with 장난감을 가지는 것을 좋아함 → 가지고 노는 것이 즐거움

4 Which do you prefer, staying at home with your friends or going out somewhere with them?
친구와 집에 머무는 것과 그들과 어딘가 밖으로 나가는 것 중 어떤 것을 선호하는가?

STAYING AT HOME WITH FRIENDS	GOING OUT WITH FRIENDS
- more relaxed atmosphere at home 집에서 더 안락한 분위기 - don't have to spend money 돈을 쓸 필요가 없음	- visit various places → restaurants, parks, theaters, etc. 다양한 장소를 방문함 → 식당, 공원, 극장 등 - more convenient to have central meeting place than to meet at one person's house 한 사람의 집에서 만나는 것보다 중심부에 있는 장소에서 만나는 것이 더 편리함

To the Editor,

There is an enormous problem on campus, and the school absolutely must do something about it. This year, I am enrolled in five classes. In three classes, my assignments are being graded by the teaching assistants. This is wrong. The professor for each class should be grading all of the assignments. I want to get the best possible education, and this can only happen if professors, who know the course material much better than mere graduate students, grade all of the class assignments. The school needs to make sure that this happens at once.

Leslie Marbut
Sophomore

🎧 12-03

The man expresses his opinion about the letter to the editor in the school newspaper. Explain his opinion and the reasons he gives for holding it.

PREPARATION TIME
00:00:30

RESPONSE TIME
00:00:60

NOTE-TAKING

READING

- ***problems with grading system*** 성적 제도의 문제
  - in some classes, assignments are graded by TAs 일부 수업에서는 조교들이 과제에 성적을 매김
  - prof's should grade → provide best possible education 교수들이 성적을 매겨야 함 → 가능한 최상의 교육을 위한 일

WORD REMINDER
enormous 막대한 enroll in ~에 등록하다 assignment 과제 grade 성적을 매기다, 성적을 주다 teaching assistant 조교
course material 교재 mere ~에 불과한

LISTENING

WOMAN	MAN
	- ***very upset about TAs grading tests + papers*** 조교들이 시험과 시험지에 성적을 매기는 것이 매우 속상함 – pointed out problems with grading tests → TA got angry 시험에 성적을 매기는 문제를 지적함 → 조교가 화가 남
- ***some might have graded harder*** 몇몇은 성적을 더 엄격하게 매김	- ***attends school to be taught by professors → assumed grading // not just lecturing*** 교수에 의해 가르치는 학교에 들어옴 → 교수가 강의뿐 아니라 성적을 매길 것이라 생각함

WORD REMINDER
undergraduate 재학생 paper 시험지 make a mistake 실수하다 point out 지적하다 mad 몹시 화를 내는 uncomfortable 불편한
lose out on ~을 놓치다

Sample Response　🎧 12-04

　　The man and the woman share their views on the letter to the editor that argues that there are problems with the school's grading system. According to the student, assignments are graded by TAs in some classes. She believes that professors should be the ones grading assignments in order to provide the best education. The man expresses a positive opinion of the student's letter for two reasons. First of all, he had a bad experience with a TA in the past. The TA got angry at the man when he pointed out mistakes on tests that were graded by the TA. The second reason is that the man thinks he is not getting a good education. He adds that he decided to attend the school on the assumption that he would get lectures and grades from professors. Therefore, the man agrees with the writer of the letter.

WORD REMINDER
assumption 추정

Team Building

Businesses frequently organize their employees by putting them on individual teams comprised of several workers. In order to get these individuals to work together to the best of their abilities, managers and team leaders at these business establishments focus on team building. These are efforts taken in general with the goal of increasing cooperation between employees and teaching them how to use their abilities to work well with one another. Many team-building efforts are also meant to motivate individuals to want to cooperate to accomplish various tasks in the most efficient ways possible.

 12-05

The professor talks about his friend who is a CEO. Explain how his friend's experiences are related to team building.

PREPARATION TIME
00 : 00 : 30

RESPONSE TIME
00 : 00 : 60

📝 NOTE-TAKING

READING

● ***managers + team leaders: focus on team building (TB)*** 관리자들 + 팀 리더들: 팀 빌딩에 주목함
  - goal: increasing cooperation among employees // teaching how to use abilities to work well w/others
  목표: 직원들 사이에 협력 증진 // 다른 사람들과 더 잘 일할 수 있는 능력을 사용하는 법을 가르침
  - motivate individuals to cooperate in most efficient ways 가장 효과적인 방법으로 개개인이 협력하도록 동기를 부여함
  (TB를 위한 방법 두 가지 / 구체적 예시 두 가지 예상 가능)

WORD REMINDER

frequently 흔히, 자주   comprised of ~으로 구성된   business establishment 사업장   cooperation 협력
work well with ~와 원만하게 일을 하다   motivate 동기를 부여하다   accomplish 완수하다   efficient 효과적인

LISTENING

find ways to make employees work better with others → workers can accomplish work more efficiently 직원들이 다른 사람들과 함께 더 잘 일할 수 있는 방법을 찾음 → 직원들은 일을 더 효과적으로 완수할 수 있음
2 successful team-building activities 두 가지 성공적인 팀 빌딩 활동들
❶ ***sports league (spring + summer: softball // fall + winter: volleyball)***
  스포츠 리그 (봄 + 여름: 소프트볼 // 가을 + 겨울: 배구)
  - everyone has a good time 모두 좋은 시간을 가짐
  - unable to win if not engaging in teamwork 팀워크에 참여하지 않으면 이길 수 없음
❷ ***camping trips*** 캠핑 여행
  - far away from civilization 문명과 멀리 떨어져 있음
  - campsite: no cellphone coverage 캠프장: 핸드폰 권역 ×
  - erecting tents, collecting water, starting campfires, going fishing 텐트를 침, 물을 모음, 모닥불을 피움, 낚시를 함
    → more unified + closer to one another 더 단합되고 서로 가까워짐

WORD REMINDER

medium-sized company 중견 기업   devise 고안하다   induce 유도하다   efficiently 능률적으로   physical 신체의
be made up of ~로 구성되다   competitive 경쟁을 하는   at times 가끔은   engage in ~에 가담하다   civilization 문명   campsite 캠프장
coverage 범위   erect 세우다   acquire 얻다   unified 통일된

Sample Response   🎧 12-06

    The professor tells the class that his friend is the CEO of a company. Because his employees are organized on teams, he tries to come up with some effective team-building activities to help them work better together. One thing the professor's friend did was organize a sports league. The employees play softball and volleyball, and they are organized on teams. To win, the employees have to use teamwork. Another thing the professor's friend does is take his employees on a camping trip. Everybody needs to work well together to have a successful trip, so the campers divide the chores amongst themselves. Both of these activities are related to team building. This refers to the attempt to get employees who work together to become closer and to learn how to work better as a team. The main objective of team building is to make a group of people more efficient.

WORD REMINDER
come up with ~을 생각해 내다   camper 야영객, 캠핑객   obective 목표, 목적

12-07

Using points and examples from the talk, explain two adaptations that help coniferous trees survive in cold regions.

PREPARATION TIME
00:00:20

RESPONSE TIME
00:00:60

LISTENING

conifers (evergreens): one of main types of trees 침엽수 (상록수): 주된 나무 종류 중 하나
leaves remain on trees all year round (≠ deciduous trees)
일년 내내 나무에 잎을 가지고 있음 (≠ 낙엽수)

– 2 adaptations skills of how conifers thrive in cold regions 추운 지방에서 침엽수가 어떻게 자라는지에 대한 두 가지의 적응

❶ *shapes of conifers* 침엽수의 모양

- pine trees: shaped like cones / lower branches extend / branches shorter higher up the tree
  소나무: 원뿔 모양 / 낮은 가지들은 멀리 뻗음 / 높이 올라갈수록 가지들이 짧아짐

- short branches: collect wet, heavy snow ✗ → avoid any damage
  짧은 가지: 축축하고 무거운 눈을 모으지 ✗ → 나무를 손상으로부터 막음

- shapes of pines + firs: prevent from collecting too much snow → slide off
  소나무 + 전나무의 모양: 너무 많은 눈이 쌓이는 것으로부터 예방 → 미끄러짐

❷ *thickness of the bark* 나무껍질의 두께

- homes: insulation ← keeps warm air while preventing cold air 집: 단열재 ← 더운 공기를 유지하고 찬 공기를 막음

- bark of pines, firs, other conifers: thick (2cm–5cm +) 소나무, 전나무, 다른 침엽수의 나무껍질: 두꺼움 (2~5 센티미터 이상)

- thickness: depends on size + age of trees 두께: 나무의 크기와 나무에 달려 있음

- protects trees from cold, snow, storms → trees can survive harsh weather in Artic areas
  나무를 추위, 눈, 태풍으로부터 보호 → 나무들이 북극 지방의 혹독한 날씨에서도 살아날 수 있음

WORD REMINDER

conifers 침엽수   coniferous 침엽수   evergreen 상록수   all year round 일년 내내   deciduous tree 낙엽수   green needle 푸른 침엽
thrive 잘 자라다, 번성하다   adapt 적응하다   cone 원뿔   notice 주목하다   pine tree 소나무   extend 뻗다   farthest 가장 멀리   fir 전나무
thickness 두께   bark 나무껍질   insulation 단열재   work on 작동하다   principle 원칙   depend on ~에 달려 있다   extreme cold 매서운 추위
harsh weather condition 혹독한 기후 조건   Arctic 북극의

Sample Response   🎧 12-08

    In the lecture, the professor talks about conifers, which have leaves on them all year round. Then, he provides two features for adaptation that help conifers thrive in cold regions. The first feature is the shapes of conifers. Pine trees are shaped like cones with shorter branches higher up the tree. According to the lecturer, those short branches do not collect wet and heavy snow that could damage trees. Consequently, the shapes of pines prevent the trees from collecting too much snow by letting the snow slide off. The second feature is the thickness of the bark. Bark acts like insulation for homes, which keeps warm air inside while preventing cold air from getting in. It is typically two to five centimeters thick, but it depends on the size and the age of the tree. The lecturer mentions that bark protects trees from cold weather and snow, making it possible for trees to survive the harsh weather in Arctic areas. In this way, the professor discusses two major adaptations of conifers.

WORD REMINDER

feature 특징   damage 손상을 주다   major 주요한

TOEFL® MAP
ACTUAL TEST
Speaking 1

13

🎧 13-01

ACTUAL TEST **13**

Some people prefer to play sports for enjoyment. Others like to play sports for competition. Which do you prefer and why? Use details and examples to explain your answer.

PREPARATION TIME
00:00:15

RESPONSE TIME
00:00:45

✎ NOTE-TAKING

ENJOYMENT
- *get together w/friends* 친구들과 함께 어울림
- *relieve stress* 스트레스 경감

COMPETITION
- *want to win* 이기고 싶음
- *play better when competing* 경쟁을 할 때 경기를 더 잘함

Sample Response 🎧 13-02

› ENJOYMENT

I prefer to play sports for enjoyment rather than for competition. There are two reasons that I feel this way. First, I like to get together with my friends to play sports. My friends and I are busy people. So we rarely have time to see one another. When we meet, we often play sports and have fun doing that. Secondly, playing sports can help me relieve my stress. My friends and I never keep score when we play sports together. We just enjoy playing different games and getting some exercise. Playing sports together helps us get rid of our stress. For these two reasons, I like to play sports for enjoyment, not for competition.

› COMPETITION

I prefer to play sports for competition rather than for enjoyment. There are two reasons that I feel this way. First, I'm a competitive person and enjoy competing against others in everything I do. When I play sports, I want to win, not lose. For me, winning the game I'm playing is important. Secondly, I feel that competition makes me play better. When I am playing to win, I try harder and do much better at the sport I'm playing. When I'm not competing against someone, I don't do very well. Since I like to do my best, it's important for me to compete at all times. For these two reasons, I like to play sports for competition, not for enjoyment.

WORD REMINDER
relieve 경감시키다, 완화시키다   keep score 득점을 기록하다   competitive 경쟁심이 강한

TIPS for SUCCESS

"tr"와 "dr"의 발음

"tr"와 "dr"의 발음
"t" 다음 "r"이 나오는 경우 이는 [ʧ]로 발음한다. 예를 들면, try, trust, tree 등의 단어들이 있다. 또한, "d" 다음 "r"이 나오는 경우에는 이를 [ʤ]로 발음한다. 예를 들면, dry, dream, bedroom 등의 단어들이 있다.

RELATED TOPICS

1 Which is more important for an athlete, physical ability or effort?
운동선수에게는 신체적 능력이 더 중요한가, 아니면 노력이 더 중요한가?

PHYSICAL ABILITY	EFFORT
- lets athlete perform better 성과가 더 좋아짐 - sprinters → must have ability to run fast 단거리 주자 → 빨리 뛸 수 있는 능력이 있어야 함	- some pro athletes have little ability 일부 프로 선수들에게는 재능이 거의 없음 try hard ∴ successful 열심히 노력 ∴ 성공함 - hard work always pays off 열심히 노력하면 항상 보상이 따름

2 Some people prefer to play team sports. Others like to play individual sports. Which do you prefer and why? 어떤 사람들은 팀 경기를 하는 것을 좋아한다. 다른 사람들은 개인 경기를 하는 것을 좋아한다. 당신은 어느 것을 선호하며 그 이유는 무엇인가?

TEAM SPORTS	INDIVIDUAL SPORTS
- work together → good teamwork 함께 경기 → 좋은 팀워크 - feel better when win as team 팀으로 승리할 때 기분이 더 좋음	- enjoy swimming & golf 수영과 골프를 즐김 - challenge others one on one 일대일로 다른 사람과 시합

ACTUAL TEST 13

3 Some people prefer to meet their friends during their free time. Others prefer to spend their time alone. Which do you prefer and why?
몇몇 사람들은 여가 시간에 친구를 만나는 것을 선호한다. 다른 사람들은 혼자 보내는 것을 선호한다. 여러분은 무엇을 선호하고 그 이유는 무엇인가?

MEET FRIENDS	SPEND TIME ALONE
- social person → prefer to be around others 사회적인 사람 → 다른 사람들과 어울리는 것을 선호함 - can do entertaining activities together → play sports, computer games, etc. 함께 재미있는 활동을 할 수 있음 → 스포츠, 컴퓨터 게임 등을 함	- am loner → prefer to do things by self 혼자 있기를 좋아함 → 혼자 어떤 것들을 하는 것을 선호함 - want to do hobbies alone → others don't like to do my hobbies 혼자 취미 활동을 하고 싶음 → 다른 사람들이 나의 취미를 하는 것을 좋아하지 않음

4 It is impolite for people to talk about their achievements with others.
사람들이 그들의 성취에 대해 다른 사람들과 이야기하는 것은 실례이다.

AGREE	DISAGREE
- might make others feel bad → hurt feelings 다른 이들의 기분을 나쁘게 할 수 있음 → 감정이 상함 - bragging = rude 자랑 = 무례함	- should be proud of accomplishments → okay to talk about them 성취를 자랑스러워 해야 함 → 그것에 대해 이야기하는 것은 괜찮음 - can inspire others to make achievements as well 다른 사람들 역시 성취하는 데 영감을 줄 수 있음

Library to Expand Soon

Thanks to a generous $10 million grant from an anonymous benefactor, the Parson Memorial Library will be expanding this summer. Construction will start on May 10 and will finish around January 15 the following year. By the time construction is complete, the library will be 25% bigger. This will enable the library to expand its holdings of books and periodicals tremendously. The library will also add two computer laboratories as well as a second audiovisual room. We apologize in advance for any inconveniences that the construction causes students, faculty, and staff members.

🎧 13-03

The woman expresses her opinion about the announcement by the university library. Explain her opinion and the reasons she gives for holding that opinion.

PREPARATION TIME
00:00:30

RESPONSE TIME
00:00:60

📝 NOTE-TAKING

READING

- *library expanding* → *25% larger* 도서관 확장 → 25% 더 커짐
  - construction time: May 10 – Jan. 15 공사 시간: 5월 10일 – 1월 15일
- *more books & periodicals + laboratories & A/V room* 더 많은 도서와 정기 간행물 + 컴퓨터실 및 시청각실
  - inconvenience – sorry 불편함 – 죄송

WORD REMINDER

generous 후한, 너그러운   anonymous 익명의   benefactor 기부자, 기증자   periodical 정기 간행물   tremendously 막대하게
audiovisual room 시청각실   in advance 미리, 앞서서   faculty 교수진

LISTENING

WOMAN	MAN
• *don't expand library* 도서관 확장 반대	• *library enlarged – good* 도서관 확장 – 좋음
– use $ for labs → buy more modern equip.	– more books 보다 많은 도서
실험실을 위해 돈을 사용 → 보다 현대적인 장비를 구입	
• *will write senior thesis* ∴ *often at library*	• *sophomore* ∴ *no problem w/disruptions*
졸업 논문을 쓸 것임 ∴ 도서관에 자주 있게 됨	2학년 ∴ 방해하는 것들이 문제가 되지는 않음
– too much noise → can't concentrate	
너무 많은 소음 → 집중을 할 수 없음	
– disrupts work 학업을 방해	

WORD REMINDER

awful 끔찍한   undergo 겪다   state-of-the-art 최신의   in favor of ~을 찬성하는, ~을 좋아하는   senior thesis 졸업 논문

Sample Response 🎧 13-04

    The man and the woman talk about the announcement by the library that it will be expanding. The woman expresses a negative opinion about the upcoming expansion of the library and provides two reasons for feeling that way. The first is that she thinks the school should use the money for another purpose. According to her, the school's science laboratories have old equipment. She would like for the school to purchase more modern equipment to replace it. Secondly, the woman mentions that she will write her senior thesis next year. As a result, she will do her research and writing at the library, which will be undergoing renovations until January of the next year. She complains that this will disrupt her work and keep her from concentrating on her thesis. Therefore, the woman disagrees with the school's decision to expand the library.

WORD REMINDER

replace 대체하다   renovation 수선, 수리

Rainforest Plant Adaptations

Rainforests are dark, humid places in which only the tallest trees receive a lot of sunlight. As a result, many rainforest plants have evolved to be able to survive on a minimal amount of sunlight. Some, in fact, grow poorly if exposed to long periods of sunshine. Additionally, due to the great amounts of rainfall that rainforests get, many plants have adapted to become used to the extreme wetness. These plants thrive in the constantly moist soil. Some rainforest plants even have structures that retain water, thereby giving the plants a constant source of fresh water.

🎧 13-05

The professor talks about the urn plant. Explain how it is related to rainforest plant adaptations.

PREPARATION TIME
00:00:30

RESPONSE TIME
00:00:60

✏️ NOTE-TAKING

READING

❶ *rainforest: dark & humid* 우림 지대: 어둡고 습함
- tall trees: lots of sunlight 높은 나무들: 많은 햇빛
- plants evolve → need little sunlight / may die if lots of sun
  식물 진화 → 햇빛을 거의 필요로 하지 않음 / 많은 양의 햇빛이 있으면 죽을 수도 있음

❷ *heavy rainfall → very wet* 많은 비 → 매우 습함
- plants thrive in moist soil 습한 토양에서 식물들이 번창
- structures let plants always have water 기관들로 인해 식물들은 항상 수분을 보유
  (제목만 읽고서도 지문에서는 제목이 뭘 의미하는지에 대한 정의에 초점을 맞출 것이고, 강의에서는 구체적인 우림 식물을 예로 들며 그것이 어떻게 적응을 했는지에 대해 설명을 할 것이라고 예측 가능)

▌WORD REMINDER
humid 습한   expose 노출시키다   moist 축축한, 습기가 있는   retain 보유하다

LISTENING

❶ *urn plant – Brazilian rainforest* 항아리 식물 – 브라질 우림
- bright sun: plant dies 밝은 햇빛: 식물이 죽음
- needs some sun ∴ grows on trees 약간의 햇빛은 필요 ∴ 나무에서 성장
- higher up ∴ gets sun 보다 높게 자람 ∴ 햇빛을 얻음

❷ *center – cup shaped* 가운데 – 컵 모양
- collects water ∴ gets nourishment anytime 물을 모음 ∴ 언제라도 영양분을 얻음

▌WORD REMINDER
bromeliad 브로멜리아드 (파인애플과 식물의 총칭)   urn plant 항아리 식물   scorch 타다, 태우다   trunk (나무의) 줄기   accessible 접근할 수 있는

Sample Response   🎧 13-06

In the lecture, the professor describes two ways in which the urn plant has evolved over time to survive in the Brazilian rainforest. The first example concerns sunlight. The professor states that urn plants can die if exposed to lots of sunlight but that they need some. So urn plants often grow on trees high above the ground, which is dark. This gives them access to a bit of light, so they can survive. The second example involves the cup found in the center of the plant. The cup collects water for the plant, so it can provide nourishment for itself whenever necessary. Because the rainforest gets lots of rain, the cup is almost always full of water. These demonstrate some rainforest plant adaptations, which can be defined as ways in which plants have changed due to environmental conditions such as low sunlight and high rainfall that occur in rainforests.

▌WORD REMINDER
define 정의하다   occur 일어나다, 발생하다

🎧 13-07

Using points and examples from the talk, describe two types of childhood play and how children engage in each.

PREPARATION TIME
00 : 00 : 20

RESPONSE TIME
00 : 00 : 60

LISTENING

playing: important to kids' growth and development 놀이: 아동들의 성장과 발달에 중요

❶ *associative play* 연합 놀이
- no purpose / goal 목적 / 목표가 없음
- group or individual 그룹 혹은 개인
- free flowing 자유롭게 활동
  Ex 2 kids in sandbox → do whatever they want 모래 놀이통에 있는 두 명의 아이 → 원하는 것을 함

❷ *cooperative play* 협동 놀이
- has rules / goal 규칙 / 목표가 있음
- kids cooperate 아이들이 협동을 함
- follow instructions / get along w/others / communicate 지시 사항을 따름 / 다른 이들과 어울림 / 의사소통
  Ex sports and board games 운동 경기와 보드 게임
- 2 years old → start 2살 → 시작하게 됨

WORD REMINDER

integral 필수적인, 없어서는 안 되는　classify 분류하다　engage in ~에 종사하다, 참여하다　imagination 상상(력)　come up with ~을 떠올리다
motor skill 운동 기능　cognitive 인지의　involve 개입시키다, 연관시키다

Sample Response　　　　　　　　　　　　　　　　　　🎧 13-08

　　The professor lectures about two ways in which children play. The first is associative play. There are no real rules for this type of playing. Children can play alone or with others. They can do whatever they want. The professor talks about two children playing with some toys in a sandbox. They don't have any goals in mind. They are just doing whatever they think of. The professor says that all children can do this type of playing once they have the necessary motor skills and cognitive abilities. The second way is cooperative play. This type of playing has rules and a goal. Children must cooperate to do cooperative play. The professor mentions sports and board games as two types of cooperative playing. Once children are around two years old, they begin to do this. In this way, the professor describes two types of playing that children engage in.

WORD REMINDER

mention 언급하다

TOEFL MAP

ACTUAL TEST Speaking 1

14

🎧 14-01

Do you agree or disagree with the following statement?

All high school students should be required to spend an hour in study hall each day.

Use details and examples to explain your answer.

PREPARATION TIME
00:00:15

RESPONSE TIME
00:00:45

ACTUAL TEST **14**

NOTE-TAKING

AGREE
- *building good habits* 좋은 습관 형성
- *fundamental part of high school education* 고등학교 교육의 기본적인 부분

DISAGREE
- *responsible for own plan* 자신만의 계획에 책임
- *different track* 다른 궤도

Sample Response 🎧 14-02

› AGREE

I agree with the statement that all high school students should be required to spend an hour in study hall each day. There are two reasons I have this opinion. First of all, it is a good way to build study habits. For instance, it will become routine for students to sit in a chair for an hour and do their work every day. Secondly, building knowledge is a fundamental part of a high school education. To be specific, even if students don't plan to attend college in the future, they still need to fulfill basic academic requirements, including tests and assignments. For these two reasons, I believe all high school students should be required to spend an hour in study hall each day.

› DISAGREE

I disagree with the statement that all high school students should be required to spend an hour in study hall each day. There are two reasons I have this opinion. First of all, high school students are mature enough to make decisions on their own. For instance, they can come up with their own study plans or schedules. Secondly, students have their own individual plans for the future. To be specific, it will be better for students on varsity teams to focus on practicing and training rather than sitting in a study hall for an hour. For these two reasons, I believe high school students should not be required to spend an hour in study hall each day.

WORD REMINDER

study hall 자습실   build 개발하다   study habit 공부 습관   routine 일상   fundamental 근본적인   fulfill 이행하다   academic 학업의
requirement 요건   mature 분별 있는   come up with 생각해 내다   varsity team 스포츠 팀   focus on ~에 집중하다

1 All high school students should learn computer programming at school.

모든 고등학생들은 학교에서 컴퓨터 프로그래밍을 배워야 한다.

AGREE	DISAGREE
- need computing skills for modern age 현대에는 컴퓨터 사용 기술이 필요함 - help students get jobs after graduating 학생들이 졸업 후에 직장을 얻는 것을 도움	- too many classes for students already 이미 학생들은 너무 많은 수업이 있음 - few people ever need to do programming 소수의 사람들만 프로그래밍을 할 필요가 있음

2 It is better for high school students to play a sport after school than to take extra classes after school. 고등학생들은 방과 후에 과외 수업을 받는 것보다 스포츠를 하는 것이 더 낫다.

PLAY A SPORT	TAKE EXTRA CLASSES
- become physically fit 신체적으로 튼튼해짐 - fun activity for students 학생들에게 재미있는 활동	- help students learn more 학생들이 더 배우도록 도와줌 - be like tutorial sessions for hard classes 어려운 수업의 개별 지도 같은 것임

3 Teachers should use more material from the Internet in their classes.

선생님들은 수업에 인터넷에서 받은 자료를 더 활용해야 한다.

AGREE	DISAGREE
- online content = often the most updated information 온라인 콘텐츠 = 종종 가장 최신 정보 - shows teachers understand modern age and technology 선생님들이 현대 기술을 이해하고 있음을 보여 줌	- can't believe everything you see on the Internet 인터넷에서 본 모든 것을 믿을 수 없음 - books are fact-checked by many people → anyone can write Internet articles 책은 많은 사람들에 의해 사실 검증이 되었음 → 누구라도 인터넷 기사를 쓸 수 있음

4 Which do you prefer, a large lecture class or a smaller class with opportunities for discussion?

큰 강의실에서의 수업과 토론을 위한 기회가 있는 더 작은 수업 중 어떤 것을 선호하는가?

A LARGE LECTURE CLASS	A SMALLER CLASS WITH OPPORTUNITIES FOR DISCUSSION
- just like listening to teachers lecture 그냥 선생님들이 강의하는 걸 듣는 것이 좋음 - hate speaking in public → never participate in discussions 사람들 앞에서 말하는 것을 싫어함 → 토론에 결코 참여하지 않음	- enjoy speaking w/teacher and other students 선생님과 다른 학생들과 이야기하는 것을 즐김 - some students have creative or unique thoughts → new trains of thought 일부 학생들은 창의적이고 독창적인 생각을 가짐 → 생각에 대한 새로운 훈련

Practice Interview Sessions Happening Soon

Due to popular demand, practice interview sessions will once again be held at the student employment office this semester. All seniors are eligible to attend a practice session to improve their interviewing skills. The individuals who will be acting as interviewers are all university alumni that are volunteering their time to assist our current students. The sessions will be held from April 5 until May 5. Interviews may be scheduled at a wide variety of times. To book a session, please call 854-9400 or visit the student activities office at 33 Pine Street.

14-03

The woman expresses her opinion about the notice by the student employment office. Explain her opinion and the reasons she gives for holding it.

PREPARATION TIME
00:00:30

RESPONSE TIME
00:00:60

📝 NOTE-TAKING

READING

● ***practice interview session will be held again*** 모의 면접 시간이 다시 열릴 예정
  - purpose: help students improve interviewing skills 목적: 학생들이 면접 기술을 향상하도록 도움
  - interviewers: alumni volunteers 면접관: 동문 봉사자

WORD REMINDER

practice interview session 모의 면접 세션   senior 졸업반 학생   be eligible to ~할 자격이 있다   alumni 졸업생   assist 돕다
current 현재의   schedule 일정을 잡다   book 예약하다

LISTENING

WOMAN

MAN

● ***not helpful*** 도움이 안됨
  - interviewers didn't take it seriously
    면접관들이 진지하게 받아들이지 않음
  - chatted about themselves + experiences
    그들 자신 + 경험에 대해서 수다 떨었음
  - tips ✕ 힌트 ✕

● ***should change the time to fall → students start searching for jobs then***
  가을로 시간을 바꿔야 함 → 학생들이 그 때 구직을 시작함
  - April/May → too late 4/5월 → 너무 늦음

WORD REMINDER

sign up for ~을 신청하다   on the contrary 그와는 반대로   seriously 진지하게   chat 수다를 떨다   search for ~을 찾다   assistance 도움, 지원

Sample Response 🎧 14-04

The man and the woman share their views on the notice that there will be practice interview sessions for students. The student employment office will hold sessions to help students improve their interviewing skills, and university alumni will help by volunteering as interviewers. The woman expresses a negative opinion of the notice and provides two reasons for her opinion. First of all, the woman thinks the practice interview sessions are not helpful. According to her friends, the interviewers didn't take the practice sessions seriously. Instead of giving useful tips about interviews, they just chatted about themselves and their experiences. Secondly, she thinks the sessions should take place during fall, which is when students are actually searching for jobs and preparing for interviews. This means April and May will be too late since students graduate in June. Therefore, the woman has a negative opinion about the notice on the practice interview sessions.

WORD REMINDER

prepare for ~을 준비하다

Invasive Species

At times, a species—a plant, an animal, or something else—is introduced to a habitat which is not its native one. It may then be classified as an invasive species. As a general rule, an invasive species is capable of reproducing or spreading faster than the native species living in the habitat which it is invading. The primary reason is that the invasive species has no natural predators, so there is nothing to stop it from reproducing and expanding. In most cases, invasive species are considered nuisances, and they actively harm the native species of a region.

🎧 14-05

The professor talks about honeybees and honeysuckles. Explain how they are related to invasive species.

PREPARATION TIME
00:00:30

RESPONSE TIME
00:00:60

● **invasive species (IS): a species is introduced to a habitat that's not native**
침입종: 원산지가 아닌 서식지에 들여온 종

  - capable of reproducing / spreading faster 번식과 빠른 확산이 가능함
  - no natural predators → nothing to stop from reproducing + expanding 천적 x → 번식과 확산을 막는 것이 아무 것도 없음
  - considered nuisances → harmful 골칫거리로 여겨짐 → 해로운

(두 가지의 침입종에 대한 설명이 나올 거라 추측. 이 문제는 굉장히 중요함. 침입종에 대한 예시가 나오지만, 리딩에서 나왔던 해를 끼친다는 내용의 정반대되는 내용인 도움을 주기도 한다는 내용이 나오므로 리스닝에서 나오는 "Yet..."에 마킹을 해 두는 것을 추천)

WORD REMINDER

species 종   introduce 전하다   habitat 서식지   as a general rule 대체로, 일반적으로   reproduce 번식하다   invade 침범하다   primary 주된
natural predator 천적   expand 확장되다   nuisances 골칫거리   actively 적극적으로   harm 해를 끼치다

new species: variety of problems 새로운 종: 다양한 문제
not all IS are problematic: can be beneficial 모든 침입종이 문제가 많은 것은 아님: 유익할 수 있음

❶ **honeybee: IS** 꿀벌: 침입종
  - to U.S. from Europe 유럽에서 미국으로 들어옴
  - beneficial creature: pollinates a lot of crops // responsible for pollinating tree species
    유익한 생물: 많은 작물들을 수분함 // 나무 종들이 수분하는 것을 책임짐

❷ **honeysuckle** 인동덩굴
  - many are IS 많은 것이 침입종임
  - could grow out of control + spread to the wild 통제 불능으로 자랄 수 있음 + 야생에 퍼짐
  - abundant food for birds + other animals 새와 다른 동물들을 위한 풍부한 먹이

WORD REMINDER

a variety of 여러 가지의   problematic 문제가 있는   beneficial 유익한   sail 항해하다   colony 식민지   nonnative 외국(인)의
pollinate 수분하다   the wild 자연, 야생   honeysuckle 인동덩굴   exotic 외국의   abundant 풍부한   tend to 경향이 있다
crowd out 밀어내다, 몰아내다   benefit 이득

Sample Response   🎧 14-06

    The professor lectures on two species, honeybees and honeysuckles, which she names as invasive species. First, she tells the class that Europeans brought honeybees to America in the past. That made the honeybee an invasive species. She states that it's quite beneficial, however, because the honeybee pollinates large numbers of crops for farmers as well as many different species of plants growing in the wild. Next, she discusses the honeysuckle. She says that many people plant it in their gardens, but it then grows rapidly and spreads to the wild. Still, it provides food for animals, so it is also beneficial. Both of these are invasive species. An invasive species is a species such as a plant or an animal that is introduced to a new environment. There, it may have no natural predators, it may grow rapidly, and it may cause harm to some native plants and animals.

WORD REMINDER

name 명명하다   rapidly 급속도로   harm 피해

14-07

Using points and examples from the talk, explain two reasons that some employees get promoted at their places of business.

PREPARATION TIME
00 : 00 : 20

RESPONSE TIME
00 : 00 : 60

employment: primary objective → getting promoted 취업: 주요 목표 → 승진

higher position → bigger salary, better benefits, more prestige
높은 지위 → 더 높은 급여, 나은 혜택, 위신

2 reasons for promotions 승진의 두 가지 이유

❶ *workplaces: concerned about employment elsewhere* 회사: 다른 곳에서의 취업을 우려함

  Ex talented engineer: at low-level position for a year → lets the boss know he's looking for a diff. company →
  supervisor may offer promotion
  능력이 있는 엔지니어: 1년간 낮은 직급 → 이직을 고려 중이라는 것을 상사가 알도록 함 → 관리자: 승진시킬 수 있음

❷ *management: leadership skills + potential future executives* 경영: 리더십 기술 + 잠재적 미래 임원

  – some individuals: put on fast track for management 일부 개인: 경영자를 위한 빠른 길에 놓여짐

    → promoted every few months / year 몇 달마다 / 일년에 한 번 승진됨

  – experience with various jobs + higher position 다양한 직무 경험 + 더 높은 직급

WORD REMINDER

obtain 얻다, 획득하다 employment 취업, 고용 primary 주요한 objective 목표, 목적 perform 수행하다 duty 직무 promote 승진하다
come with ~이 딸려 있다 salary 급여 benefit 수당 prestige 명망, 위신 under the impression ~라고 생각하다
search for employment 취업 활동을 하다, 직장을 구하다 employee 고용인 frequently 빈번하게, 자주 utilize 활용하다 relatively 상대적으로
recognize 인정하다 supervisor 관리자 award 수여하다 convince 설득하다 executive 중역, 간부 hierarchy 조직 내 계급
supervisory 관리의, 감독의 vice president 부사장, 부통령

Sample Response   🎧 14-08

   In the lecture, the professor talks about promotions at companies. According to the professor,
one of the main objectives for workers is to be promoted since a higher position means a bigger salary,
better benefits, and more prestige. Then, he provides two primary reasons for promotions. The first
reason is that a company is concerned about employees moving to a different company. For example,
a talented engineer might intentionally let his boss know that he is looking for a job at another company.
In this case, his supervisor may offer him a promotion in order to keep him at the company. The second
reason for promotions is that some individuals are put on the fast track for management. The professor
explains that some employees with leadership skills and potential are promoted every few months
or once a year. Consequently, they get experience at various jobs and then get promoted to higher
positions. In this way, the professor discusses two major reasons for promotions at work.

WORD REMINDER
intentionally 의도적으로 potential 잠재력이 있는

TOEFL® MAP
ACTUAL
TEST Speaking **1**

15

VOLUME HELP NEXT

🎧 15-01

Some people prefer to rely upon advice from other people when they have problems. Other people like to rely upon their own ideas when they have problems. Which method of solving problems do you prefer and why? Use details and examples to explain your answer.

PREPARATION TIME
00:00:15

RESPONSE TIME
00:00:45

◤ NOTE-TAKING

ADVICE FROM OTHERS
- *can analyze problem unemotionally* 냉정하게 문제를 분석할 수 있음
- *have more experience* 보다 많은 경험을 가지고 있음

ONE'S OWN IDEAS
- *know myself better → can solve problems better than others*
  내 자신에 대해 더 잘 알고 있음 → 다른 사람보다 문제를 더 잘 해결할 수 있음
- *private → don't like talking about self to others* 개인적임 → 다른 사람들에게 자신에 대한 이야기를 하는 것을 좋아하지 않음

Sample Response   🎧 15-02

› ADVICE FROM OTHERS

When I have a problem, I prefer to rely upon advice from others for a couple of reasons. First, other people are able to analyze my problems in different ways. For example, when I have a problem, I get emotionally involved. However, other people don't, so they can analyze my problem better than I can and then give me advice. Second of all, other people often have more experience than me. My father frequently gives me advice. He's much older than I am and has a lot more life experience than I do. So I rely on his advice many times when I have problems. For these two reasons, I prefer to rely upon other people for advice.

› ONE'S OWN IDEAS

When I have a problem, I prefer to rely upon my own ideas to solve it for a couple of reasons. First, I know myself better than anyone else. I can understand my problem and figure out how it affects me. So I am in the best position to come up with a solution for it. Second of all, I am a private person and don't like talking about my problems with others. For instance, I rarely even tell my mom and dad what's bothering me. Since I don't talk to others about my problems, I have to solve them myself. For these two reasons, I prefer to rely upon myself when I need advice.

WORD REMINDER
analyze 분석하다   emotionally 감정적으로

TIPS for SUCCESS

Subject
주어를 일치시키도록 한다. 예를 들면, my friend를 he라고 했다가 she라고 하는 등의 실수를 하지 않도록 주의하자.

1 My friends are the people who have influenced me the most in my life.
내 친구들은 내 인생에 가장 많은 영향을 준 사람들이다.

AGREE	DISAGREE
- spend time together → share views on life 함께 시간을 보냄 → 인생관을 공유 - friends influenced me on college & major 대학과 전공 선택에 있어서 친구들이 영향을 미침	- parents = very influential 부모 = 매우 영향력이 큼 - have few close friends → don't influence much 친한 친구가 거의 없음 → 영향이 크지 않음

2 Some students prefer to ask their teachers questions in person. Other students like to ask their teachers questions by email. Which method of asking questions do you prefer and why?
어떤 학생들은 개인적으로 교사에게 질문을 하는 것을 좋아한다. 다른 학생들은 이메일로 교사에게 질문하는 것을 좋아한다. 여러분은 어떠한 방식으로 질문하는 것을 좋아하고 이유는 무엇인가?

IN PERSON	BY EMAIL
- can get instant answer 즉각적인 답을 얻을 수 있음 - often ask follow-up questions 종종 추가적인 질문을 함 can learn more from teachers 교사로부터 더 많이 배울 수 있음	- teachers can provide links to websites in email 교사는 이메일로 웹사이트에 링크를 걸어 놓을 수 있음 - don't have to remember answer → can look up response in email 답을 기억할 필요가 없음 → 이메일로 답변을 찾아볼 수 있음

3 Friends should be able to talk about any subject with one another. 친구들은 서로 어떤 문제라도 이야기할 수 있어야 한다.

AGREE	DISAGREE
- don't worry about offending or upsetting friend w/comments 코멘트에 대해 친구가 기분 상하거나 속상할까 봐 걱정하지 않음 - convenient → need person who can talk about anything 편함 → 어떤 것이든 이야기할 사람이 필요함	- don't talk about certain subjects w/friends → might get upset 어떤 화제에 대해서는 친구들과 이야기하지 않음 → 속상하게 할 수 있음 - can discuss some subjects w/family members → don't want controversy w/friends 가족들과 어떤 문제에 대해 이야기할 수 있음 → 친구들과 논란을 원치 않음

4 Some people prefer to have many casual friends. Others prefer to have one or two close friends. Which do you prefer and why?
몇몇 사람들은 많은 가벼운 친구를 갖는 것을 선호한다. 다른 사람들은 한 명이나 두 명의 가까운 친구를 갖는 것을 선호한다. 여러분은 어떤 것을 선호하고 그 이유는 무엇인가?

MANY CASUAL FRIENDS	ONE OR TWO CLOSE FRIENDS
- can always find someone to go out with → don't stay home bored 놀러 나갈 누군가를 언제나 찾을 수 있음 → 집에서 지루하게 머물지 않음 - don't want close friends → prefer casual ones I can be friendly with 가까운 친구를 원하지 않음 → 친하게 지낼 가벼울 친구들을 선호함	- prefer to develop close friendships 친밀한 우정을 발전시키는 것을 선호함 - can talk to close friends about problems 문제에 대해 가까운 친구들에게 말할 수 있음

Reagan Hall to Be Renovated

Renovations on Reagan Hall will begin on October 10 and will be finished by December 15. The renovations will take place on the fourth and fifth floors of the building. Classes will continue to be held on the first, second, and third floors. The school requests that students understand the need for the renovations to take place in the middle of the semester. Due to the damage suffered from Hurricane Albert, Reagan Hall is in need of immediate repairs. We apologize in advance for any inconveniences.

15-03

The woman expresses her opinion about the announcement by the university administration. Explain her opinion and the reasons she gives for holding that opinion.

PREPARATION TIME

00:00:30

RESPONSE TIME

00:00:60

📝 NOTE-TAKING

- ***renovations in Reagan Hall – Oct. to Dec.*** Reagan관에서의 보수 공사 – 10월에서 12월까지
  – 4th and 5th floors renovated → floors 1–3 have classes 4층과 5층에서 보수 공사 → 1~3층에서 수업이 진행
- ***hurricane damage ∴ do repairs mid–semester*** 허리케인 피해 ∴ 학기 중간에 보수 공사를 함
  – apologize for inconvenience 불편에 대해 사과

WORD REMINDER

renovation 수선, 수리   immediate 즉시의, 즉각적인

WOMAN	MAN
- ***displeased w/renovations*** 보수 공사에 불만	- ***bldg. damaged by hurricane***
– 3 classes in Reagan Hall → how concentrate? / will be disrupted	허리케인에 의한 건물 손상
Reagan관에서 3개의 수업이 있음 → 어떻게 집중? / 방해를 받게 될 것임	
- ***water damage not bad*** 수해로 인한 피해가 심하지 않음	- ***doesn't know about repairing now*** 보수에 대해 알지 못함
– engr. major → knows about damage	
토목 공학 전공 → 피해에 대해 알고 있음	
– don't repair now – wait for spring	
지금 보수 공사를 하지 말고 – 봄을 기다림	

WORD REMINDER

besides 게다가

Sample Response 🎧 15-04

    The man and the woman talk about the announcement that was made by the university administration. The announcement notes that the school is going to do some renovations on Reagan Hall in the middle of the semester because it was damaged by a recent hurricane. The woman is opposed to this decision by the school. First of all, she objects to the renovations occurring during the semester. According to her, she has three classes in Reagan Hall. She complains that she and the other students won't be able to concentrate while the repairs are happening. Secondly, the student says that the water damage to the building isn't serious. She's an engineering major, so she states that she knows the building is all right. She also notes that the school shouldn't do repairs in cold weather but should wait until warm weather comes in spring to fix the building.

WORD REMINDER

object to ~에 반대하다   fix 수리하다

Advertising

The main goal of advertising is to attract customers and to induce them to purchase various products or services. Many businesses advertise their products by creating advertisements that are sure to attract people's eyes or ears. They employ colorful billboards, create catchy songs that play on the radio, and produce elaborate television commercials that extol the virtues of their products or services. These advertisements help potential customers form opinions about these products and services and make up their minds on whether or not to purchase them.

🎧 15-05

The professor talks about the Apple Macintosh and Coca-Cola. Explain how they are related to advertising.

PREPARATION TIME
00 : 00 : 30

RESPONSE TIME
00 : 00 : 60

READING

❶ **ads → attract customers** 광고 → 소비자들을 유인

❷ **create ads → attract people's eyes** 광고 제작 → 사람들의 눈을 사로잡음
  – customers form opinions of products 소비자들이 제품에 대한 의견을 형성
  (사람들의 눈을 사로잡는 광고들 두 가지에 대한 설명이 나올 것이라고 예상)

WORD REMINDER

induce 유인하다, 꾀다   billboard 광고 게시판   catchy 따라 부르기[하기] 쉬운   television commercial 텔레비전 광고   extol 칭찬하다, 찬양하다
virtue 장점; 덕   potential 잠재적인

LISTENING

❶ **Apple Macintosh – new computer** Apple Macintosh – 새로운 컴퓨터
  – Super Bowl ad – 1984 → successful computer 슈퍼볼 광고 – 1984 → 성공적인 컴퓨터

❷ **Coca-Cola – many ads** Coca-Cola – 많은 광고
  – holiday ads & songs – memorable 휴가철 광고 및 노래 – 기억하기 쉬움
  – most popular soft drink in world 세계에서 가장 유명한 음료

WORD REMINDER

memorable 기억하기 쉬운, 잊혀지지 않는   air 방송하다   in part 부분적으로

Sample Response   🎧 15-06

The professor tells the students about two ways in which advertising has helped different products. The first example the professor uses concerns the Apple Macintosh. The professor says that a commercial that aired only once helped the Apple Macintosh become the bestselling computer back in the 1980s. The second example the professor gives is the advertisements for Coca-Cola. According to the professor, there are all kinds of ads for Coca-Cola, and many of them are memorable. As a result, Coca-Cola is the world's bestselling soft drink. These demonstrate the concept of advertising, which is described in the reading passage. Advertising is a type of marketing in which companies make commercials to advertise some products that they are selling. According to the reading passage, advertising can help customers form opinions of products and cause them to purchase these products.

WORD REMINDER
bestselling 베스트셀러의, 가장 많이 팔리는

15-07

Using points and examples from the talk, explain how insects use physical and chemical defenses to defend themselves from attackers.

PREPARATION TIME
00 : 00 : 20

RESPONSE TIME
00 : 00 : 60

📝 NOTE-TAKING

insects → need defenses 곤충 → 방어 수단이 필요

❶ *physical defenses – many kinds* 물리적 방어 수단 – 여러 종류
  - walking stick → can blend in / predators can't see 대벌레 → 섞일 수 있음 / 포식자가 발견 못함
  - grasshopper → can detach leg 메뚜기 → 다리를 떼어낼 수 있음
    predator grabs leg → leg comes off → escapes 포식자가 다리를 붙잡음 → 다리가 떨어져 나감 → 도망

❷ *chemical defenses* 화학적 방어 수단
  - stinkbug → releases bad-smelling chemical 방귀벌레 → 악취를 내는 화학 물질을 발산
  - bees, wasps, & hornets → chemical toxin 꿀벌, 말벌, 호박벌 → 독성 화학 물질
    have stinger → sting predators 침을 가지고 있음 → 포식자를 찌름

WORD REMINDER

treat 특별한 것, 대접   walking stick 대벌레   surmise 추측하다   detach 떼어내다   breaking point 절단점   grab 붙잡다   stinkbug 방귀벌레
wasp 말벌   hornet 호박벌   stinger 침

Sample Response 🎧 15-08

    In the professor's lecture, she describes two types of defenses that insects use. The first kind is physical defense. The professor says that some animals can blend into the background. The walking stick can do that. It looks like a stick on a tree, so predators don't notice it. Other animals, such as grasshoppers, can detach their legs. When a predator grabs a grasshopper by the leg, the leg comes off, and the grasshopper can then escape. The second kind is chemical defense. The first example that the professor uses is the stinkbug. The stinkbug releases a chemical which smells so bad that predators leave the insect alone. The other example the professor gives is the use of chemical toxins. Bees, wasps, and hornets have chemicals that they can release through their stingers. They use these defenses when predators are attacking them.

WORD REMINDER

leave alone 혼자 내버려 두다, 간섭하지 않다

TIPS for SUCCESS

Note-taking

내용이 비교적 쉬워 충분히 기억할 수 있다고 생각하고 리스닝에 보다 많은 집중을 하기 위해 리딩에 대한 노트테이킹을 거의 하지 않는 학생들이 있다. 하지만, 실제로 녹음이 시작되어 내용을 생각하고, 시간 조절을 하면서, 문법에 맞는 문장을 떠올리며 적절한 속도로 답변을 해야 하기 때문에, 리딩에 있어서도 노트테이킹의 필요성은 아무리 강조해도 지나치지 않다.

TOEFL® MAP
ACTUAL TEST Speaking 1

16

16-01

Do you agree or disagree with the following statement?

It is important to remember the past in order to learn from it.

Use details and examples to explain your answer.

PREPARATION TIME
00:00:15

RESPONSE TIME
00:00:45

ACTUAL TEST **16**

AGREE
- *learn from others' mistakes* 다른 이들의 실수로부터 배움
- *can predict future from past events* 과거의 사건들로부터 미래를 예측할 수 있음

DISAGREE
- *history doesn't repeat* 역사는 반복되지 않음
- *people don't know history but are successful* 역사는 모르지만 성공함

Sample Response 🎧 16-02

› AGREE

I agree that it's important to remember the past in order to learn from it. I feel this way for a couple of reasons. First, we can learn from others' mistakes by studying the past. What I mean is that my father wanted to be a lawyer when he was young. He went to law school, but he really disliked it. When my older sister considered becoming a lawyer, she remembered our father's experience and changed her mind. Secondly, we can predict what will happen after some actions by studying the past. For instance, in my area, there are forest fires almost every fall. So local residents have learned to be very careful about starting fires these days. For those two reasons, I believe we can learn a lot by studying the past.

› DISAGREE

I disagree that it's important to remember the past in order to learn from it. I feel this way for a couple of reasons. First, history never repeats itself. What I mean is that the same event never happens twice in history. So you cannot predict future events by looking at what happened in the past. Secondly, I know many people who did poorly at history in school but are still highly successful in their lives. For instance, my grandfather owned his own company and became a rich man, but he never studied the past. He only focused on the present and the future. For those two reasons, I believe it's not crucial to study the past to learn from it.

WORD REMINDER
crucial 중요한

TIPS for SUCCESS

Topic Sentence II
응시자가 답변하는 동안 화면에 문제가 계속 나타나 있다. 이때, 제시된 문제를 그대로 활용하여 답변을 하려는 응시자들이 있는데, 하지만 문제에서 "you"라고 질문을 하면, 응시자는 문장의 주어를 "I"로 바꾸어서 답변을 해야 한다. 그러나 답변을 시작하게 되면 응시자가 긴장하게 되어 주어를 "I"로 바꾸어 답변하지 않고 문제에 적혀있는 대로 "you"를 주어로 하여 답변을 하는 경우가 있다. 첫 번째 문장부터 실수를 하게 되면 감점을 받게 될 뿐만 아니라, 응시자는 처음부터 당황하게 된다. 따라서 15초 동안, 또는 컴퓨터에서 문제를 읽어주는 동안, 한 번쯤은 반드시 소리 내어 답변을 하는 연습을 해야 한다.

RELATED TOPICS

1 Some people prefer to remember past events by keeping a diary. Other people like to remember the past by taking photographs. Which way do you prefer to remember the past and why?

어떤 사람들은 일기를 써서 과거의 일들을 기억하는 것을 좋아한다. 다른 사람들은 사진을 찍어서 과거를 기억하는 것을 좋아한다. 어떠한 방법으로 과거를 기억하는 것을 선호하고 이유는 무엇인가?

KEEPING A DIARY	TAKING PHOTOGRAPHS
- enjoy writing about past 과거에 대해 글을 쓰는 것을 좋아함 - can remember thoughts about events 과거 사건에 대한 생각을 기억해 낼 수 있음	- prefer visual evidence 시각적인 증거를 선호 - photography = hobby 사진 = 취미

2 Some people prefer to learn about history by reading books about past events. Other people like to learn about history by watching documentaries about past events. Which way do you prefer to learn about history and why?

어떤 사람들은 과거 사건에 대한 책을 읽음으로써 역사를 배우는 것을 좋아한다. 다른 사람들은 과거 사건에 대한 다큐멘터리를 시청함으로써 역사를 배우는 것을 좋아한다. 여러분은 어떠한 방법으로 과거에 대해 배우는 것을 좋아하고 이유는 무엇인가?

READING BOOKS	WATCHING DOCUMENTARIES
- can get firsthand accounts of past 과거에 대한 설명을 직접적으로 접할 수 있음 - enjoy reading → relaxing 독서를 좋아함 → 휴식	- saw doc. on Civil War → amazing 남북 전쟁에 대한 다큐멘터리를 봄 → 놀라움 - can learn faster than by reading books 책을 읽는 것 보다 더 빨리 배울 수 있음

3 Life was more challenging 100 years ago than it is today. 오늘날의 삶은 100년 전에 비해 더 도전적이다.

AGREE	DISAGREE
- worked hard all day long → lots of manual labor 종일 힘들게 일함 → 많은 육체 노동 - lots of starvation + poor health in past → struggle to stay alive 과거에 많이 굶주림 + 나쁜 건강	- people busier than ever these days → challenging to do jobs 오늘날 사람들은 그 어느 때보다 바쁨 → 일하는 것은 도전적임 - easy for people to lose everything they own nowadays 오늘날 사람들은 자신이 가진 모든 것을 잃기가 쉬움

4 Many skills that people learned in the past are no longer necessary because of modern technology.

과거에 사람들이 배운 많은 기술들은 현대 기술 때문에 더 이상 필요하지 않다.

AGREE	DISAGREE
- no need to read maps → can use GPS on smartphone 지도를 볼 필요 x → 스마트폰의 GPS를 이용할 수 있음 - math skills = obsolete → use calculators 수학 능력 = 더 이상 쓸모 x → 계산기를 사용함	- technology can fail anytime → need skills for when that happens 과학 기술은 언제든 실패할 수 있음 → 그 일이 발생했을 때를 위한 기술들이 필요함 - can't improve tech if people are not smart enough to maintain it or to make new inventions 사람들이 과학 기술을 유지하거나 새로운 발명을 할만큼 충분히 스마트하지 않을 때는 기술을 발전시킬 수 없음

To the Editor,

The bicycle path that runs through the park from Milton Hall to the Atwell Science Building is in poor condition. I recently rode my bicycle on it and almost crashed several times. The bicycle path is merely dirt, so it needs to be paved. This will make the path much safer for riding. The path also needs to be widened. In its current condition, it is impossible for two bicyclists to pass each other without colliding. I hope that the school administration sees fit to improve the condition of the bicycle path during winter vacation.

Scott Pickering
Freshman

🎧 16-03

The woman expresses her opinion about the letter to the editor in the school newspaper. Explain her opinion and the reasons she gives for holding that opinion.

PREPARATION TIME
00:00:30

RESPONSE TIME
00:00:60

✎ NOTE-TAKING

READING

- *bicycle path dangerous → should be paved* 자전거 도로가 위험 → 포장되어야 함
- *made of dirt – almost crashed* 흙으로 되어 있음 – 거의 충돌할 뻔 함
  - should be widened → 2 cyclists can pass w/out colliding
    폭이 확장되어야 함 → 자전거 타는 사람이 2명이 지나가면 충돌하게 되어 있음

> **WORD REMINDER**
> run through 관통하다   pave (도로 등을) 포장하다   collide 충돌하다   see fit to ~하는 것이 옳다고 생각하다

LISTENING

WOMAN

- *paving path – unnatural*
  포장된 도로 – 자연스럽지 못함
  - won't look harmonious → ugly
    어울려 보이지 않음 → 보기에 좋지 않음
- *cyclists can pass w/out colliding*
  자전거 타는 사람들이 충돌하지 않고서 지나갈 수 있음
  - writer – exaggerating 글을 쓴 사람 – 과장
  - no accidents on path ever
    도로에서 사고가 난 적이 없음

MAN

- *safety > appearance* 안전 〉 경관

- *path should be widened* 도로 폭이 넓어져야 함

> **WORD REMINDER**
> couldn't disagree more 전적으로 동의하지 않는다   wreck 난파하다   harmonious 조화로운   appearance 외형, 외모
> agree to disagree 서로 다르다는 것을 인정하다   exaggerate 과장하다   run into ~와 충돌하다

Sample Response   🎧 16-04

ACTUAL TEST **16**

    The man and the woman are having a conversation about a letter to the editor written by a student. In the letter, the student claims that a bicycle path on campus should be widened. The woman is opposed to the opinion of the letter writer for two reasons. The first reason is that she feels that paving the bicycle path wouldn't be natural. According to her, the path, which goes through some trees in a park, would not be harmonious with nature and would look bad if it were paved. Secondly, she claims to have ridden her own bike on that path many times. She states that many bicyclists have ridden past her without colliding with her. So in her mind, there is no need to widen the path at all. Therefore, the woman disagrees with the student's letter to the editor.

> **WORD REMINDER**
> collide with ~와 충돌하다

Customer Service Testing

Business owners and operators are always interested in determining the quality of their employees. However, since workers are typically on their best behavior when their bosses are around, ascertaining how good the employees are can be difficult. Resultantly, many individuals hire people to pretend to be customers. These secret shoppers, as they are sometimes known, visit business establishments and interact with the employees. Upon completing their business transactions, they report on the quality of service that they received. In this way, employers can learn more about the level of service their employees provide.

🎧 16-05

The professor talks about how he hired people to determine the quality of his employees. Explain how these examples are related to customer service testing.

PREPARATION TIME
00:00:30

RESPONSE TIME
00:00:60

📝 NOTE-TAKING

READING

❶ ***want to know quality of employees*** 직원들의 자질에 대해 알고 싶음
- employees behave well when boss around 사장이 주위에 있으면 직원들이 행동을 잘 함

❷ ***secret shoppers – hired by owners*** 비밀 고객 – 고용주가 고용
- visit business → check on quality 사업장을 방문 → 서비스의 질을 확인
- report to owners about service 서비스에 대해 고용주에게 보고
(비밀 고객이 어떤 결과를 만들었는지에 대해 설명. 첫 번째 예시가 나온 후 "sadly"라는 단어가 나올 때 첫 번째 예시와는 다른 상황이 전개될 것이라고 예측할 수 있음)

> **WORD REMINDER**
> ascertain 확인하다   pretend to ~하는 척 하다   upon -ing ~하자마자   transaction 거래

LISTENING

❶ ***hired secret shoppers at restaurant*** 식당에 있을 때 비밀 고객을 고용했음
- many requests to waitress → no complaints / smiled 여종업원에게 많은 요구 → 불평 없이 / 웃으면서
- impressed w/service → made head waitress 서비스에 감동 → 급사장으로 임명

❷ ***ordered meal → didn't like → back to kitchen*** 식사를 주문 → 마음에 들지 않았음 → 주방으로 돌려보냄
- chef upset - hot headed ∴ fired chef 주방장이 화를 냄 - 성급함 → 주방장을 해고

> **WORD REMINDER**
> respond 대응하다   berate 심하게 꾸짖다   hot headed 성미가 급한   incident 사건, 일

Sample Response   🎧 16-06

    In the lecture, the professor describes two incidents in which he used secret shoppers to determine the quality of his employees. The first example concerns one of his waitresses. The person he had hired made many requests of the waitress. She did them all cheerfully and well, so the professor made her the head waitress. The second example is about one of his chefs. A secret shopper returned a meal to the kitchen, but the chef came out and yelled at the diner. The professor fired the chef because of that incident. These demonstrate the concept called customer service testing, which is defined as hiring people to visit a business establishment and to interact with the employees. These secret shoppers then report to the business owners on the quality of service that they received.

> **WORD REMINDER**
> yell 고함을 치다, 소리지르다   diner 식사를 하는 손님

ACTUAL TEST **16**

🎧 16-07

Using points and examples from the talk, explain two ways in which animals' fur can change because of the weather.

PREPARATION TIME
00:00:20

RESPONSE TIME
00:00:60

seasons & weather change → animals' fur changes 계절 및 날씨 변화 → 동물들의 털 변화

❶ *thick fur* 촘촘한 털
- shed: fur falls out & gets thinner 털갈이: 털이 빠지고 성기게 됨
  → don't overheat in summer 여름에 과열되지 않음
- fur grows back in fall → thick & warm during winter 가을에 다시 자람 → 겨울 동안 두꺼워 지고 따뜻해 짐

❷ *color changes* 색깔 변화
- rabbits: prey animals 토끼: 피식 동물
- summer – brown fur 여름 – 갈색 털
  → blend in w/ground & trees 지면과 나무 색에 섞임
- winter – white fur 겨울 – 하얀색 털
  → hide in snow → avoid predators 눈 속에 숨음 → 포식자들을 피함

WORD REMINDER

exceedingly 대단히, 엄청나게   in response to ~에 반응하여   shed 허물을 벗다, 털갈이를 하다   overheat 과열하다
vital 중요한   blend in ~와 섞이다   camouflage 위장하다

Sample Response   🎧 16-08

In the lecture, the professor provides two ways that animals with fur have adapted. First, some animals shed. During winter, the fur of most animals is thick. But in spring and summer, the temperature gets warmer. Then, animals don't need thick fur. In fact, their bodies could get too hot if they have thick fur, so they shed. This means that some of their fur falls out, so it isn't thick anymore. During fall, their fur grows back in preparation for colder weather. The second way is that the fur of some animals changes colors. As an example, the professor talks about rabbits. The professor says that in summer, most rabbits have brown fur. Since the ground and the trees are brown, they can hide easily. But in winter, rabbits get white fur, so they can be camouflaged by the snow. In this way, the professor discusses two adaptations of animals with fur.

WORD REMINDER

in preparation for ~에 대비하여

TIPS for SUCCESS

Task 3: Reading II

대부분의 응시자들은 3번과 4번 문제를 어려워하기 때문에, 아이러니하게도, 이에 대한 연습을 많이 하여, 나중에는 설명을 자세히 들려주는 3번과 4번 문제를 비교적 쉽게 생각하게 된다. 이와 반대로, 점차 본인의 아이디어를 빠른 시간 내에 생각해 내야 하는 1번 문제는 점차 어렵게 느껴진다. 3번 문제의 지문이 다소 어려워 보인다고 해서 무조건 지문의 내용을 그대로 가져와 1분의 답변 시간을 채우려는 응시자들도 있지만, 표절(plagiarism)로 0점 처리가 될 수 있다는 점을 기억하자. 더구나, 고득점을 받기 위해서는 – 통합형 라이팅과 마찬가지로 – 리딩보다는 리스닝에 대한 내용이 답변의 대부분을 차지해야 한다.

MEMO

MEMO

MEMO

TOEFL® MAP

ACTUAL TEST

New TOEFL® Edition

Susan Kim
Michael A. Putlack
Lee Cheong
Stephen Poirier

Speaking **1**

Scripts and Translations

TOEFL MAP ACTUAL TEST

New TOEFL Edition

Speaking 1

Scripts and
Translations

 DARAKWON

Actual Test 01

TASK 1 · INDEPENDENT TASK
Discussions or Lectures

Sample Response p.16

› DISCUSSIONS

내 의견으로는, 교사들이 수업 시간에 토론을 해야 한다. 이러한 의견을 갖는 것에는 두 가지 이유가 있다. 먼저, 토론은 학생들로 하여금 수업에 더 적극적으로 참여하도록 만든다. 자세히 말하면, 주제에 대해 교사 및 다른 학생들과 이야기를 나누어야 하기 때문에, 학생들은 수업에 보다 많은 관심을 가지게 될 것이다. 이로써 학생들은 더 많이 배울 수 있게 도와준다. 둘째, 학급 토론은 학생들로 하여금 논의하고 있는 내용에 대해 생각하게 할 것이다. 예를 들면, 역사 수업에서, 학생들은 사람들이 단지 무엇을 했는가를 배우는 대신, 왜 사람들이 특정한 방식으로 행동했는지에 대해 생각해 볼 수 있다. 이러한 두 가지 이유로, 나는 교사들이 수업 시간에 토론을 해야 한다고 생각한다.

› LECTURES

내 의견으로는, 교사들이 수업 시간에 강의만 해야 한다. 이러한 의견을 갖는 것에는 두 가지 이유가 있다. 먼저, 교사는 학생들보다 훨씬 더 많이 알고 있다. 자세히 말하면, 교사들은 대학을 다녔고 종종 대학원에 다닌 경우도 많다. 따라서 주제에 대한 깊은 지식을 보유하고 있다. 학생들은 그렇지 않다. 따라서 학생들이 가능한 많이 배우기 위해서는 교사만이 말해야 한다. 둘째, 학급 토론은 종종 시간 낭비가 된다. 일반적으로 학생들은 논의해야 할 주제 이외의 다른 주제들에 대해 이야기를 시작한다. 이러한 일이 발생하면, 학생들은 교사가 의도한 수업을 받지 못하게 된다. 이러한 두 가지 이유로, 나는 교사들이 수업 시간에 강의만을 해야 한다고 생각한다.

TASK 2 · INTEGRATED TASK
Making Sports Mandatory for Students

READING p.18

편집자님께,

최근, 학교에서 기존 체육 시설을 재단장하고 새로운 체육 시설을 짓는데 수백만 달러의 비용을 쓰고 있습니다. 학교 측은 현재 경기 및 운동을 할 수 있는 훌륭한 장소들을 갖추고 있습니다.

하지만, 저는 종종 이러한 시설에서 운동을 하는 사람들이 거의 보이지 않는다는 점을 알게 되었습니다. 저는 학교 측에서 모든 학생들에게 운동이 의무적인 것이 되도록 해야 한다고 제안합니다. 이로써 학교 측은 시설물의 건설 및 보수에 사용된 돈이 낭비되지 않을 것이라는 점을 확실히 할 수 있을 것입니다. 게다가, 많은 학생들이 과체중 상태에 있으며 이들에게 운동이 필요하다는 점은 명백합니다. 운동을 하도록 하는 것은 그들의 건강 유지에 도움이 될 것입니다.

Daniel Carter
2학년

LISTENING 🎧 01-03

W Student: What did you think of that letter in the school newspaper?

M Student: I thought the writer was wrong on a number of points.

W: Like what?

M: Well, first, people shouldn't be forced to exercise if they don't want to.

W: But the school spent a lot of money on the facilities.

M: Okay, but I didn't ask the administration to do that. Did the school take a survey of students and ask them how to spend that money? No. Nobody did that. I would have recommended that they spend the money on the library.

W: I see your point, but, well, there are many students here who need to work out more.

M: That may be true, but it's not the school's responsibility to make people exercise or lose weight. Plus, even though the gym might not be crowded, students are still exercising. I see plenty of people on campus jogging and riding their bikes.

W: Yeah, you're right about that.

M: So the school shouldn't try to make people exercise at school facilities when they might be working out elsewhere.

여학생: 학교 신문에 실린 저 편지에 대해 어떻게 생각했니?

남학생: 글을 쓴 사람이 여러 가지 점에서 잘못 생각했다고 느꼈어.

여학생: 예를 들면?

남학생: 음, 우선, 원하지 않는 경우에는 강제로 운동을 해서는 안 돼.

여학생: 하지만 학교 측은 시설에 많은 돈을 썼는 걸.

남학생: 그렇지만, 대학에 내가 그렇게 해달라고 요구한 것은 아니야. 학교 측이 학생들을 상대로 조사를 해서 그와 같은 돈을 어떻게 써야 할지 물어나 봤어? 아니. 아무도 그렇게 하지 않았어. 나라면 그 돈을 도서관에 쓰라고 제안했을 거야.

여학생: 무슨 말인지는 알겠는데, 하지만, 음, 운동을 더 많이 해야 할 필요가 있는 학생들이 이곳에 많아.

남학생: 그럴 지도 모르지만, 운동을 하게 하거나 체중을 줄이게 하는 일은 대학의 책무가 아니야. 게다가, 체육관에 사람이 별로 없다고 하더라도, 학생들은 여전히 운동을 하고 있어. 교내에서 많은 사람들이 조깅을 하고 자전거를 타는 모습이 보이거든.

여학생: 그래, 그 점에 대해서는 네 말이 맞아.

남학생: 그래서 다른 곳에서 운동을 하고 있는데 학교 측이 교내 시설에서 운동을 하라고 해서는 안 되는 것이지.

Sample Response p.19

남자와 여자는 대학의 모든 학생들이 운동 활동에 참가할 것을 요구하는, 학생이 편집자에게 보낸 편지에 대해 의견을 나누고 있다. 남자는 두 가지 이유로 학생의 편지에 부정적인 의견을 나타낸다. 첫 번째 이유는 그가 학교 측에서 체육 시설에 그렇게 많은 돈을 써야 한다고 믿지는 않는다는 점이다. 그에 의하면, 학교는 돈을 어떻게 쓸 것인지에 대해 학생들에게 물어보았어야 했지만, 그렇게 하지 않았다. 그는 그 돈이 도서관에 쓰이기를 바랐다고 말한다. 둘째, 남자는 학생들을 운동시키거나 체중을 줄이도록 하는 것이 대학의 일은 아니라고 주장한다. 그는 또한 많은 학생들이 체육관이 아닌 다른 장소에서 운동을 하고 있다는 점에 주목한다. 학생들은 캠퍼스 주변 어딘가에서 조깅을 하거나 자전거를 타고 있다. 따라서, 남자는 편집자에게 보낸 학생의 편지의 내용에 강하게 반대한다.

Business: Mental Accounting

READING p.20

마음의 회계

자신의 돈을 어떻게 소비할지에 대해 생각할 때, 사람들은 종종 마음으로 계산을 한다. 마음 속으로, 자신들만 알고 있는 기준에 의거하여 돈을 서로 다른 계정에 분리시킬 수 있다. 예컨대 식품, 주거, 오락, 그리고 기타 예산에 있어서 마음의 회계가 형성될 수 있다. 이들 각각은 개인의 마음 속에서 일정량의 금액을 보유하게 된다. 이 돈이 소진되면, 그에 대해 지불할 자금이 충분히 있다고 하더라도, 개인은 통상 그러한 품목에 대해 더 이상 돈을 쓰지 않을 것이다.

LISTENING 🎧 01-05

M Professor: Have you ever wanted to buy something but didn't despite having enough money? What made you decide not to purchase the item? Perhaps it was too expensive. Or perhaps you didn't need it. Well, you probably did some mental accounting when you chose not to purchase that item.

People often ascribe values to certain items when they do mental accounting. For instance, just the other day, my wife bought some donuts at the store. I think she spent about five dollars on them. On her way home, however, she left the bag of donuts on the bus. She could have gone back to the store and bought another bag of donuts. It was only five dollars, right? But she did some mental accounting, and in her mind, she would be paying ten dollars for the donuts rather than five. For her, ten dollars was too much. So she didn't buy any more donuts.

Here's another example. A family is saving money to buy a new house. Suddenly, their car breaks down and requires several hundred dollars in repairs. However, the family refuses to take money out of their funds to buy the new house, so they don't repair the car. In their mind, getting the new house is more important than fixing the car. That's the mental accounting they did.

교수: 무엇인가를 사고 싶지만 돈이 충분히 있음에도 불구하고 그렇게 하지 못한 적이 있나요? 무엇이 그러한 품목을 구매하지 않도록 했습니까? 아마도 너무 비쌌을 것입니다. 아니면 필요가 없었거나 말이죠. 음, 여러분이 그 상품을 구입하지 않기로 결정을 했을 때, 여러분들은 마음의 회계를 한 것일 수도 있습니다.

사람들은 종종 마음의 회계를 하면서 특정 상품에 가치를 부여합니다. 예를 들면, 일전에, 제 아내가 가게에서 도넛을 샀습니다. 저는 아내가 도넛에 5달러 정도를 썼다고 생각합니다. 하지만, 집으로 돌아오는 도중, 아내는 버스에 도넛 봉지를 놓고 내렸습니다. 다시 가게로 돌아가서 도넛 한 봉지를 더 살 수도 있었겠죠. 5달러밖에 하지 않았으니까요, 그렇죠? 하지만 아내는 마음의 회계를 했고, 마음 속에서, 아내는 도넛에 대해 5달러가 아니라 10달러를 지불하게 될 것이었습니다. 아내에게 있어서, 10달러는 너무 많은 금액이었죠. 그래서 더 이상 도넛을 사지 않았습니다.

또 다른 예가 있습니다. 한 가족이 주택을 구입하기 위해 돈을 모으고 있습니다. 갑자기, 그들의 차가 고장이 나서, 수리하는데 수백만 달러가 필요하니

다. 하지만, 이 가족은 주택 구입을 위해 마련해 둔 자금을 꺼내 쓰지 않고, 따라서 차를 수리하지 않습니다. 그들의 마음 속에서, 주택을 구입하는 것은 차를 수리하는 것보다 더 중요합니다. 그들이 한 것이 바로 마음의 회계입니다.

Sample Response p.21

강의에서, 교수는 사람들이 돈을 사용하는 두 가지 방식에 대해 설명하고 있다. 그가 들고 있는 첫 번째 예는 자신의 아내에 관한 것이다. 그녀는 도넛 구입에 5달러를 지불했지만, 버스에 도넛을 두고 내렸다. 그녀는 한 봉지 더 구입하지는 않았는데, 이는 도넛에 10달러를 소비하는 것이 과하다고 생각했기 때문이었다. 그가 든 두 번째 예는 주택을 구입하기 위해 돈을 모으고 있는 가족에 관한 것이다. 그들의 차는 수리를 필요로 했지만, 주택을 마련하기 위해 저축해 둔 돈을 하나도 쓰고 싶지 않았기 때문에, 그들은 수리를 하지 않았다. 이러한 예들은 마음의 회계라고 불리는 개념을 나타내 주는데, 마음의 회계는 사람들이 돈을 어떻게 쓸 것인지에 대해 마음 속으로 계산을 하는 방식으로 정의된다. 마음의 회계에서, 사람들은 특정 품목의 구입을 위해 돈을 따로 비축해 두며, 그에 대한 예산이 초과되면 그 이상의 돈을 쓰지 않으려 한다.

Ecology: Roads and the Ecology

LISTENING 🎧 01-07

W Professor: Humans have been building roads ever since ancient times, which has made them become parts of the landscape. But remember that roads are unnatural, so they can sometimes negatively affect a region's ecology. How so . . . ? Well, let me tell you a couple of the many ways they can do this.

Weeds, as you all know, are plants that grow aggressively and are unwanted because they outcompete desired plants, such as, uh, flowers and crops, for precious soil and water resources. However, motor vehicles of all types can act as carriers of weed seeds, so these vehicles unwittingly help spread weeds along road corridors. For instance, when you drive to the park, forest, or, uh, anywhere else for that matter, your vehicle picks up weed seeds. When you subsequently drive to a new location, the seeds fall off in various places and then start growing. In this way, road systems enable the spreading of weeds to places where they wouldn't normally be found.

Roads can also serve as significant barriers to the movements of animals. Many animals have long-established movement patterns. For instance, they move when they migrate, when they search for breeding grounds, and when they look for food. But roads present animals with unnatural obstacles. Some species, like the pronghorn, a large mammal that resembles a deer and lives in North America, are reluctant to cross roads or other manmade barriers. This may prevent them from reaching food sources or migrating. Ultimately, this inability to cross roads could cause the death by starvation of many animals. Additionally, animals like snakes, frogs, and porcupines have no problems crossing roads, but they often become victims of fast-moving traffic. And larger animals, such as deer, can even kill the drivers of vehicles when they get hit.

교수: 인간은 고대 이후로 도로를 건설해 왔는데, 이로써 도로는 경관의 일부가 되었습니다. 하지만 도로는 자연적인 것이 아니며, 그렇기 때문에 때때로 지역 생태에 부정적인 영향을 끼칠 수 있다는 점을 기억해 두십시오. 어떻게요...? 음, 부정적인 영향을 끼칠 수 있는 여러 방법들 중에서 두어 가지를 말씀드리도록 하겠습니다.

잡초는, 여러분 모두가 알고 있듯이, 공격적으로 성장하며, 소중한 토양 및 수자원에 더 바람직한 식물들, 예컨대, 어, 꽃과 작물과 같은 식물들을 밀쳐내기 때문에 바람직하지 않습니다. 하지만, 온갖 종류의 차량들이 잡초 종자를 옮겨 주는 역할을 할 수 있기 때문에, 이러한 차량들은 부지불식간에 도로를 따라 잡초 종자가 퍼지는 것을 도와 줍니다. 예를 들면, 여러분이 공원이나, 숲, 혹은, 어, 그와 같은 다른 곳으로 차를 몰고 간다면, 차량에 잡초 종자들이 달라붙게 될 것입니다. 그 후 다른 장소로 이동을 하면, 종자가 다양한 곳에서 떨어지게 되어 자라기 시작하는 것이죠. 이렇게 해서, 도로망은 잡초가 일반적으로 발견되지 않는 곳으로도 잡초의 종자가 확산될 수 있게 해줍니다.

도로는 또한 동물의 이동에 커다란 장애물로서 기능할 수도 있습니다. 많은 동물들에게는 오랜 기간에 걸쳐 확립되어 온 이동 패턴이 있습니다. 예를 들면, 계절에 따라 이동을 할 때, 새끼를 낳을 장소를 찾을 때, 그리고 음식을 찾을 때 이동을 하게 됩니다. 하지만 도로는 동물들에게 자연적이지 못한 장애물들을 가져다 줍니다. 사슴과 닮은 북아메리카에 서식하는 가지뿔영양과 같은 몇몇 종들은 도로나 기타 인공 장벽들을 건너려고 하지 않습니다. 이로 인해서 음식을 구하지 못하거나 이동을 하지 못하게 될 수가 있는 것이죠. 결국, 도로를 건너는 능력을 갖지 못함으로써, 많은 동물들이 아사할 수 있습니다. 게다가, 뱀, 개구리, 그리고 호저와 같은 동물들은 도로를 건너는데 전혀 문제가 없지만, 종종 빠른 교통 흐름으로 인해 희생을 당하기도 합니다. 그리고 사슴과 같은 보다 큰 동물들은 차와 충돌함으로써 차량의 운전자를 사망으로 내몰 수도 있습니다.

Sample Response   p.23

강의에서, 교수는 도로가 지역 생태에 부정적인 영향일 끼칠 수 있는 두 가지 방식을 제시하고 있다. 첫 번째 방식은 잡초 종자의 확산에 의해서이다. 잡초는 자원으로 쓸 수 있는 꽃과 작물과 경쟁을 하기 때문에 선호되지 않는다. 교수는 도로를 다니는 차량들에 잡초 종자들이 달라붙을 수 있다고 말한다. 그런 다음, 운전을 하게 되면, 잡초 종자들이 여러 장소에서 떨어져 나간다. 따라서 잡초 종자들은 잡초가 없었던 장소에서도 성장을 하게 된다. 두 번째 방식은 동물들의 이동을 가로막는 장애물의 형성에 의한 것이다. 교수는 가지뿔영양을 언급한다. 교수에 의하면, 가지뿔영양은 도로 횡단을 좋아하지 않는다. 이는 가지뿔영양이 이동하고 음식을 얻지 못하게 한다. 또한 교수는 뱀, 개구리, 그리고 호저와 같은 동물들이 도로를 건널 때 차와 충돌할 수 있기 때문에, 종종 죽음을 맞이한다고 말한다. 이런 방법으로, 교수는 도로가 지역 생태에 어떻게 해를 끼칠 수 있는지에 대해 설명한다.

Actual Test 02

TASK 1 · INDEPENDENT TASK
University Funding Problems

Sample Response   p.26

▶ ELIMINATE UNPOPULAR SPORTS TEAMS

재정적 격차를 없애기 위해, 대학은 비인기 스포츠 팀을 폐지시켜야 한다. 이러한 의견을 갖는 것에는 두 가지 이유가 있다. 먼저, 대학 스포츠 팀은 시설, 코치, 선수 비용을 부담하기 위해 많은 돈이 필요하다. 하지만, 만약 팀이 그다지 인기 있지 않고, 경기 티켓을 팔거나 기부금을 받아서 돈을 가져오지 못한다면, 운영 적자를 일으킬 것이다. 둘째, 대학 스포츠 팀의 목표 중 하나는 학생들이 응원을 하며 대학 정신을 쌓는 것이다. 자세히 말하자면, 누구도 신경 쓰지 않는 팀을 지원하는 것은 의미가 없다. 이러한 두 가지 이유로, 나는 대학이 비인기 스포츠 팀을 폐지시켜야 한다고 믿는다.

▶ DECREASE THE NUMBER OF TENURED FACULTY MEMBERS

재정의 격차를 없애기 위해, 대학은 종신 교수의 숫자를 줄여야 한다. 이러한 의견을 갖는 것에는 두 가지 이유가 있다. 먼저, 대학은 종신 교수에 돈을 많이 지출한다. 예를 들면, 종신 교수는 부교수나 겸임 교수에 비해 훨씬 더 많은 연봉을 받는다. 둘째, 대학은 종신 교수에게 좋은 혜택을 제공할 필요가 있으며 그 혜택들은 예산의 큰 부분을 차지한다. 예를 들어, 의료 보험, 융통성 있는 지출 계정, 학비 환급 같은 혜택 외에도 일부 대학들은 종신 교수들에게 심지어는 주거지도 제공한다. 이러한 두 가지 이유로, 나는 대학이 종신 교수의 숫자를 줄여야 한다고 믿는다.

▶ HIRE FEWER STUDENT EMPLOYEES

재정의 격차를 없애기 위해, 대학은 학생 근로자를 덜 고용해야 한다. 이러한 의견을 갖는 것에는 두 가지 이유가 있다. 먼저, 학생들은 대학교 밖에서 일자리를 찾을 수 있다. 예를 들면, 많은 식당과 가게들이 학교 근처에 위치해 있으며, 계속해서 전 시간 근무자나 아르바이트생을 찾는다. 둘째, 학생 근로자의 필요성이 기계 때문에 감소한다. 예를 들어, 도서관의 자가 대출 기계는 학생 사서를 대체한다. 덧붙여, 학생들은 컴퓨터화 된 도서관 목록 덕분에 책을 쉽게 찾을 수 있다. 결과적으로, 많은 학생 근로자들은 그냥 책상 앞에 앉아있게 된다. 이러한 두 가지 이유로, 나는 대학이 학생 근로자들을 덜 고용해야 한다고 믿는다.

TASK 2 · INTEGRATED TASK
No More Teacher Evaluations

READING   p.28

교원 평가가 학기 마지막 수업에서 학생들에게 더 이상 전달되지 않을 것입니다. 과거에 그것은 유용하다고 증명되었지만, 최근에는 극소수의 건설적인 언급만이 학생들에 의해 제공되어 왔습니다. 게다가, 많은 언급들은 단순히 교수에 대한 개인적인 공격이었습니다. 결과적으로, 행정처는 학생들로부터 평가를 모을 필요를 더 이상 느끼지 못하고 있습니다. 교수들에게 평가를 제공하기를 원하는 학생들은 담당 부서에 연락해 설문지를 작성할 것을 요청할 수 있습니다.

M Student: What a relief. I'm so pleased we won't have to waste time filling out teacher evaluation forms anymore.

W Student: Really? I'm surprised you feel that way.

M: It's not like the professors actually read them, so there's no point in commenting on our classes.

W: I disagree, Mark. In fact, I think the school shouldn't do away with the evaluations. I know for a fact that professors read them and pay attention to what's written on them.

M: How so?

W: I work in the Economics Department office, so I hear professors discussing their evaluations. Some mention how they have decided to change their teaching methods due to comments from students.

M: Huh. That's interesting. I wasn't aware of that.

W: Another thing is that professors aren't the only people who read the evaluations.

M: Who else reads them?

W: Lots of people in the administration. So professors with positive evaluations can get promoted while those with negative evaluations may be asked to leave the school. So evaluations can improve the quality of the professors we have here on campus.

남학생: 다행이야. 더 이상 교원 평가 설문지를 작성하는 데 시간을 낭비할 필요가 없어서 너무 기뻐.

여학생: 정말? 네가 그렇게 생각하다니 놀랐어.

남학생: 교수님들이 실제로 그걸 읽은 것 같지 않고 그래서 우리 수업에 대해 비평하는 건 의미가 없어.

여학생: 난 동의하지 않아, Mark. 사실, 학교는 평가를 그만두어서는 안 된다고 생각해. 난 교수님들이 평가를 읽고 거기에 쓰여 있는 것에 주목한다는 사실을 알거든.

남학생: 왜?

여학생: 난 경제학부에서 일해서 교수님들이 자기 평가에 대해 논의하는 걸 듣거든. 몇 분은 학생들 비평 때문에 어떻게 교수법을 바꾸기로 결정했는지 이야기하셔.

남학생: 와. 흥미롭네. 알아채지 못했어.

여학생: 다른 점은 교수님들은 평가를 읽는 유일한 사람들이 아니라는 거야.

남학생: 또 누가 그걸 읽어 보는데?

여학생: 행정처의 많은 사람들. 그래서 부정적인 평가를 받은 교수님들은 학교에서 떠나라고 요청 받을 수도 있는 반면에 긍정적인 평가를 받은 교수님들은 승진할 수도 있어. 그래서 평가는 이 캠퍼스에 있는 교수님들의 질을 향상시킬 수 있지.

Sample Response
p.29

남자와 여자는 수업의 마지막 날에 하는 교수 평가제의 폐지에 관한 학교의 결정에 대해 의견을 나누고 있다. 여자는 학교의 결정에 대해 부정적인 의견을 나타내며 그녀의 의견에 대해 두 가지 이유를 제시한다. 첫 번째 이유는 교수들이 평가를 읽고 평가에 신경을 쓴다는 것이다. 여자에 따르면, 교수들은 학생들에 의한 의견을 읽은 후, 필요하면 그들의 교육 방법을 바꾸기로 결정한다. 두 번째 이유는 행정처의 사람들 역시 피드백을 읽기 때문이다. 그녀가 언급하기를 평가는 교수를 승진시킬 수도 있고, 학교와의 계약을 끝내게도 할 수 있기 때문에 교수에게 많은 영향을 끼칠 수 있다. 그녀는 평가가 가르치는 질을 향상시키도록 도움이 된다고 덧붙인다. 따라서, 여자는 교수 평가제를 학생들에게 더 이상 제공하지 않을 것이라는 학교의 결정에 반대한다.

Environmental Science: Greenwashing

그린워싱

요즘, 전세계적으로 각국의 환경을 보호하기 위해 행해지는 노력들이 있다. 많은 경우, 기업들은 환경을 소중히 하기 위한 노력을 하고 있다고 발표한다. 그들은 광고, 특별 판촉, 기발한 제품들, 그리고 다양한 캠페인을 통해 이것을 할 수 있다. 하지만, 그들의 주장에도 불구하고 환경을 돌보는 것에 관한 한, 이런 기업들은 흔히 기록이 저조하다. 경우에 따라서는, 그들의 행동은 심지어 환경에 해를 끼칠 수도 있다. 이런 경우에, 기업들의 행위는 그린워싱이라는 용어로 정의될 수 있다.

M Professor: Everyone is focused on the environment. Wherever you go, you see companies advertising how they protect the environment in some manner. But not every company is telling the truth. In fact, many firms are involved in greenwashing.

Last summer, I went on a trip to the beach. In my hotel room, there was a written notice informing me that, uh, in order to use as little water as possible, the hotel would only change my towels and bedsheets if I specifically requested that. At first, I was impressed because it showed the hotel cared about the environment. But when I went for a walk around the hotel grounds, I noticed the hotel was expanding. In fact, it was building in an area where sea turtles come to lay their eggs. I'm sorry, but that showed no concern whatsoever for the natural environment.

I also went on a scuba-diving excursion to a coral reef while I was on that trip. The guides made frequent announcements to the divers about how we shouldn't throw garbage into the ocean so that marine life would be safe. But the boat we went on was leaking oil. I'd say that all the oil which got into the reef was much more harmful than someone throwing an empty plastic bottle into the water.

교수: 모두가 환경에 관심을 가져요. 어디를 가든지, 여러분은 어떤 식으로든 환경을 어떻게 보호할지를 광고하는 캠페인을 봐요. 하지만 모든 기업이 진실을 말하고 있지는 않아요. 사실, 많은 기업들은 그린워싱에 연루되어 있어요.

작년 여름, 저는 바다로 여행을 갔습니다. 호텔 방 안에서, 저에게, 어, 가능한 한 물을 적게 사용하기 위해, 만일 제가 특별히 요청한다면, 호텔은 수건과 침구만 바꿀 것이라는 알리는 서면 안내판이 있었어요. 처음에, 저는 호텔이 환경을 돌본다는 것을 보여주었기 때문에 감동했어요. 하지만 제가 호텔 부지를 걸었을 때, 저는 호텔이 확장 중이라는 걸 눈치챘습니다. 사실, 바다 거북이 알을 낳기 위해 오는 구역에 건물을 짓고 있었어요. 유감스럽지만,

그건 자연 환경에 어떤 관심도 없다는 걸 보여주었어요.

저는 또한 그 여행을 하는 동안 스쿠버 다이빙을 해서 산호초가 있는 곳으로 여행을 갔어요. 가이드가 다이버들에게 해양 생물이 안전하도록 우리가 바다에 쓰레기를 버리면 안 된다는 것에 대해 빈번히 공지를 했어요. 하지만 우리가 탄 보트는 기름이 샜습니다. 암초에 흘러간 모든 오일이 누군가가 물에 빈 플라스틱 병을 던진 것보다 훨씬 해롭다고 말하고 싶네요.

Sample Response   p.31

교수는 지난 여름 해변으로 간 여행에 대해 이야기한다. 첫째, 그는 자신의 호텔이 투숙객들이 특별히 그것을 요청한다면 오직 수건과 침구만 세탁할 것이라고 언급한다. 그것은 물을 아끼기 위해 행해진 것이었다. 하지만 그는 후에 그 호텔이 바다 거북이 알을 낳는 곳에 확장을 하고 있다는 것을 알아챘다. 다음으로, 그는 자신이 갔던 스쿠버 다이빙 여행에 대해 논한다. 그는 가이드가 끊임없이 다이버들이 바다에 쓰레기를 버리면 안 된다는 것을 상기시켰다고 말한다. 하지만 그들이 탄 보트에서 기름이 새서 산호초에 흘러 들어가고 있었다. 두 가지 경우는 그린워싱의 예이다. 이는 기업이 자신이 여러 방식으로 환경을 돕기 위해 노력한다고 주장할 때 일어난다. 하지만, 기업은 종종 환경을 해치는 다양한 활동에 연루되어 있다. 이것은 호텔과 스쿠버 다이빙 사업 둘 다의 사례였다.

Psychology: Types of Thinking

LISTENING   🎧 02-07

M Professor: Have you ever, uh, thought about how you actually think? There are two types of thinking, and both of them are of extreme importance to people. I'm talking, of course, about fast thinking and slow thinking. Let me tell you about each of them in brief, and then I'll go into them in more detail afterward.

First, let me start with fast thinking. Your brain utilizes fast thinking for fairly simple processes. For instance, hmm . . . decisions that aren't of great importance, social interactions of a casual nature, automatic statements and responses, and responses to sensory input. Basically, fast thinking refers to responses that are swift and of an instinctual nature. For example, if you see a large scary-looking dog, you immediately stop moving to avoid attracting its attention. Likewise, if you touch a hot stove, you instantly pull your hand away to keep from getting burned. Both of those actions are what we call automatic responses and are examples of fast thinking.

Slow thinking, on the other hand, involves a deeper kind of thinking. The logical part of your brain is responsible for it. When you engage in slow thinking, you are utilizing deliberate thought and are using some of your brain's processing power. Let me think of an example . . . Ah, when you use a map and try to give directions to a person by using a few steps, you are engaging in slow thinking. I know most of you can drive, right . . . ? Sure, you can. When you learned how to drive, steering, using the accelerator and brakes, and paying attention to the road required deep thought and was another example of slow thinking.

교수: 여러분은, 어, 여러분이 실제로 어떻게 생각하는지에 대해 생각해본

적이 있나요? 두 가지 생각하는 방식이 있는데요, 둘 다 사람들에게 매우 중요합니다. 물론, 빠르게 생각하기와 천천히 생각하기에 대해 이야기하는 것입니다. 제가 그것들 각각에 대해 이야기하도록 할게요. 그리고 난 후 더 상세하게 설명하겠습니다.

먼저 빠르게 생각하기부터 시작하겠습니다. 여러분의 뇌는 상당히 단순한 과정으로 빠르게 생각하기를 활용합니다. 예를 들어, 음... 아주 중요하지 않은 결정들, 가벼운 종류의 사회적 상호 관계, 자동 진술들과 응답들, 감각 입력에 대한 반응들이 그렇죠. 기본적으로, 빠르게 생각하기는 신속한 응답들이고 본능에 따른 본성을 나타냅니다. 예를 들어, 여러분이 크고 무섭게 생긴 개를 본다면, 그것의 주위를 끄는 것을 피하기 위해 여러분은 즉시 움직임을 멈춥니다. 또한, 여러분이 뜨거운 스토브를 만진다면, 여러분은 즉시 화상을 입는 것을 막기 위해 여러분의 손을 떼어 놓습니다. 이 두 행동 모두 우리가 자동 응답이라고 부르는 것이고 빠르게 생각하기의 예들입니다.

반면에, 느리게 생각하기는 깊은 종류의 생각에 관한 것입니다. 여러분 두뇌의 논리적 부분이 그것을 담당합니다. 여러분이 느리게 생각하기에 관여할 때, 여러분은 신중한 생각을 활용하고 여러분의 두뇌 과정의 어떤 힘을 이용합니다. 예를 생각해 볼게요... 아, 여러분이 지도를 이용해 몇 단계를 거침으로써 사람에게 방향을 알려 주려고 할 때, 여러분은 느리게 생각하기를 사용합니다. 전 여러분 대부분이 운전할 줄 안다는 걸 알아요, 그렇죠...? 물론, 여러분은 할 수 있어요. 운전하는 법을 배웠을 때, 액셀과 브레이크를 사용해 조종하고, 도로에 집중하는 것은 깊은 생각을 요구하며 이는 느리게 생각하기의 또 다른 예입니다.

Sample Response   p.33

강의에서, 교수는 사고 방식에 대해 설명을 한다. 그리고 나서, 그는 두 가지 종류의 사고 방식에 대해 설명한다. 첫 번째 종류는 빠른 사고 방식이다. 그것은 많은 생각이 필요 없는 빠르고 무의식적인 반응을 필요로 한다. 예를 들면, 누군가 무섭게 생긴 개를 맞닥뜨리면 움직이는 걸 멈추고 끌지 않으려 할 것이다. 또한, 누군가 뜨거운 가스레인지를 만지면, 손이 데는 것으로부터 막기 위해 그것을 바로 가스레인지에서 뗀다. 두 번째는 느린 사고 방식이다. 교수는 느린 사고 방식은 뇌의 논리적인 부분을 포함하며, 뇌의 처리 능력을 사용한다. 그리고 나서 그는 몇 단계가 필요한 어려운 수학 문제를 푸는 것을 예로 제공한다. 덧붙여, 그는 자동차를 운전하는 것은 운전자가 모든 도로 표지를 기억해야 하고 의사 결정을 해야 하는 것 같은 더욱 많은 생각을 필요로 한다고 설명한다. 이런 방법으로, 교수는 두 가지의 사고 방식에 대해 설명한다.

Actual Test 03

TASK 1 · INDEPENDENT TASK
Where to Raise Children

Sample Response   p.36

▶ A SMALL TOWN

나는 아이들을 키우기에 대도시보다 소도시가 더 좋은 곳이라고 생각한다. 이러한 의견을 갖는 것에는 두 가지 이유가 있다. 먼저, 소도시는 대체로 안전하다. 자세히 말하면, 범죄율이 더 낮다. 따라서 아이들이 혼자서 밖에서 놀아도 괜찮다. 납치를 당하거나 다른 유형의 범죄 행위를 당하는 것에 대해 걱정할 필요가 없다. 둘째, 소도시의 사람들은 통상 대도시 사람들보다 더 친

절하다. 예를 들면, 나는 소도시에 살고 내 이웃들을 잘 알고 있다. 나는 그래서 어린 시절 이후 많은 친한 친구들이 있다. 이러한 두 가지 이유로, 아이들을 키우기에는 도시보다 소도시가 더 좋은 곳이다.

› A BIG CITY

나는 아이들을 키우기에 소도시보다 대도시가 더 좋은 곳이라고 믿는다. 이러한 의견을 갖는 것에는 두 가지 이유가 있다. 먼저, 도시에는 할 것이 많다. 자세히 말하면, 대도시에는 도서관, 박물관, 공원, 놀이 공원, 그리고 기타 아이들이 방문할 수 있는 여러 재미있는 장소들이 있다. 아이들은 쉽게 지루해 하기 때문에, 대도시에는 많은 재미있는 장소들이 있으므로 대도시는 아이들에 멋진 곳이 된다. 둘째, 대도시에는 대체적으로 우수한 학교들이 있다. 예를 들면, 대도시의 학교들은 소도시보다 더 뛰어난 교사들과 시설들을 갖추고 있다. 교육은 아이들에게 있어서 매우 중요하다. 이러한 두 가지 이유로, 나는 아이들을 키우는 것과 관련해서 소도시보다는 대도시가 더 좋다고 생각한다.

TASK 2 · INTEGRATED TASK
Basketball Court Usage

READING   p.38

농구장 이용 안내

10월 1일부터 3월 10일까지, Preston 체육관 내의 실내 농구장에서는 오전 7시부터 11시까지 학생들의 이용이 불가능하게 될 것입니다. 농구장은 남자 농구팀이 사용하는 경우에만 예약을 받습니다. 같은 시간에 농구를 하고자 하는 학생들은 Wilson관 옆의 대학 실외 농구장을 자유롭게 이용할 수 있습니다. 또한, 농구팀이 특별 연습을 요구하는 경우에도, 학생들은 실내 농구장을 이용할 수 없게 될 것입니다. 농구장을 이용할 수 없는 이러한 시간대는 하루 단위로 게시될 것입니다.

LISTENING   🎧 03-03

W Student: That's so frustrating. I had been planning to play basketball with my friends tomorrow morning, but I guess that won't happen now.

M Student: Why not?

W: The indoor court has been reserved for the men's team to use every morning.

M: Why don't you just play on the outdoor court? I do that all the time.

W: I'd like to, but it's often crowded. I can't stand having to wait half an hour or more before I get a chance to play. Plus, winter is coming soon, and it gets cold here. I don't want to play basketball in the cold and snow.

M: I see what you mean.

W: And did you see that the team has the right to take over the court anytime it needs extra practice?

M: Well, they need the practice. They aren't very good.

W: Maybe, but that's still not fair. I pay tuition too, so I have just as much of a right to the basketball court as any other student at this school. I'm going to complain to someone.

M: Good luck.

여학생: 정말 기운 빠지네. 내일 아침 친구들과 농구를 하려고 계획 중이었

는데, 하지만 이제 그럴 수가 없을 것 같아.

남학생: 왜?

여학생: 실내 농구장은 매일 아침 남자 팀이 사용하기 위해서 예약됐잖아.

남학생: 실외 농구장에서 하는 건 어때? 나는 항상 그렇게 하는 걸.

여학생: 그렇게 하고 싶지만, 종종 사람이 너무 많아. 경기를 하기 위해 30분이나 그 이상 기다려야 하는 것은 참을 수가 없어. 게다가, 곧 겨울이 올 것이고, 여기는 추워질 거야. 춥고 눈이 오는 날씨에 농구를 하고 싶지는 않아.

남학생: 무슨 말인지 알겠어.

여학생: 그리고 추가적인 연습이 필요할 때마다 남자 농구팀이 농구장을 차지할 권리가 있다고 알고 있었니?

남학생: 음, 그들은 연습이 필요해. 그렇게 잘하지는 못하잖아.

여학생: 그럴 수도 있지만, 그래도 공평하지 않아. 나도 역시 등록금을 내고 있기 때문에, 이곳 학교의 다른 학생들만큼 농구장에 대한 그만큼의 권리를 가지고 있잖아. 누군가에게 불만 사항을 이야기해야겠어.

남학생: 행운을 빌게.

Sample Response   p.39

남자와 여자는 매일 오전 7시에서 11시까지 농구팀이 실내 농구장을 독점적으로 사용한다는 것에 대해 의견을 나누고 있다. 여자는 두 가지 이유로 새로운 방침에 부정적인 의견을 나타낸다. 첫 번째 이유는 그녀가 실외 농구장 이용을 좋아하지 않기 때문이다. 그녀에 의하면, 때때로 경기를 하기 위해 30분을 기다려야만 한다. 겨울 날씨 또한 춥고 눈이 많이 오기 때문에, 그녀는 그때 실외에서 경기를 하고 싶어하지 않는다. 둘째, 여자는 자신도 학비를 내기 때문에, 다른 모든 학생들이 그러한 것처럼 자신에게도 실내 농구장을 이용할 권리가 있다고 말한다. 그녀는 새로운 방침에 대해 불만을 제기할 것이라고 언급한다. 따라서, 여자는 농구팀이 실내 농구장을 사용할 방식에 대해 반대한다.

Psychology: The Peak-End Rule

READING   p.40

절정과 종결 법칙

최근 자신의 삶에서 일어났던 다양한 사건들을 설명할 때, 절정과 종결 법칙이라고 알려진 현상이 종종 발생한다. 절정과 종결 법칙에 의하면, 개인은 보통 어떤 경험 중 가장 중요한 것만 이야기하거나, 그렇지 않으면 가장 최근에 일어났던 사건들만을 이야기한다. 그리고 나서, 그 사람은 이 사건들 중에 경험한 감정들을 연관시켜서 그것들을 전체 경험에 대한 전체 의견을 나타내는데 사용한다. 이러한 이유 중 하나는 강한 긍정적 및 부정적 감정을 일으킨 사건들이 다른 사건들보다 더 쉽게 기억되기 때문이다.

LISTENING   🎧 03-05

M Professor: Memory can be tricky. We often tend to encapsulate our experiences of a certain time into just a few good or bad memories. As a result, these memories determine our overall feelings of a much larger event. This is the peak-end rule. In general, the peak event or final event is remembered instead of other minor events. Let me give you a couple of examples.

My family vacationed on a tropical island a couple of years ago. For the first few days, it rained. We were miserable. All we did was stay in the hotel. But during the last three days, the weather was perfect. We saw a dolphin show and went windsurfing, too. When we returned home, my kids told everyone they had a great time. They casually mentioned the rain, but they focused on the peak events, which were positive, and remembered the entire trip as being great.

Here's another . . . I attended a football game with my friends a while ago. The game was pretty boring for three quarters. However, during the fourth quarter, there were several exciting plays, and the lead changed three times. After the game, my friends talked about how exciting the entire game was. It wasn't really, but the end was, and that's where the peak-end rule came into effect.

교수: 기억은 미묘한 것일 수 있습니다. 우리는 종종 특정 시간대의 경험을 몇 개의 좋은 혹은 나쁜 기억으로 요약합니다. 그 결과, 이러한 기억들은 훨씬 더 큰 사건에 대한 전체적인 감정을 결정해 줍니다. 바로 절정과 종결의 법칙입니다. 일반적으로, 기타 사소한 사건들 대신에 가장 중요한 사건이나 마지막으로 일어났던 사건이 기억됩니다. 두 가지 예를 들어보도록 하겠습니다.

제 가족은 2년 전 열대 섬으로 휴가를 갔습니다. 처음 며칠 동안, 비가 내렸습니다. 실망스러웠죠. 우리가 한 일은 호텔에 머무르는 것뿐이었습니다. 하지만, 마지막 3일 동안, 날씨가 완벽했습니다. 돌고래 쇼를 보았고 파도타기도 하러 갔습니다. 집에 돌아왔을 때, 아이들은 모든 사람에게 휴가가 재미있었다고 말을 했습니다. 무심코 비에 대해 언급을 하기도 했지만, 아이들은 긍정적인, 가장 재미있었던 사건들에 초점을 맞추었고, 휴가 전체를 멋진 것으로 기억하고 있었습니다.

또 다른 예가 있습니다... 저는 얼마 전에 친구들과 함께 미식 축구 경기를 관람했습니다. 경기는 3쿼터까지 꽤 지루했습니다. 하지만, 4쿼터 때, 몇 차례의 흥미로운 플레이가 이루어졌고, 경기는 세 차례나 역전이 되었습니다. 경기가 끝난 후, 친구들은 전체 경기가 얼마나 흥미진진했는지에 대해 이야기했습니다. 사실 그렇지는 않았지만, 끝이 그런 것뿐이었는데, 여기에는 절정과 종결의 법칙이 작용한 것이었습니다.

Sample Response   p.41

강의에서, 교수는 감정적인 사건들에 대한 사람들의 기억이 더 큰 사건에 대한 그들의 전체적인 느낌에 영향을 미치는 두 가지 방식에 대해 설명하고 있다. 첫 번째 예는 열대 섬으로 갔던 교수의 여행에 관한 것이다. 첫 며칠 동안 비가 내려서, 모든 가족들이 행복하지 않았다. 하지만 마지막 며칠 동안은 재미있게 지냈는데, 따라서 교수의 아이들은 여행 전체가 재미있었다고 말을 했다. 두 번째 예는 교수가 보러 갔던 미식 축구에 관한 것이다. 경기 내내 지루했지만, 끝부분은 흥미진진했다. 따라서 교수의 친구들은 경기 전체가 흥미진진했다고 말했다. 이러한 두 가지 예들은 절정과 종결의 법칙이라고 불리는 개념을 나타내 주는데, 이는 하나의 현상으로 정의되며, 그 현상 동안 사람들은 어떤 중대한 사건의 가장 좋거나 가장 나쁜, 혹은 가장 마지막 부분을 기억해서 그러한 감정을 전체 사건을 묘사하는데 사용한다.

Pathology: The Human Immune System

LISTENING   🎧 03-07

W Professor: The natural environment contains numerous pathogens, most of which can cause us to become sick or harm us in various ways. Fortunately, however, the human body has a strong immune system which protects it from most pathogens. There are actually two parts to the human immune system. They are, uh, the outer immune system and the inner immune system.

The outer immune system is comprised of two main parts. They're the skin and mucus. The skin covers most of the body and provides a, uh, a shell that prevents many pathogens from getting inside the body. While we might not realize it, our skin is constantly stopping pathogens from gaining access to our bodies. Mucus, meanwhile, is found in places where the body has orifices that expose the inner body to the outside world. For instance, mucus is found in the nose. Mucus traps pathogens until the body expels them, such as when you sneeze or blow your nose. Mucus is also located throughout the respiratory system. It goes from the throat all the way down into the lungs. Everywhere in the body, mucus actively stops pathogens from making people sick.

Nevertheless, pathogens frequently enter the body. When this happens, the second line of defense—the inner immune system—gets to work. First are white blood cells. They're like the body's soldiers. They find and fight pathogens anywhere in the body. Second, the digestive tract has many defenses against pathogens. These include high levels of acid and beneficial types of bacteria. Both of these can destroy pathogens.

교수: 자연 환경에는 수많은 병원균들이 포함되어 있는데, 이들 대부분은 병을 일으키거나 다양한 방식으로 우리에게 피해를 줄 수가 있습니다. 다행히도, 하지만, 인간의 신체는 대부분의 병원균들로부터 몸을 보호해 주는 강력한 면역 체계를 보유하고 있습니다. 인간의 면역 체계에는 실제 두 개의 부분이 존재합니다. 이들은, 어, 외부 면역 체계와 내부 면역 체계입니다.

외부 면역 체계는 두 개의 주요한 부분으로 구성되어 있습니다. 피부와 점액이 그것이죠. 피부는 신체의 대부분을 덮고 있으며, 어, 여러 병원균들이 체내로 들어오는 것을 막아 주는 껍질과 같은 기능을 합니다. 우리가 깨닫고 있지 못할 수도 있지만, 우리의 피부는 항상 병원균들이 우리의 신체와 접촉하는 것을 예방해 주고 있습니다. 점액은, 반면, 신체 내부를 외부에 노출시키는 구멍이 있는, 신체의 부분에서 찾아볼 수 있습니다. 예를 들면, 점액은 코에서 발견됩니다. 점액은 재채기를 하거나 코를 풀 때와 같이, 신체가 병원균들을 쫓아낼 때까지 병원균들을 가두어 놓습니다. 점액은 또한 호흡기에도 위치해 있습니다. 목구멍에서부터 폐에 이르는 전체에 걸쳐 있죠. 신체 내의 모든 곳에서, 점액은 병원균들이 병을 일으키지 못하도록 활발한 활동을 하고 있습니다.

그럼에도 불구하고, 병원균이 종종 체내로 들어오기도 합니다. 이러한 일이 발생하면, 두 번째 방어선이 – 내부 면역 체계가 – 작동하게 됩니다. 첫 번째는 백혈구입니다. 이들은 신체의 군인과 같습니다. 그들은 체내 어디에서든 병원균을 찾아내어 이들과 맞서 싸웁니다. 둘째, 소화관에는 병원균과 대적하는 여러 방어 장치들이 있습니다. 여기에는 높은 수치의 산성 물질과 이로운 종류의 박테리아들이 포함되죠. 이 둘 모두는 병원균을 죽일 수 있습니다.

Sample Response   p.43

강의에서, 교수는 인간의 면역 체계의 두 가지 부분에 대해 논의하고 있다. 첫 번째 부분은 외부 면역 체계이다. 교수에 의하면, 피부와 점액이 외부 면역 체계를 구성한다. 피부는 해로운 병원균들이 몸에 들어오지 못하게 하는 외피와 같다. 점액은 체내로 들어오려고 하는 병원균들을 가두어 놓는다. 점액은 코에 있으며, 또한 목구멍에서 폐에 이르는 호흡기에도 존재한다. 두 번째 부분은 내부 면역 체계이다. 병원균들이 몸 속에 들어오면 내부 면역 체계가 중요해진다. 백혈구는 내부 면역 체계의 한 부분이다. 이들은 체내에서 병원균들과 싸운다. 소화관은 산성 물질과 박테리아를 이용하여 병원균들과 싸운다. 산성 물질과 박테리아 모두 병원균들을 죽일 수 있다.

Actual Test 04

TASK 1 · INDEPENDENT TASK
How to Interview for Positions

Sample Response   p.46

› IN PERSON

대면 면접을 보는 것은 두 가지 이점을 제공한다. 우선, 면접 응시자와 면접관 사이에 직접적인 교류가 있어서, 면접관은 면접 대상자를 더 잘 알 수 있다. 또한, 응시자는 몸짓과 표정을 사용해 자신의 진술에 대한 의미 혹은 자기 의견을 좀 더 효율적으로 전달할 수 있다. 반면, 단점 역시 있다. 첫째, 면접관들 앞에 앉아있는 것은 더욱 안절부절못하게 되고 두렵다. 그래서 일부 사람들은 면접 도중 너무 긴장해서 잘 하지 못한다. 게다가, 면접을 보는 사람은 면접을 보기 위해 준비하는 데 시간을 쓰고, 면접 장소로 이동을 해야 한다.

› OVER THE PHONE

전화로 보는 면접은 보는 것은 두 가지 이점을 제공한다. 첫째, 전화 면접은 응시자가 좀더 완화되고 편안한 기분이 들도록 도와준다. 또한, 옷을 차려 입거나 면접 장소로 가야 할 필요가 없으므로 구직자에게 좀 더 편리하다. 반면, 단점 역시 있다. 첫째, 면접관과 면접 응시자 사이에 직접적인 교류가 없어서, 즉각적인 반응을 얻기 힘들다. 게다가, 표정이나 몸짓을 만들지 않고 자신의 의견을 전달하는 것은 힘들 수 있다. 결과적으로 몇몇 면접 응시자들의 진술은 제대로 이해 받지 못하거나 잘못 해석될 수 있다.

TASK 2 · INTEGRATED TASK
Food Trucks Banned from Campus

READING   p.48

음식 트럭 교내 금지

즉시 시행되는 조치로, 모든 음식 트럭이 캠퍼스의 어디에서든 운영이 금지됩니다. 많은 음식 트럭이 적절하지 않게 준비된 음식을 제공하고 있고, 몇몇 경우, 유통 기간이 몇 달이나 지난 것도 있다는 것이 발견되었습니다. 게다가, 음식 트럭 운영자에 의해 매겨진 식사 가격이 과도하게 높다고 여겨집니다. 대학은 더 이상 그들이 캠퍼스에서 운영하는 것을 허락하지 않습니다. 캠퍼스에서 보이는 어떤 음식 트럭도 대학 경찰이 해당 운영자를 캠퍼스 밖으로 내보낼 것이며 그 개인을 무단침입죄로 기소할 것입니다.

LISTENING   🎧 04-03

W Student: I'm starving. I could go for some Mexican food served by one of those food trucks.

M Student: I guess you didn't hear that food trucks are no longer allowed on campus.

W: Er . . . No, I had no idea. When did that happen?

M: There was a notice in the school newspaper today. I kind of have mixed feelings about it.

W: I believe it's a horrible idea. You should feel the same way, too.

M: Well . . . On the one hand, you're right. It bothers me that the school is depriving us of choices. If students want to pay high prices and not eat at the school cafeteria, that's their decision to make.

W: That's exactly how I feel.

M: But on the other hand, the notice mentions food that's substandard and has expired. I don't appreciate the fact that some food truck operators are apparently serving us bad food. What if someone gets food poisoning and has to go to the hospital? So, uh, I suppose the school is protecting students by looking after our health. I can respect that.

여학생: 배고프다. 저 음식 트럭들 중 하나에서 제공하는 멕시코 음식을 조금 먹을 수 있을 거야.

남학생: 캠퍼스에서 음식 트럭이 더 이상 허가되지 않는다는 것을 못 들었나 보구나.

여학생: 어... 아니, 몰랐어. 언제 벌어진 일이야?

남학생: 오늘 학교 신문에 공고가 있었어. 난 뭐랄까 복잡한 기분이 들어.

여학생: 내가 볼 때 그건 끔찍한 생각이야. 너도 같은 식으로 느껴야 해.

남학생: 음... 어떻게 보면, 네가 맞아. 학교가 우리에게서 선택권을 뺏어갔다는 게 짜증나. 학생들이 돈을 더 내길 원하고, 구내 식당에서 먹지 않고 싶어한다면 그건 그들이 내린 결정이잖아.

여학생: 그러게 말이야.

남학생: 하지만 다른 한편으로는, 그 공고는 수준 이하이고 유효 기간이 지난 음식을 언급해. 난 몇몇 음식 트럭 운영자들이 듣자 하니 우리에게 엉망인 음식을 제공했다는 사실이 달갑지 않아. 누군가 식중독으로 병원에 가게 되면 어떻게 해? 그러니까, 어, 난 학교가 우리 건강을 돌보면서 학생들을 보호하고 있다고 생각해. 난 그걸 존중할 수 있어.

Sample Response   p.49

남자와 여자는 교내에서 음식 트럭을 금지한다는 학교의 공지에 대해 의견을 나누고 있다. 남자는 학교의 결정에 대해 복합적인 의견을 가지고 있으며 그의 의견에 대해 두 가지 이유를 제시한다. 우선, 남자는 학생들에게는 그들의 선택을 내리는 자유가 필요하다고 믿는다. 그는 학생들이 높은 가격을 지불할지 안 할지에 대한 결정을 하는 것은 학생들에 달렸다고 덧붙인다. 반면, 그는 학교의 결정을 지지하기도 한다. 그는 유통 기한이 지난 음식은 식중독을 일으킬 수 있다는 염려를 표현한다. 남자는 학교가 학생들을 보호하기 위해 조치를 취하는 것이라고 믿는다. 그러므로, 남자는 교내에 모든 음식 트럭을 금지 시킨다는 학교의 결정에 대해 복합적인 감정을 가지고 있다.

Zoology: Flagship Species

READING p.50

깃대종

일부 동물들은 시간이 지나면서 상징이 되고 엄청난 명성을 얻었다. 그들이 독특한 매력이 있기 때문에 어떤 점에서는 대사나 다양한 운동, 특히 환경 운동일 때, 상징 역할을 한다. 오늘날 깃대종은 코끼리, 북극곰, 그리고 호랑이를 포함한다. 일반적으로 깃대종은 멸종 위기에 처한 동물들이고 멸종할 수 있다. 그들은 종 자체를 보호할 뿐 아니라 어떤 면에서는 환경을 보존할 필요성에 대한 인식을 개선하기 위해 사용된다.

LISTENING 🎧 04-05

W Professor: Around the world, there are various animals close to going extinct. Some of these animals have become famous in recent years. The result is that more people are presently aware of their problems and are attempting to help these animals survive.

One of the most famous of these flagship species is the panda. This cute animal, which is native to China, has seen its numbers decline steadily over the years, especially since the panda's natural habitat has been decreasing in size. Fortunately, there has been a tremendous global effort to save the panda. Go to any zoo, and the panda exhibit is always full of visitors. Zoos and various conservation groups use this interest in pandas to inform people about the threat to its habitat, and that has resulted in more people trying to help pandas.

Do you remember those Save the Whales T-shirts? They became popular back in the 1970s and 1980s. A blue whale was featured on those shirts, and it became a flagship species as a result. Not only was the blue whale population decreasing in the 1970s, but the world's oceans themselves were in danger. The major problems were pollution and overfishing. Since then, there have been numerous ocean cleanup projects, and laws have been passed to protect marine species.

교수: 세계적으로 많은 동물들이 멸종에 가까워지고 있어요. 이런 동물들 중 일부는 최근에 유명해졌는데요. 그 결과 더 많은 사람들이 현재 그들의 문제를 깨달았고, 이런 동물들을 생존하게 하기 위해 애쓰고 있습니다.

이런 깃대종 중 가장 유명한 것들 중 하나는 판다예요. 중국이 원산지인 이 귀여운 동물은 특히, 판다의 자연 서식지가 규모 면에서 줄어든 이후로 수년간 꾸준히 개체수가 줄어 왔어요. 다행히도, 엄청난 전세계적인 노력이 있어왔습니다. 어떤 동물원에 가도, 판다 전시는 언제나 관람객들로 가득 아 있어요. 동물원과 다양한 자연 보호 단체들은 판다에 대한 이런 흥미를 사람들에게 그것의 서식지에 대한 위협을 사람들에게 알리는 데 이용하고 있으며, 이는 사람들이 판다를 돕기 위해 노력하는 결과를 낳았어요.

여러분은 '고래를 구하자' 티셔츠를 기억하나요? 그것들은 지난 1970년대와 1980년대에 유행했어요. 한 마리의 흰긴수염고래가 그 셔츠의 특징인데, 결과적으로 깃대종이 되었어요. 1970년대에 흰긴수염고래의 개체수가 줄어들었을 뿐 아니라, 세계의 해양 역시 위험에 처해 있었습니다. 주요 문제는 오염과 남획이었어요. 그 이후로, 많은 바다 정화 사업들이 있어왔고, 해양 종 보호를 위해 법이 통과되어 왔어요.

Sample Response p.51

교수의 강의는 판다와 흰긴수염고래에 대한 정보를 포함한다. 첫째, 그녀는 판다에 대해 이야기한다. 그녀는 중국에 있는 토착 서식지가 줄어들고 있다고 언급한다. 하지만, 사람들은 판다를 구하기 위해 노력해 오고 있다. 예를 들어, 판다가 인기 있는 동물원에서는 사람들이 관람객들에게 판다를 돕고 보존해야 할 필요성에 대해 이야기한다. 이는 사람들이 판다를 돕기를 원하는 결과를 낳았다. 교수는 그 후에 1970년대와 1980년대에 인기 있었던 '고래를 구하자' 티셔츠에 대해 이야기한다. 그녀는 그 셔츠의 특징이었던 흰긴수염고래가 깃대종이 되었으며 멸종 위기에 놓인 해양 종들뿐 아니라 오염되고 남획되는 바다에 대한 관심을 가져왔다는 것을 언급한다. 판다와 흰긴수염고래는 둘 다 깃대종이다. 이들은 명성을 얻은 상징적인 동물이다. 그것들은 대부분 환경 운동을 위한 대사의 역할을 하고 사람들이 지구와 동물을 보존할 필요성에 대해 눈뜨게 한다.

Environmental Science: The Humboldt Current

LISTENING 🎧 04-07

W Professor: I'm sure everyone is familiar with the Gulf Stream. It's the current which runs alongside the east coast of the United States and then heads over to Europe. Well, it's an important current, but there are others. Another one is the Humboldt Current, which can be found flowing in a northernly direction on the western coast of South America. Its location is therefore in the South Pacific Ocean. Located a few hundred kilometers offshore, the Humboldt Current is of great importance to both marine and land ecosystems.

One way it affects the marine ecosystem is that there is upwelling in the water caused by the current. That results in large amounts of nutrients rising to the surface of the ocean. These nutrients cause phytoplankton to grow. Phytoplankton, as you learned in our last class, is a primary food source of many ocean creatures. Thanks to the abundant food supply, all kinds of fish thrive in the waters of the Humboldt Current. Among the fish found in great numbers there are anchovies, mackerel, and sardines.

The current also affects land, particularly the countries in South America located next to the Pacific Ocean. The water in the Humboldt Current is fairly cold, and that has two primary results. The first is that there are large amounts of fog produced on the coasts of Chile, Ecuador, and Peru. In addition, the cold water creates arid conditions in many places of these countries. For example, the Atacama Desert in Chile is a coastal desert that exists in part because of the Humboldt Current. How dry is it . . . ? Well, it hasn't rained in hundreds of years in some parts of that desert.

교수: 모두들 멕시코 만류를 잘 알 거예요. 그것은 미국 동부 해안을 따라 유럽으로 향하는 해류입니다. 음, 그건 매우 중요한 해류인데요, 다른 것들도 있어요. 다른 하나는 남아메리카의 서쪽 해안에서 북쪽 방향으로 흐르는 것이 발견되는 훔볼트 해류입니다. 그것은 그러므로 남태평양에 위치합니다. 연안에서 몇 백 킬로미터 떨어진 곳에 위치한 훔볼트 해류는 해양과 육지의 생태계에 둘 다에 매우 중요해요.

해양 생태계에 영향을 주는 한 방법은 그 해류에 의해 생기는 물에서의 용승이 있다는 것입니다. 그것은 많은 양의 영양분이 바다 표면으로 올라오는 결과를 낳습니다. 이 영양분들은 식물성 플랑크톤이 자라게 해 주지요. 지난 수업에서 배운 것처럼 식물성 플랑크톤은 많은 해양 생물들의 주요 식량 자원이에요. 풍부한 식량 공급 더 덕분에, 훔볼트 해류의 물에서는 모든 종류의 물고기들이 번성합니다. 다량으로 발견되는 물고 중에는 멸치, 고등어, 그리고 정어리가 있어요.

훔볼트 해류는 또한 지역, 특히 태평양 옆에 위치한 남아메리카 국가들에 영향을 끼쳐요. 훔볼트 해류의 물은 대체로 차갑고, 이는 두 가지 결과를 가지게 되죠. 첫 번째는 칠레, 에콰도르, 페루의 해안에서 발생하는 많은 양의 안개입니다. 게다가, 찬 물은 이들 나라의 많은 곳에서 건조한 상태를 만들어 내요. 예를 들어, 칠레의 아타카마 사막은 훔볼트 해류 때문에 그 지역에 존재하는 해안 사막입니다. 얼마나 건조하냐고요...? 음, 그 사막의 일부에는 수백 년간 비가 오지 않았답니다.

Sample Response p.53

교수는 남아메리카 연안의 남태평양에 있는 훔볼트 해류에 대해 강의한다. 교수에 따르면 그 해류는 해양과 육지 생태계 둘 다에 영향을 준다. 첫째, 교수는 해양 생태계에 대한 영향에 대해 이야기한다. 그녀는 해류의 용승이 영양분들을 표면으로 가져오는 결과를 낳는다고 지적한다. 이는 많은 해양 동물들이 먹는 식물성 플랑크톤이 잘 자라게 해 준다. 많은 식량이 있기 때문에 훔볼트 해류에는 고등어, 정어리, 멸치를 포함한 모든 종류의 물고기들이 산다. 다음으로, 교수는 육지 생태계에 미치는 해류의 영향에 대해 논한다. 그녀는 해류의 차가운 물이 해안을 따라 많은 양의 안개를 만들어 낸다고 언급한다. 그녀는 또한 많은 해안 지역이 매우 건조하다고 말한다. 그녀는 아타카마 사막을 한 예로 든다. 그녀에 따르면 그 사막을 너무 건조해서 그 안의 어떤 지역에서는 수백 년간 바가 오지 않았다고 한다.

Actual Test 05

TASK 1 · INDEPENDENT TASK
Easy or Difficult Classes

Sample Response p.56

> EASY CLASSES

나는 두 가지 이유로 학교에서 쉬운 수업을 수강하는 것을 선호한다. 첫째, 나에게 평점은 매우 중요하다. 다시 말해서, 졸업 시 취직을 하기 위해서는 높은 평점이 필요하다. 쉬운 수업을 수강함으로써, 나는 보다 높은 학점을 받을 수 있고, 따라서 평점이 높아지는 결과가 나올 것이다. 덧붙여, 나는 학교 수업에 흥미를 느끼지 못한다. 나는 몇몇 동아리 활동에도 관여하고 있고, 또한 아르바이트도 하고 있다. 공부할 시간이 그렇게 많지 않기 때문에, 나는 쉬운 수업을 수강해야 한다. 그렇게 함으로써, 동아리 활동과 아르바이트를 할 수 있고 한편으로는 학교 성적도 좋을 수 있다. 이것이 내가 더 어려운 수업보다 쉬운 수업을 수강하는 것을 선호하는 이유이다.

> DIFFICULT CLASSES

나는 두 가지 이유로 학교에서 어려운 수업을 수강하는 것을 선호한다. 이러한 의견을 갖는 것에는 두 가지 이유가 있다. 먼저, 나는 배우기 위해 학교에 다니는 것이다. 다시 말해서, 나는 학교에서 가능한 많이 배우고 싶다. 쉬운 수업만을 수강한다면, 그처럼 많이 배우지는 못할 것이다. 하지만 어려운

수업을 수강한다면, 많이 배울 수가 있다. 이로써 내 대학 생활은 가치 있는 것이 될 것이다. 덧붙여, 나는 내 자신에 도전하는 것을 좋아한다. 예를 들면, 나는 쉬운 수업에서 A를 받는 것보다 어려운 수업에서 A를 받을 때가 훨씬 더 기분이 좋다. 내게 있어서, 쉬운 수업을 수강하는 것은 도전이 아니다. 하지만 어려운 수업을 수강해서 좋은 성적을 받는 것은 도전적이다. 이것이 내가 쉬운 수업보다 어려운 수업을 수강하는 것을 선호하는 이유이다.

TASK 2 · INTEGRATED TASK
No Exercising on the Commons

READING p.58

교내 공원에서의 운동 금지

지금부터, 어느 누구도 더 이상 교내 공원에서 운동을 할 수 없습니다. 교내 공원으로 알려진 구역은 캠퍼스의 중앙에 위치해 있으며, Johnson관, Barnum관, Bronson 건물, 그리고 Freedom 기숙사 사이에 광장을 형성하고 있습니다. 최근, 공원에서 운동을 하는 학생들이 공부를 하거나 휴식을 취하는 다른 학생들에게 방해가 되고 있습니다. 따라서 그곳에서는 학생들이 조깅, 원반 던지기, 축구, 혹은 어떤 운동 활동들도 해서는 안 됩니다. 공원에서 운동을 하다가 적발된 학생들은 첫 번째 위반인 경우 벌금을 물게 될 것입니다. 두 번째 적발 시에는 징계를 위해 학장님께 보내질 것입니다.

LISTENING 🎧 05-03

M Student: Wow, the school sure is being harsh about not letting people exercise on the Commons. I mean, uh, that's where my friends and I always throw the football.

W Student: Not anymore, and I'd say that's a good thing.

M: You can't be serious. How is it good?

W: Well, have you taken a look at the grass on the Commons? It's late spring, but the grass there is all brown. But it's nice and green elsewhere. All those people playing games on the Commons have killed the grass.

M: Er, yeah, I had kind of noticed that.

W: That's why I think punishing offenders is a great idea.

M: But look at that punishment. It's too harsh.

W: I disagree. Students are now aware that they shouldn't be exercising there. So I see no problem with fining them. It's also acceptable to me if second offenders have to see the dean of students. Actions should have consequences.

M: Personally, I think the school is overreacting. Students are just trying to have fun.

남학생: 와, 공원에서 운동을 하지 못하도록 하는데 학교가 정말 가혹하게 구네. 내 말은, 어, 그곳이 내 친구들과 내가 항상 미식 축구 연습을 하는 곳이라는 거야.

여학생: 이제 더 이상 그럴 수 없게 되어서 잘 된 일이라고 말하고 싶어.

남학생: 진심은 아니겠지. 어떻게 잘 된 일일 수가 있어?

여학생: 음, 공원의 잔디를 본 적이 있니? 지금은 늦은 봄이지만, 그곳 잔디는 모두 갈색이야. 하지만 다른 곳의 잔디는 상태가 좋고 푸른색을 띄고 있지. 공원에서 운동 경기를 하는 사람들 모두 잔디를 죽이고 있는 거야.

남학생: 어, 그래, 그건 나도 본 것 같아.

여학생: 그게 내가 위반자들을 징계하는 것이 좋은 아이디어라고 생각하는

이유지.

남학생: 하지만 징계를 봐봐. 너무 가혹하잖아.

여학생: 난 그렇게 생각하지 않아. 학생들은 이제 그곳에서 운동을 하면 안 된다는 점을 알고 있어. 그래서 그들에게 벌금을 물리는 것에는 문제가 없다고 생각해. 그리고 두 번째 위반 시 학장님을 뵈어야 한다는 것도 이해할 수 있어. 행동에는 결과가 따르는 법이지.

남학생: 개인적으로는, 학교가 과민 반응을 하고 있다고 생각해. 학생들은 재미있게 놀려고 하는 것뿐인데.

Sample Response   p.59

두 명의 화자는 학장의 발표에 대해 논의한다. 발표는 학교가 캠퍼스 중앙에 있는 장소인 교내 공원에서 학생들이 운동 연습과 운동 경기를 하는 것을 금지시킨다고 말한다. 여자는 그 곳에서 활동을 금지하는 학교의 결정을 지지한다. 먼저, 여자는 공원의 잔디가 모두 갈색을 띠고 있다고 말한다. 그녀에 의하면, 지금은 봄이고, 교내 다른 곳에서의 잔디는 모두 초록색이다. 하지만, 그곳에서 운동을 하는 많은 사람들이 잔디를 죽이고 있기 때문에, 공원의 잔디는 갈색이다. 다음으로, 학생은 위반 학생이 벌금을 물어야 한다는 점에 동의한다. 그녀는 학생들이 금지 조치에 대해 알고 있기 때문에, 더 이상 교내 공원에서 운동을 하면 안 된다고 언급한다. 그녀는 행동에는 결과가 따라야 하며, 따라서 두 번째로 위반한 학생들이 학장과 면담해야 한다면 그녀는 그것이 허용 가능하다고 강조한다.

Economics: Pricing Techniques

READING   p.60

가격 책정 방식

기업체들은 종종 소비자들을 유인하기 위해 가격 책정 방식에 의존한다. 한 가지 인기 있는 방식은 침투 가격을 이용하는 것이다. 이러한 방식을 사용하는 기업은 상당히 낮은 수준에서 첫 번째 가격을 책정한다. 이렇게 함으로써, 기업은 새로운 소비자들을 확보할 수 있다. 시간이 지나면, 기업은 이익을 내기 위해 책정했던 가격을 천천히 상승시킬 수도 있다. 판촉 가격은 일반적으로 사용되는 또 다른 가격 책정 방식이다. 신제품이 시장에 출시되면, 할인된 가격으로 신제품이 제공된다. 이로써 그러한 품목에 대한 수요가 자극한다. 시간이 충분히 지나면, 해당 제품의 가격은 인상될 수 있다.

LISTENING   🎧 05-05

W Professor: In most countries, the economy both rises and falls. During tough economic times, companies frequently seek ways to attract new customers. One of the easiest ways to do this is to lower the prices of the items they sell.

Did you hear about the new department store that's opening near the subway station? You've all probably seen the advertisements announcing that everything there is being offered at a twenty-percent discount during the store's first week of business. The store is doing that to attract new customers. That's called penetration pricing. The owner is hoping that many of the customers, who will primarily go there because of the low prices, will become regular customers at the store even after the prices increase.

If you watch TV, then you've definitely seen the commercial for that new diet soda. I believe it's going to be released in a few days. The company's doing some promotional pricing, so the soda will be sold at a discount. Why's that . . . ? Well, the soda market has countless competitors, so the company is engaging in promotional pricing to break into the market. I bet many of you will buy at least one or two cans since it's being sold for half price. If you like it, you'll probably pay full price later. At least, um, that's what the company's hoping.

교수: 대부분의 국가에서, 경기는 상승하기도 하고 하락하기도 합니다. 경기가 좋지 않을 때, 기업들은 종종 새로운 소비자들을 유인하기 위한 방법들을 모색합니다. 그렇게 할 수 있는 가장 손쉬운 방법 중 하나가 판매되는 품목의 가격을 낮추는 것입니다.

지하철 역 근처에 새로 개장한 백화점에 대해 들어 보셨나요? 아마 여러분 모두 백화점 개장 후 일주일 동안 모든 제품에 대해 20%의 할인 가격이 적용된다는 광고를 보셨을 것입니다. 새로운 고객들을 유치하기 위해 그렇게 하고 있는 것이죠. 이것은 침투 가격이라고 불립니다. 기업주는 주로 낮은 가격 때문에 이곳에 오게 될 다수의 고객들이, 가격이 다시 오른 후에도 매장을 계속 찾게 될 고정 고객이 되기를 바라고 있습니다.

TV를 본다면, 새 다이어트 소다수에 대한 광고를 분명 본적이 있으실 것입니다. 제 생각에는 며칠 후에 출시될 것 같네요. 해당 기업에서 판촉 가격을 제공할 것인데, 따라서 소다수가 할인된 가격으로 판매될 것입니다. 왜 그렇게 할까요...? 음, 소다수 시장에는 수많은 경쟁 업체들이 있기 때문에, 해당 기업은 시장에 진입하기 위하여 판촉 가격을 책정한 것입니다. 절반 가격으로 판매될 것이므로 여러분 중 다수가 적어도 하나 혹은 두 개의 캔을 구입할 것이라고 확신합니다. 만약 마음에 든다면, 이후 정가를 지불하게 되겠죠. 적어도 기업이 바라기에는요.

Sample Response   p.61

교수는 기업들이 제품의 가격을 낮춤으로써 새로운 고객들을 유치하려고 시도하는 두 가지 다른 방법에 대해 학생들에게 강의한다. 첫 번째 예는 침투 가격에 관한 것이다. 새로운 백화점에서는 모든 제품을 일주일 동안 20% 할인된 가격에 판매할 것이다. 그렇게 함으로써 백화점은 많은 고정 고객들을 유치하기를 바라고 있다. 두 번째 예는 판촉 가격에 대한 것이다. 새로운 다이어트 소다수가 절반 가격에 판매될 것이기 때문에, 교수는 많은 학생들이 그것을 구입할 것으로 예상되고, 이들 중 일부는 차후에도 정가로 그것을 구매할 것으로 예상된다. 이러한 방법들은 가격 책정 방식이라고 불리는 개념을 나타낸다. 그것은 기업들이 고객을 유치하기 위해 사용하는 각기 다른 방법으로 정의된다. 침투 가격과 판촉 가격 모두 가격 책정 방식의 한 유형이다.

Business: Business Financial Setbacks

LISTENING   🎧 05-07

M Professor: A person starts a business with the expectation that it will succeed. Of course, this doesn't always happen. In that case, um, what should a business owner do upon suffering a financial setback? Well, there are several ways to save money and to increase sales and profits.

One method of saving money is to downsize the company. Downsizing is a polite way of, well, of saying that lots of workers are getting fired. Lately, it has become the go-to strategy of many corporations that are suffering financial difficulties. Sometimes entire divisions are eliminated. Other times, several workers in each department or section are let go. Often, the remaining employees' workloads don't decrease. In fact, these workers usually take on even more work for the same salaries. Downsizing frequently aids companies by promptly reducing costs, and it can help companies improve their fortunes almost immediately.

As for increasing sales and profits, many companies in financial trouble begin offering discounts on their products or services. First of all, remember that most companies give their products high markups over the basic production, advertising, and shipping costs. Sometimes, though, these prices are too high for customers, so sales become stagnant. As a result, companies that are losing money may reduce their prices, and then customers, thinking they're getting a good deal, start buying the products. In these instances, companies rarely lose money since the original prices were already high to begin with. Therefore, by selling goods at sale prices, a company can recover its basic production costs and earn a profit . . . although, of course, the profit won't be as much as it had hoped for.

교수: 개인은 사업이 성공할 것이라는 기대 하에서 사업을 시작합니다. 물론, 항상 성공하는 것은 아닙니다. 이런 경우에, 음, 사업주가 재정난을 겪게 되면 무엇을 해야 할까요? 음, 비용을 절약하고 판매와 이윤을 증대시킬 수 있는 몇 가지 방법들이 있습니다.

비용을 절약할 수 있는 한 가지 방법은 인원을 축소시키는 것입니다. 인원 삭감은, 음, 많은 노동자들이 해고될 것이라는 점을 완곡하게 말하는 것이죠. 최근, 인원 삭감은 재정난을 겪고 있는 다수의 기업들이 찾는 전략이 되고 있습니다. 때때로 부서 전체가 없어지기도 합니다. 다른 경우에는, 각 부서나 섹션에 있는 몇 명의 직원들만이 퇴사하기도 합니다. 종종, 남아 있는 인력들의 업무량은 줄어들지 않습니다. 실제로, 이러한 노동자들은 통상 동일한 임금으로 더욱 더 많은 업무를 떠맡게 됩니다. 인원 삭감은 신속하게 비용을 감소시킴으로써 기업에 보탬이 되며, 거의 즉각적으로 기업의 미래가 개선될 수 있도록 도움을 줄 수 있습니다.

판매 및 이윤 증대에 대해 말씀드리면, 재정난을 겪고 있는 많은 기업들이 제품이나 서비스에 대해 할인을 실시하기 시작합니다. 우선, 대부분의 기업들은 제품에 기본적인 생산, 광고, 그리고 선적 비용을 뛰어넘는 높은 가격을 책정합니다. 때때로, 하지만, 이러한 가격이 소비자들에게 너무 높은 것이 되어, 판매는 부진해 집니다. 그 결과, 손실을 입게 된 기업들이 가격을 인하하면, 이것이 적절한 거래라고 생각하는 소비자들은 해당 제품을 구매하기 시작합니다. 이러한 경우, 원래의 가격이 이미 충분히 높게 시작되었기 때문에, 기업들은 거의 손실을 입지 않습니다. 따라서, 세일 가격으로 상품을 판매함으로써, 기업은 기본적인 생산 가격을 충당하고 이윤을 얻을 수가 있습니다... 비록, 물론, 이윤이 기대했던 것보다 많지는 않겠지만요.

Sample Response p.63

교수는 학생들에게 기업이 재정난을 겪을 때 보이는 두 가지 유형의 반응에 대해 이야기한다. 첫 번째는 인원을 감축하는 것이다. 이는 기업이 일부 노동자들을 해고한다는 점을 의미한다. 교수에 의하면, 이것이 현재 일반적인 대응 방안이 되고 있다. 기업은 부서 전체를 없앨 수도 있고 여러 부서에서 몇몇 사람들만을 해고할 수도 있다. 해고되지 않은 고용인들 또한 더 열심히 일해야 하는 결과를 맞이하게 된다. 기업은 보다 적은 노동자들에게 급여

를 지급함으로써 즉각적으로 비용을 감소시키게 되기 때문에, 종종 재정 상태가 향상될 수 있다. 교수는 또한 일부 기업들이 제품과 서비스에 할인 가격을 제시한다는 점을 언급한다. 기업들은, 할인 가격을 제시할 때 조차도 종종 높은 가격을 책정하기 때문에, 수익을 올리게 된다. 계획했던 것만큼의 수익은 얻지 못하지만, 여전히 이익을 낼 수가 있는 것이다.

Actual Test 06

TASK 1 · INDEPENDENT TASK

No Part-Time Jobs for High School Students

Sample Response p.66

> AGREE

나는 고등학교 학생들이 아르바이트하는 것을 금지해야 한다고 믿기 때문에 그 주장에 강하게 동의한다. 내 감정을 설명하기 위해 두 가지 이유를 제시하겠다. 하나는 고등학교 학생들은 공부에 집중할 필요가 있고, 일을 한다면 그렇게 할 수 없기 때문이다. 내 여동생은 고등학교 때 일을 했지만 성적이 바로 떨어졌다. 일을 그만두자마자 그녀의 성적은 향상되었다. 다른 이유는 부모님들은 고등학교 시절 동안 아이들에게 돈을 제공해야 하기 때문이다. 내 여동생이 일을 그만 두자, 부모님께서는 그녀에게 주마다 용돈을 주시기 시작했다. 결과적으로, 그녀는 자신이 원하거나 필요한 것들을 살 수 있었다. 그녀는, 그러므로, 더 이상 돈을 버는 데 대해 걱정할 필요가 없었다.

> DISAGREE

나는 고등학생들이 아르바이트하는 것을 금지해야 한다고 믿지 않기 때문에 그 주장에 반대한다. 먼저, 일부 학생들은 돈을 벌기 위해 일이 필요하다. 우리 동네의 많은 가족들이 부유하지 않기 때문에, 부모님은 자녀들에게 많은 돈을 줄 수 없다. 많은 고등학생들이 그러므로 책, 간식, 다른 물건들을 위해 돈을 벌기 위해 일을 한다. 두 번째로, 많은 고등학교 학생들은 일의 경험을 얻기 위해 아르바이트를 찾는다. 모든 사람이 대학에 가는 것은 아니다. 대신, 많은 고등학생들이 졸업할 때 직장을 구한다. 그들이 고등학교 시절에 아르바이트를 한다면, 이력서에 쓸 경력을 가질 것이며 고용되기 더 쉬울 것이다.

TASK 2 · INTEGRATED TASK

New Policy on Posters around Campus

READING p.68

교내 포스터 부착에 대한 새로운 방침

학생들은 더 이상 교내에 포스터를 부착해서는 안 됩니다. 여기에는 광고, 공지 사항, 그리고 기타 유사한 유형의 포스터들이 포함됩니다. 많은 포스터들이 교내 바닥을 눈에 거슬리도록 만들고 있으며, 너무나 많은 포스터들이 벽으로부터 떨어져 나와 땅에 떨어지고 있는데, 이는 쓰레기 문제를 일으키고 있습니다. 지금부터는, 학생들이 학교 웹사이트의 전자 게시판에 광고 및 공지 사항을 올릴 수가 있습니다. 포스터를 개재하는 것은 무료입니다. 학번을 사용하여 등록만 하면 됩니다. 또한 전자 게시판을 활용함으로써, 사용되는 종이의 양을 줄일 수도 있습니다.

W Student: I'm pleased that no one's allowed to put up posters around campus anymore. The campus was starting to look like one giant billboard.

M Student: To be honest, I rather liked the old style. I mean, every once in a while, a poster catches my eye as I go walking by. As a result, I've learned about a couple of clubs as well as some really cool concerts and shows.

W: Yeah, I suppose so. But what do you think about the school's electronic bulletin board?

M: I've never even looked at it once. As a matter of fact, the school's website is simply awful. I dislike using it.

W: How come?

M: It's definitely not user friendly. It's also slow, and I don't like the idea of having to register to post a message.

W: But it's just a safety procedure.

M: Sure, but the last time I registered for something on the school's website, it took a long time to do, and then I forgot my password. Getting a new one was a real hassle.

여학생: 더 이상 어느 누구도 교내에 포스터를 부착할 수 없게 되어 기뻐. 캠퍼스가 마치 하나의 거대한 광고판처럼 보이기 시작했거든.

남학생: 솔직히 말하면, 나는 오히려 이전 방식이 더 마음에 들어. 내 말은, 때때로, 지나가다 보면 포스터가 눈을 사로잡는다는 거야. 그래서, 정말로 괜찮은 공연이나 쇼뿐 아니라 두어 개의 동아리에 대해서도 알게 되었지.

여학생: 그래, 그럴 수 있을 거라고 생각해. 하지만 학교 전자 게시판에 대해서는 어떻게 생각하니?

남학생: 한 번도 본적이 없는 걸. 사실, 학교 웹사이트는 정말 별로야. 나는 웹사이트를 이용하는 것을 좋아하지 않아.

여학생: 어째서?

남학생: 정말로 사용자 중심이 아니야. 또한 느리기도 하고, 메시지를 전하기 위해 등록을 해야 한다는 아이디어도 마음에 들지 않아.

여학생: 하지만 안전 절차일 뿐인 걸.

남학생: 물론 그렇지만, 지난 번 학교 웹사이트에서 어떤 일 때문에 등록을 하게 되었을 때, 시간이 오래 걸려서, 패스워드를 잊어버렸어. 비밀번호를 새로 만드는 것은 정말 성가신 일이었지.

Sample Response
p.69

남자와 여자는 학교 사무처의 공지에 대해 대화를 나누고 있다. 공지에 따르면, 학교는 교내에 포스터의 부착을 금지시키는 새로운 방침을 세웠다. 남자는 학교 측이 포스터 부착을 금지시키고 학생들로 하여금 공지 사항을 전자 게시판에 게시하게 하는 것을 좋아하지 않는다. 첫째, 그는 포스터가 있는 곳을 지나치다가 자신의 앞에 있는 흥미로운 안내 사항들을 보았다고 말한다. 그에 의하면, 그는 그러한 포스터들 덕분에 동아리와 공연에 대해 알게 되었다고 한다. 둘째, 남자는 자신이 결코 전자 게시판을 이용한 적이 없다고 말한다. 전자 게시판이 사용하기에 쉽지도 않고 느리기 때문에, 그는 학교 웹사이트를 좋아하지 않는다. 또한, 이전에 겪었던 좋지 않은 경험 때문에, 웹사이트에 등록하는 것도 원하지 않는다. 따라서, 남자는 교내에 포스터 부착을 금지하는 학교 측의 결정에 반대한다.

Economics: Target Marketing

표적 마케팅

판매할 제품이 있으면, 기업은 거의 항상 마음 속에 특정한 표적 시장을 염두에 둔다. 이는 그 제품을 구매할 가능성이 가장 높은 사람들의 집단을 지칭한다. 표적 시장은 나이, 인종, 성, 혹은 기타 요인들에 의해 결정될 수 있다. 그런 다음 기업은 그러한 특정 시장에 마케팅 노력을 집중한다. 제품을 출시하기 전, 기업은 보통 표적 시장 안에 있는 사람들에게 제품을 노출시킨다. 그 후 기업은 제품의 어떤 측면이 사람들의 이목을 끌며, 어떤 부분이 그렇지 못한지를 알게 된다. 자료를 수집한 후, 기업은 제품이 보다 매력적이 되도록 조치를 취한다.

W Professor: Many companies prefer to test their products on potential customers prior to releasing them. This is particularly true in Hollywood. Uh, you know, the movie industry. All the big studios test their new movies by previewing them in front of groups of individuals who are most likely to see the movie.

Here's an example. Recently, a movie studio was preparing to release an animated movie. The target market was children, so the studio got several groups of children together to watch the movie before releasing it across the country. After seeing the movie, the children had a mostly positive reaction to the movie. The studio didn't make any changes and then released the movie. It went on to become a blockbuster.

But, um, a few months ago, there was a drama which a movie studio previewed as well. Adults—mostly women—were invited to screenings of the movie. At the end of the movie, many viewers complained about the movie. They thought that numerous changes needed to be made. However, the studio was in a hurry to release the film, so nothing was altered. The movie proved to be very unpopular with audiences, and get this . . . for the exact same reasons that the people who had previewed the movie had mentioned.

교수: 많은 기업들은 제품을 출시하기에 앞서 자신들의 제품을 잠재적 고객들에게 테스트해 보고 싶어합니다. 이는 특히 할리우드에서 그렇습니다. 어, 아시겠지만, 영화 산업에서죠. 모든 거대 영화사들은 영화를 볼 가능성이 가장 높은 사람들 앞에서 영화를 시연함으로써 새로운 영화를 테스트하고 있어요.

여기 하나의 예가 있습니다. 최근, 한 영화사가 만화 영화 출시를 준비하고 있었어요. 표적 시장은 아이들이었고, 따라서 영화사는 전국적으로 개봉하기에 앞서서 아이들을 모아 영화를 관람하도록 했지요. 영화를 본 후, 대체적으로 아이들은 영화에 긍정적인 반응을 보였어요. 영화사는 어떠한 것도 바꾸지 않고 영화를 출시했습니다. 그것은 블록버스터가 되었죠.

하지만, 음, 몇 개월 전, 한 영화사에서 마찬가지로 시사회를 했던 드라마가 있었습니다. 성인들이 – 주로 여성들이었는데 – 영화 시사회에 초대되었어요. 영화가 끝날 무렵, 다수의 관람객들은 영화에 대한 불평을 했어요. 많은 변화가 필요하다고 생각을 했죠. 하지만, 영화사는 급하게 영화를 개봉했고, 아무 것도 바뀐 것이 없었습니다. 영화는 관객들에게 매우 인기가 없는 것으로 판명되었는데, 이는... 영화를 미리 봤던 사람들이 언급했던 정확히 동일한 이유에서였죠.

강의에서, 교수는 영화 산업이 영화 개봉에 앞서서 영화를 시연하는 두 가지 사례에 대해 설명하고 있다. 첫 번째 예는 만화 영화에 관한 것이다. 영화사는 다수의 아이들에게 영화를 보여 주었는데, 아이들은 영화를 좋아했다. 어떠한 변경도 이루어지지 않았고, 영화는 블록버스터가 되었다. 두 번째 예는 한 영화사에서 시사회를 했던 드라마에 관한 것이다. 대부분의 관람객들이 영화를 마음에 들어 하지 않았지만, 영화사는 변화를 주지 않았다. 영화는 첫 관람객들이 제시했던 다수의 이유들로 인해 인기를 얻지 못했다. 이러한 예들은 표적 마케팅이라고 불리는 개념을 나타내 주는데, 표적 마케팅은 제품을 구매할 가능성이 가장 높은 사람들에게 제품을 보다 매력적으로 보이도록 하기 위해 기업들이 사용하는 마케팅 노력의 유형으로 정의된다. 표적 마케팅에서, 표적 구매자들은 종종 제품이 시장에 출시되기 전에 제품을 살펴볼 수 있는 기회를 갖는다.

Biology: Group Feeding

M Professor: All living organisms must feed in order to get the nourishment they require to survive. In the wild, numerous species of animals—both predators and prey—engage in group feeding. By group feeding, I mean that they act collaboratively to find a food source, to obtain the food, and then to consume it.

Let me tell you about a predator first. I think we can use the lion as an example. Now, lions live in prides, which are groups that include males, females, and cubs. The pride works together to get food. For instance, when the lions are hunting, several search for prey. Once they determine a target, the lions run it down together. Many prey animals are faster than lions, so they can elude a single hunter. But they lack the stamina to avoid pursuit from several lions chasing it. Anyway, once the lions corner their prey, they kill it together, and then they all feed on the animal's carcass.

Well, what about a prey animal? I think one good example is the deer. If you've ever spent time outdoors, you've probably noticed that deer typically live in groups of at least three or four. Deer are herbivores, so they eat plants. Here's how they do it safely: While some deer are foraging, others stand around watching for predators. If any kind of danger approaches, the deer standing guard notice it, and then all the deer flee together. Now, more importantly, the same deer don't always watch. They, uh, they rotate . . . I guess you could say. This enables each deer to spend an optimal amount of time feeding while only having to be on guard for a short time.

교수: 모든 생물들은 생존에 필요한 영양분을 얻기 위해 먹이를 먹어야 합니다. 야생에서, 많은 종의 동물들이 – 포식자와 피식자 모두 – 무리를 지어서 먹이를 먹습니다. 무리를 지어 먹이를 먹는다는 말은, 이들이 서로 협동하여 먹이를 찾고, 음식을 구해서, 그런 다음 이를 섭취하는 것을 의미합니다.

먼저 포식자에 대해 말씀을 드리겠습니다. 사자를 하나의 예로 들 수 있을 것 같군요. 자, 사자는 프라이드를 이루어 사는데, 프라이드는 수컷, 암컷, 그리고 새끼 사자들이 포함되어 있는 사자의 무리입니다. 프라이드는 협력하여 먹이를 얻습니다. 예를 들면, 사냥을 할 때, 몇몇 사자들이 먹이를 탐색합니다. 목표를 정하면, 사자들은 함께 먹이로 달려갑니다. 많은 먹잇감들이 사자보다 빠르기 때문에, 한 마리의 사냥꾼으로부터는 빠져 나갈 수가 있습니다. 하지만 자신들을 쫓는 몇몇 사자들로부터의 추격을 피할 수 있는 체력은 가지고 있지 못합니다. 어쨌든, 사자들이 먹이를 구석으로 몰면, 함께 죽여서, 그 후에 잡은 동물의 사체를 모두 함께 먹게 됩니다.

음, 피식 동물의 경우는 어떨까요? 한 가지 좋은 예가 사슴이라고 생각해요. 야외에서 시간을 보낸 적이 있다면, 아마도 사슴들이 보통 최소 세 마리나 네 마리의 무리를 이루어 산다는 것을 봤을 거예요. 사슴은 초식 동물로써, 식물을 먹어요. 어떻게 안전하게 그렇게 하는지 알려 드릴게요. 일부 사슴들이 먹이를 찾는 동안, 다른 사슴들은 주변에 서서 포식자들을 경계합니다. 어떠한 종류의 위험이라도 접근을 하게 되면, 경계를 서던 사슴이 이를 알아차려서, 모든 사슴들이 함께 달아나게 되죠. 자, 보다 중요한 것은, 같은 사슴이 항상 경계를 서는 것은 아니라는 점입니다. 이들은, 어, 교대 근무를 한다고... 말할 수도 있을 것 같군요. 이로써 각 사슴들은 짧은 시간 동안에만 경계를 서면 되고 먹이를 먹는데 최적의 시간을 소비할 수 있습니다.

교수는 학생들에게 동물들이 무리를 지어 먹이를 먹는 두 가지 방식에 대해 강의한다. 그가 논의하는 첫 번째 방식은 사자들이 먹이를 먹는 방식이다. 사자들은 프라이드를 이루고 사는데, 프라이드란 사자의 무리이다. 이들이 사냥을 할 때면 몇 마리의 사자가 함께 먹이를 찾는다. 그런 다음, 먹잇감을 찾아 이를 쫓기 시작한다. 함께 협동하는 사자들이 많기 때문에, 이들은 먹이를 붙잡을 수가 있다. 사자들은 먼저 먹이를 죽이고, 함께 이를 먹는다. 두 번째는 사슴이 먹이를 먹는 방식이다. 사슴은 무리를 지어 함께 사는 피식 동물이다. 사슴은 식물을 먹지만, 모두가 동시에 같이 먹는 것은 아니다. 대신, 무리 내 다른 사슴들이 먹이를 먹는 동안, 일부 사슴들이 포식자를 경계한다. 포식 동물이 접근하면, 사슴들은 함께 달아난다. 사슴들은 또한 교대로 경계 근무를 서는데, 그렇기 때문에 모든 사슴들은 충분한 먹이를 먹게 된다.

Actual Test 07

TASK 1 · INDEPENDENT TASK
Lowering the Legal Age for a Driver's License

› AGREE

나는 운전 면허를 취득하기 위한 법적 나이가 낮아져야 한다는 주장에 찬성한다. 이러한 의견을 갖는 것에는 두 가지 이유가 있다. 먼저, 청소년들은 책임을 지기에 충분히 성숙하다. 예를 들면, 그들은 교통 법규를 배우고 따를 수 있다. 둘째, 어린 나이에 운전 경험을 쌓는 것은 중요하다. 설명하자면, 예상치 못한 상황이 있을 때 빠른 판단을 내리는 것을 배우는 것은 그들로 하여금 더욱 조심하게 되도록 가르쳐줄 것이다. 또한, 도로 표지와 속도 제한을 외울 수 있는 좋은 시기이다. 이러한 두 가지 이유로, 나는 운전 면허를 취득하기 위한 법적 나이가 낮아져야 한다고 믿는다.

나는 운전 면허를 취득하기 위한 법적 나이가 낮아져야 한다는 주장에 반대한다. 이러한 의견을 갖는 것에는 두 가지 이유가 있다. 먼저, 청소년들은 결정을 내리기에는 아직 너무 어리다. 예를 들면, 삶의 경험 부족은 도로에 장애물이나 위험이 있을 때 그들이 (청소년들) 무엇을 해야 할지에 대해 생각하는 것을 힘들게 한다. 둘째, 어린 사람들은 충동적인 경향이 있다. 설명하자면, 많은 연구가 보여주는데, 청소년들은 종종 스스로를 통제할 수 없는데, 이는 그들이 속도 위반을 하게 한다. 이러한 두 가지 이유로, 나는 운전 면허를 취득하기 위한 법적 나이는 기존의 나이로 남아야 한다고 믿는다.

TASK 2 · INTEGRATED TASK
Make Graduation Day Shorter

READING   p.78

편집자님께,

우리는 학년말로 빠르게 다가가고 있고, 그 일이 생길 때, 수백 명의 학생들이 우리 학교를 졸업할 것입니다. 하지만, 학위를 받기 전에 그들은 끔찍하게 긴 졸업식 동안 앉아 있어야 합니다. 행정처에서 졸업식 날을 더 짧게 할 때입니다. 오랫동안 질질 끄는 연설자가 있을 필요가 없습니다. 결국, 아무도 듣지 않습니다. 우리는 이 행사를 되도록 빨리 끝내고, 졸업생들이 친구 가족들과 함께 자신의 성취를 축하할 수 있게 해야 할 것입니다.

Eric Bright
3학년

LISTENING   🎧 07-03

W Student: Do you know what? Eric Bright is right. Graduation ceremonies are way too long.

M Student: Why do you say that?

W: I attended last year's graduation ceremony with some of my friends. It dragged on for several hours. The graduation speaker gave a really boring speech that nobody paid any attention to it. He must have talked for an hour as well.

M: What's bad about a one-hour-long speech? Some graduation speakers can be really inspiring. I've even watched a few on video.

W: It was one of the hottest days of the year, so everybody was sweating and hoping he'd stop speaking quickly.

M: That must not have been fun.

W: You can say that again. Here's something else. Most of the graduates were talking to their friends, were playing with their phones, or just looked bored. I mean, this day is supposed to be for them.

M: Maybe they should have paid more attention.

W: Perhaps. But I think they'd listen more carefully if they knew the ceremony would end within an hour. Anything longer will be hard to get people to listen closely to.

여학생: 그거 알아? Eric Bright가 맞아. 졸업식은 지나치게 길어.

남학생: 왜 그렇게 생각해?

여학생: 작년에 친구들과 졸업식에 참여했거든. 몇 시간 동안이나 계속되었지. 졸업 연설자가 진짜 지루한 연설을 했고 아무도 관심이 없었어. 그는 이 야기도 한 시간 동안은 했던 것 같아.

남학생: 한 시간의 긴 연설에서 뭐가 그렇게 안 좋았는데? 몇몇 졸업 연설자들은 정말 고무적일 수 있어. 난 심지어 비디오로도 봤어.

여학생: 그 날은 일년 중 가장 더운 날이었는데 모두 땀을 흘리고 그가 연설을 빨리 끝내기를 바랐어.

남학생: 재미 없었겠다.

여학생: 당연하지. 다른 것도 있어. 대부분의 졸업생들을 자기 친구들하고 떠들고 있었고, 폰으로 놀고 있거나, 그냥 지루해 보였어. 내 말은, 그 날은 그들을 위한 날이어야 하잖아.

남학생: 아마도 그들은 더 많은 관심을 기울여야 했을 거야.

여학생: 아마도. 하지만 나는 졸업식이 한 시간 안에 끝난다는 걸 알면 그들은 더 주의 깊게 들었을 거야. 어떤 것이든 그보다 길면 사람들이 주의 깊게 듣는 것은 어려울 거야.

Sample Response   p.79

남자의 여자는 학교가 졸업식에 변화를 줘야 한다고 주장하는 학생이 편집자에게 보낸 편지에 대해 의견을 나누고 있다. 학생에 따르면, 학교는 학교 행정부는 졸업식을 바꿔야 하며 좀 더 짧게 해야 한다. 여자는 두 가지 이유로 학생의 편지에 대해 긍정적인 의견을 나타낸다. 우선, 이전 해에 있었던 그녀의 경험에 근거하여, 그녀는 졸업 연설자의 연설이 너무 길었다고 생각한다. 그녀가 덧붙이기를, 졸업식이 일년 중 가장 더운 날 중 하루에 열렸으며, 모두가 빨리 끝내길 바랐다. 두 번째 이유는, 여자는 졸업식이 졸업을 하는 학생들을 위해야 한다고 생각한다. 하지만 대신, 졸업생들은 자기 친구들과 대화하고 연설자를 경청하지 않았다. 따라서, 여자는 편지를 쓴 사람에게 동의하지 않는다.

Psychology: The Psychology of Packaging

READING   p.80

포장의 심리학

상자에 담긴 제품들은 손상으로부터 물품들을 보호하기 위해서 그리고 그것들을 매력적이거나 흥미로운 방식으로 잠재적 소비자들에게 선보이기 위해서 포장되어야 한다. 기업들은 자사의 제품들의 포장재가 고객들의 주목을 받고, 좋든 나쁘든 제품에 인상을 남긴다는 것을 깨닫게 되었다. 예를 들어, 질이 좋은 포장재를 사용하는 기업들은 소비자들로 하여금 자신이 자사의 제품들에 대해 깊은 관심을 가지고 있다는 점을 알게 하는 반면, 싼 포장재를 사용하는 기업들은 소비자들에게 그들이 자사의 제품들을 별로 가치가 없다고 생각한다는 것을 알려 준다.

LISTENING   🎧 07-05

W Professor: First impressions are important. That's why businesses focus on packaging. After all, the packaging a product comes in says a lot about how the seller feels about it.

Let's think about luxury watches. I've got some pictures of the packaging they come in. Look at the screen here . . . and here . . . Notice how nice the packaging is. It's the kind of box you don't want to throw away. And lots of customers do exactly that: They keep the box even though they'll never use it again. That type of packaging indicates to customers that the business is selling a high-quality product, and that makes it more appealing to them. If the business cares enough to put its product in that kind of packaging, then the product must be valuable.

On the other hand, think about the packaging that, uh, a typical snack comes in. It's just a cheap plastic bag. Oftentimes, when you open the snack, the packaging rips, and that results in your chips or candy or whatever spilling onto the ground. That has happened to me countless times just as I'm sure it has happened to you before. What does that tell you . . . ? It tells me that the companies don't believe they have valuable or good products if that's the kind of poor packaging they use for their items.

교수: 첫 인상은 중요해요. 그것이 사업체들이 포장재에 중점을 두는 이유입니다. 결국, 제품이 들어 있는 포장재는 판매자가 그것에 대해 어떻게 느끼는지에 대해 많은 것을 말해줘요.

명품 시계에 대해 생각해 봅시다. 그들이 들어 있는 몇 가지 포장재의 사진을 가지고 있어요. 화면에서 여기... 그리고 여기... 를 보세요. 얼마나 포장재가 근사한지에 주목합시다. 그건 일종의 버리고 싶지 않은 상자죠. 그리고 많은 소비자들이 정확히 그렇게 합니다. 그들은 절대로 다시 사용하지 않는다 하더라도 상자를 계속 가지고 있습니다. 이런 종류의 포장재는 소비자들에게 그 기업이 질이 좋은 제품을 판다는 것을 보여 주는데, 이는 소비자들에게 그 제품이 더 끌리게 만듭니다. 기업이 자사의 제품을 그런 종류의 포장재에 넣도록 충분히 관심을 가지려면, 그 제품은 가치가 있어야 합니다.

반면에, 어, 일반 간식에 들어가는 포장재에 대해 생각해 보세요. 그것은 싼 비닐 봉지로 되어 있죠. 종종, 간식을 열었을 때, 포장재가 찢어져 칩과 사탕 같은 것들이 땅으로 쏟아지는 결과를 초래해요. 이전에 여러분에게도 일어났을 것이 확실한 것처럼 저에게도 수도 없이 일어났습니다. 그 점이 여러분에게 무엇을 말해 주나요...? 그것은 제게 회사가 자신의 물품들에 사용한 것이 조악한 포장재라면, 그 회사들은 그들이 귀중하거나 좋은 제품들을 가지고 있다고 믿지 않는다는 것을 말해 줘요.

Sample Response   p.81

강의에서 교수는 명품 시계와 간식에 대해 논한다. 첫째, 명품 시계에 대해 학생들에게 말하면서, 그녀는 그들이 들어있는 포장재를 언급한다. 그녀는 상자들이 아주 좋아서 그것들을 다시는 사용하지 않음에도 불구하고 많은 소비자들이 그것을 가지고 있다고 지적한다. 그녀는 소비자들이 질 좋은 포장재에 의해 깊은 인상을 받으며, 그는 그들이 그런 포장재에 들어 있는 물품들을 가치 있는 것으로 여기게 한다고 추가로 언급한다. 둘째, 교수는 간식에 대해 논한다. 그녀는 그것들이 주로 잘 찢어지는 싼 비닐 봉지로 포장되어 내용물이 쏟아진다고 언급한다. 교수는 싼 포장재는 제조자 스스로가 자신의 제품들이 별로 가치가 없다고 믿는 다른 것을 내비친다. 명품 시계와 간식은 모두 포장의 심리학과 연관된다. 이는 어떻게 소비자들이 제품들이 들어 있는 포장재 종류에 근거하여 제품에 대한 좋은 인상과 나쁜 인상을 형성할 수 있는지에 대해 말한다.

History: The California Gold Rush

LISTENING   🎧 07-07

W Professor: In 1848, John Marshall discovered gold in California while working at Sutter's Mill. While Marshall and others close to him did their best to keep the news of

this discovery a secret, people soon heard there was gold in California, and that sparked the California Gold Rush of 1849. Thousands of Americans flocked westward to seek their fame and fortune. Some became rich, yet most others didn't. Nevertheless, the gold rush had a number of important effects on the United States as a whole.

First of all, approximately 140,000 people arrived in California between 1849 and 1954. Lots of those people remained in California even if they didn't strike it rich. That helped populate California a great deal. In fact, the population of California rose so quickly that it became a state in 1850. Now, uh, remember that California had only become a part of the United States two years earlier. It was a territory then, but thanks to the huge influx of people going there for gold, it gained statehood in record time.

A second effect was that the gold rush helped open the interior of the country to settlers. California lies on the Pacific coast, and there's a huge amount of land between it and the Mississippi River. Much of that land was empty in the 1850s. Large numbers of people heading for California never made it there. Instead, they stopped and settled in territories such as Oklahoma, Colorado, and Utah. Those individuals typically took up farming, and they helped increase the populations of those regions. Their efforts would later help those territories become states themselves.

교수: 1848년, John Marshall은 Sutter's Mill에서 일하는 도중에 캘리포니아에서 금을 발견했어요. Marshall과 그와 가까운 다른 사람들은 이 발견을 비밀로 하려고 최선을 다했지만, 사람들은 곧 캘리포니아에 금이 있다는 소식을 들었고 이것이 1849년의 캘리포니아 골드러시를 촉발시켰지요. 수많은 미국인들이 명예와 부를 찾기 위해 서쪽으로 모였습니다. 몇몇은 부자가 되었지만, 다른 대부분은 그러지 못했어요. 그럼에도 불구하고 골드러시는 전체적으로 미국에 중요한 몇 가지 영향을 미쳤습니다.

먼저, 약 1849년과 1954년 사이에 140,000명의 사람들이 캘리포니아에 도착했어요. 그 사람들 중 많은 수가 일확천금하지 못했음에도 캘리포니아에 남았어요. 그것은 다수가 캘리포니아로 이주하는 걸 도왔습니다. 사실, 캘리포니아의 인구는 매우 빠르게 증가했고 1850년에 주가 되었어요. 이제, 어, 캘리포니아가 겨우 2년 전에 미국의 일부가 되었었다는 걸 기억해 보세요. 당시 그 곳은 준주였는데, 금을 위해 그 곳에 가는 사람들의 대거 유입 덕분에 기록적 시간 안에 주의 지위를 획득했죠.

두 번째 영향은 골드러시가 그 나라의 내륙을 정착민들에게 열도록 했다는 거예요. 캘리포니아는 태평양에 있고, 캘리포니아와 미시시피강 사이에는 거대한 땅이 있었어요. 1850년대에 그 땅의 많은 곳은 비어 있었어요. 캘리포니아로 향한 많은 수의 사람들이 그 곳에 닿지 못했지요. 대신, 그들은 멈춰서 오클라호마, 콜로라도, 그리고 유타 같은 준주에 정착했습니다. 그런 사람들은 일반적으로 농사를 지었고, 그 지역의 인구가 늘어나게 해 주었어요. 그들의 노력은 후에 그 준주들이 주가 되는 데 도움이 되었습니다.

Sample Response   p.83

강의에서, 교수는 1849년의 캘리포니아 골드러시에 대해 얘기한다. 교수에 따르면, 1849년의 캘리포니아 러시는 조 마샬이 1848년 캘리포니아에서 금을 발견했을 때 시작되었다. 그녀는 골드러시에 의해 일어났던 두 가지의 중요한 영향에 대해 설명한다. 첫 번째 효과는 캘리포니아가 미국에 주로 합류했다는 것이었다. 교수는 캘리포니아가 미국의 준주가 된지 단 2년 만에 주의 지위를 획득했다고 설명한다. 이는 금을 찾는 사람들의 대거 유입으로 가능했다. 두 번째 영향은, 골드러시가 다른 준주들이 주가 되는 것을 도왔다는 것이었다. 캘리포니아로 향한 많은 사람들이 그 곳에 결코 도달하지 못했기 때문에, 그들은 다른 준주들에 정착했다. 그녀는 정착민들이 일반적으로 농사를 지었으며 준주의 인구가 증가했다고 말한다. 따라서, 준주들은 오클라호마, 콜로라도, 그리고 유타 등의 "주"가 되었다. 이러한 방법으로, 교수는 캘리포니아 골드러시의 두 가지 영향에 대해 설명을 하고 있다.

Actual Test **08**

TASK 1 · INDEPENDENT TASK
Money for Household Chores

Sample Response p.86

› RECEIVE MONEY

나는 아이들이 집안일을 한 것에 대해 돈을 받아야 한다고 생각한다. 내가 이렇게 생각하는 이유를 설명하겠다. 먼저, 집안일은 힘들고 시간을 요구한다. 기본적으로, 집안일은 일인 것이다. 예를 들면, 침실을 청소하는 것, 설거지를 하는 것, 그리고 세탁기를 돌리는 것은 모두 일이다. 아이들은 그들이 한 일에 대해 보수를 받아야 한다. 게다가, 집안일을 한 것에 대해 돈을 주는 것은 아이들에게 돈의 가치를 가르쳐 줄 수 있다. 예를 들면, 내 친구는 집안일을 하지 않지만, 그의 부모님들께서는 그에게 많은 용돈을 주신다. 하지만 내 누나와 나는 많은 집안일을 하고, 우리 부모님께서는 우리에게 용돈을 주신다. 따라서, 내 친구는 그렇지 않지만, 우리는 돈의 가치를 배워왔다. 그것들이 내가 집안일을 한 것에 대해 아이들이 돈을 받아야 된다고 느끼는 이유들이다.

› NOT RECEIVE MONEY

나는 아이들이 집안일을 한 것에 대해 돈을 받아야 한다고 생각하지 않는다. 내가 이렇게 생각하는 이유를 설명하겠다. 우선, 집안일은 모든 사람들이 해야 하는 것이다. 자세히 말하면, 우리 집에서, 부모님, 형과 동생들, 그리고 나에게는 모두 해야 할 특정한 일들이 있다. 집안일을 함으로써, 우리는 집을 단정하고 깨끗하게 보이도록 만든다. 그런 일을 한 것에 대한 보수는 받지 말아야 한다. 게다가, 돈을 받으면 집안일이 마치 일처럼 보일 수 있다. 예를 들면, 나는 개에게 먹이를 주고 쓰레기를 내다 버리는 것을 좋아한다. 하지만 부모님께서 그러한 집안일을 했다고 돈을 주신다면, 그것들은 일처럼 보일 것이다. 그런 경우에, 나는 그 일을 좋아하지 않게 될 것이다. 그것들이 내가 집안일을 한 것에 대해 아이들이 돈을 받아서는 안 된다고 느끼는 이유들이다.

TASK 2 · INTEGRATED TASK
Free Airport Bus

READING p.88

무료 공항 버스

학교에서는 학생들에게 무료 공항 버스 편을 다음 날짜에 제공할 예정입니다.

12월 18일 – 23일
1월 12일 – 15일

버스는 오전 8시, 오후 1시, 그리고 오후 4시에 캠퍼스를 출발하여, 약 오전 9시, 오후 2시, 그리고 오후 5시에 터미널 A에 도착하게 될 것입니다. 좌석은 선착순으로 이용하실 수 있습니다. 학교 측은 이번 일로 학생들이 휴일을 맞아 휴식을 취하고 돌아올 때 비용을 절약할 수 있기를 바라고 있습니다. 학생들은 버스에 탑승하는 것이 허락되기 전 현재의 학생증을 제시해야 합니다.

LISTENING 🎧 08-03

M Student: This is one of the best ideas that the school has come up with in a long time.

W Student: What's that? Do you mean the bus service to the airport?

M: Yes. We're kind of far from the airport, so it's great that the school is providing buses for us. In the past, I've either taken a taxi, which is expensive, or gotten a ride with one of my friends. I was trying to figure out how to get there this year. Now I know what I'll do.

W: Totally. I'm going to get there early to make sure I get a seat next week.

M: That's a great idea.

W: I'm really glad that it's free, too.

M: You can say that again. A taxi to the airport costs around fifty dollars. I'm practically out of money since I stopped doing my part-time job because of finals, so I'm thrilled that I won't have to spend any money on taxi fare.

W: Well, I've got enough money, but I'm glad that I can use it on something other than going to the airport.

남학생: 이건 오랫동안 학교 측이 생각해 온 것 중에 가장 뛰어난 아이디어네.

여학생: 그것이 뭔데? 공항으로 가는 버스 서비스를 말하는 거니?

남학생: 그래. 우리가 공항으로부터 멀리 떨어져 있는 편이어서, 학교에서 버스를 제공하는 것은 잘 된 일이야. 이전에는, 비싼 택시를 타거나 친구의 차를 얻어 타야만 했지. 올해는 어떻게 가야 할지 알아보려고 생각 중이었어. 이제는 어떻게 해야 할 지를 알겠어.

여학생: 정말 그래. 다음 주에는 좌석을 확보할 수 있도록 그곳에 일찍 가야겠어.

남학생: 좋은 생각이네.

여학생: 난 그것이 무료라는 것도 정말 기뻐.

남학생: 정말 그래. 공항까지 가는 택시는 약 50달러의 비용이 들지. 난 기말 시험 때문에 아르바이트를 그만둬서 실제로 쪼들리고 있기 때문에, 택시비로 돈을 쓸 필요가 전혀 없을 테니 너무 좋아.

여학생: 음, 나는 돈은 충분히 있지만 공항에 가는 것 대신 다른 것에 돈을 쓸 수 있게 되어서 정말 기뻐.

Sample Response p.89

화자들은 대학 사무처의 공고에 대한 대화를 하고 있다. 공고에 따르면 학교는 공항을 오가는 무료 버스 서비스를 제공할 것이다. 남자는 공고에 나온 정보에 기뻐한다. 먼저, 그는 여자에게 공항까지 가기 위해 택시를 타거나 공항으로 가는 친구와 함께 간다고 말한다. 그에 의하면, 그는 이제 어떻게 공항에 갈지에 대해 걱정할 필요가 없게 되었다. 게다가, 남자는 공항까지 가는 택시를 타는 데 약 50달러의 비용이 든다고 말한다. 그는 시험을 준비하기 위해 아르바이트를 그만두어서, 이제 돈이 많지 않다고 언급한다. 그러므로, 그는 나머지 돈을 택시 요금에 써야 할 필요가 없다는 점이 기쁘다.

Biology: Vertical Migration

READING   p.90

수직 회유

수중에 사는 생물들은 종종 이동을 한다. 많은 경우, 이들은 수직 회유라고 알려진 행동과 관련이 있다. 수직으로 회유를 하는 생물들은 물의 다양한 층 사이에서 위아래로 이동을 한다. 생물들이 이러한 행동을 하는 것에는 많은 이유가 있다. 어떤 경우에는, 생물들이 포식자로부터 몸을 피하는 경우가 있다. 다른 상황에서는, 빛에 반응하거나, 먹이가 있는 새로운 장소로 이동하거나, 혹은 수온의 변화로 이동을 하는 경우도 있다. 수직 회유는 매일 혹은 계절에 따라 이루어질 수 있다.

LISTENING   🎧 08-05

M Professor: Now that we've discussed how birds migrate, let's look at how some sea creatures migrate. Interestingly, while sea creatures such as whales and turtles swim vast distances when they migrate, others merely change their depth in the water. We call this phenomenon vertical migration.

One species that commonly engages in this behavior is zooplankton. Zooplankton is a tiny organism found throughout the world's oceans. Many creatures feed on it, so it's crucial to the ocean ecosystem. What happens is that every day around dawn, zooplanktons descend, sometimes going hundreds of meters below the surface. At dusk, they then rise to the surface. Scientists aren't sure, but they theorize that the groups of zooplankton are moving to darker areas of the water to evade predators.

Meanwhile, in the Arctic, another type of vertical migration takes place for some ocean creatures. During the summer months, glaciers tend to melt faster than normal. This creates a layer of fresh water near the top of the ocean in some places. Saltwater creatures must therefore migrate by descending below that layer since many of them cannot survive in fresh water. In this way, temperature changes result in the creatures migrating vertically.

교수: 새들이 어떻게 이동하는지에 대해 논의해 보았으므로, 일부 해양 생물들이 이동을 하는 방식에 대해 살펴보도록 하겠습니다. 흥미롭게도, 고래와 거북이 같은 해양 생물들은 이동을 할 때 막대한 거리를 헤엄쳐 가는 반면, 다른 생물들은 자신이 있는 수심만을 변화시키기도 합니다. 우리는 이러한 현상을 수직 회유라고 부릅니다.

일반적으로 이러한 행동과 관련이 있는 종은 동물성 플랑크톤입니다. 동물성 플랑크톤은 해양에서 발견되는 작은 생물입니다. 많은 생명체들이 이들을 먹고 살기 때문에, 해양 생태계에 있어서 이들은 매우 중요합니다. 일어나는 것은, 매일 새벽 녘, 동물성 플랑크톤은 아래로 내려가는데, 때때로 표면에서 수백 미터를 내려가기도 합니다. 황혼이 지면, 그것들은 표면으로 올라오죠. 과학자들은 이에 대해 확신은 하지 못하고 있지만, 동물성 플랑크톤의 무리들이 포식자를 피하기 위해 보다 어두운 수역으로 이동한다는 이론을 제시하고 있습니다.

반면, 북극에서는, 또 다른 형태의 수직 회유가 일부 해양 생물들에게서 나타납니다. 여름 동안, 빙하는 평소보다 더 빨리 녹는 경향을 보입니다. 이로써 일부 지역에서는 해양 표면 근처에 민물 층이 형성됩니다. 바다 생물 중 다수는 민물에서 살 수 없기 때문에, 이들은 그러한 층 밑으로 내려감으로써 이동을 해야 합니다. 이러한 방식으로, 온도 변화는 생물체들을 수직으로 이동하게끔 만듭니다.

Sample Response   p.91

교수는 동물들이 수직 회유에 관련되는 두 가지 방식에 대해 학생들에게 이야기한다. 그가 제시하는 첫 번째 예는 동물성 플랑크톤에 관한 것이다. 동물성 플랑크톤은 여러 생물들이 먹이로 먹는 작은 동물이다. 매일 새벽, 이들은 수백 미터를 내려가고, 황혼 때에는 표면으로 향한다. 과학자들은 이들이 포식자들을 피하기 위해 해양의 어두운 부분으로 숨는다고 믿고 있다. 그가 논하는 두 번째 예는 북극에 서식하는 몇몇 동물들에 관한 것이다. 빙하가 녹으면, 때때로 바닷물 위에 민물 층이 형성된다. 대부분의 해양 생물들은 민물에서 살지 못하기 때문에, 이를 피하기 위해 수직으로 이동을 한다. 이러한 예들은 수직 회유라고 불리는 개념을 나타내 주는데, 수직 회유는 동물의 움직임이 해양의 여러 층들 사이에서 위아래로 이동하는 것으로 정의된다. 해양 생물들은 포식자로부터 몸을 피하고 온도 변화에 반응하기 위한 것 등의 여러 가지 이유로 수직 회유를 한다.

Biology: Mutualism

LISTENING   🎧 08-07

W Professor: In nature, sometimes two different organisms engage in a relationship in which each one benefits from the other. This is known as mutualism. We often see examples of mutualism occurring between plants and insects. For some reason, ants seem to engage in this behavior more than other insects.

One example of mutualism involves the acacia ant and the acacia tree. An acacia tree has thick thorns that provide both shelter and nourishment for ants. You see, the ants live in the thorns, and they suck nectar from the thorns, which gives them food. In return, the ants provide an army of soldiers that protects that acacia tree from other insects and even large herbivores. Whenever an intruder approaches an acacia tree, the ants attack and drive it away. The ants also consume nearby vegetation. This eliminates competitors for sunlight, so the acacia tree gets more sun and therefore grows better.

Another example of mutualism concerns the lemon ant, which lives in the Amazon Rainforest. The lemon ant lives in the Duroia hirsute tree. Lemon ants can make acid, which they use to destroy other types of vegetation living around the tree. This enables more Duroia hirsute trees to grow in that region. In some parts of the Amazon, the ants have been so successful that Duroia hirsute trees are the only plants growing. Scientists call these areas devil's gardens because the lemon ants have killed, well, they've killed all the other types of vegetation. These devil's gardens can become so large that dozens of trees and millions of ants live in them. Oh, yeah, and for the ants, the trees provide both shelter and nourishment. That's how the ants benefit.

교수: 자연에서, 때때로 두 개의 서로 다른 생물들은 서로에게 도움을 받는 관계를 형성합니다. 이는 상리 공생이라고 알려져 있죠. 우리는 종종 식물과 곤충 사이에서 이루어지는 상리 공생의 예를 찾아볼 수 있습니다. 몇 가지 이유로, 개미들은 다른 곤충들보다도 이러한 행동에 더 많이 관여하고 있는 것처럼 보입니다.

상리 공생의 한 가지 예는 아카시아 개미 및 아카시아 나무와 관련이 있습니다. 아카시아 나무는 개미에게 안식처와 영양분 모두를 제공해 주는 두꺼운 가시를 지니고 있습니다. 아시겠지만, 개미들은 가시에서 살며, 가시로부터 나오는 즙을 빨아 먹는데, 즙은 개미에게 있어서 음식이 됩니다. 그 대신, 개미는 기타 곤충들 및 심지어 커다란 초식 동물들로부터 아카시아 나무를 보호해 주는 병정 개비들을 제공해 줍니다. 침입자가 아카시아 나무로 다가올 때마다, 개미들이 이를 공격하여 쫓아내는 것이죠. 개미들은 또한 근처의 식물들을 먹습니다. 이로써 햇빛에 대한 경쟁자가 제거되고, 따라서 아카시아 나무는 보다 많은 햇빛을 받고 그 결과 더 잘 자라게 됩니다.

상리 공생의 또 다른 예는 레몬 개미와 연관이 있는데, 이들은 아마존 우림에 서식합니다. 레몬 개미는 두로이아 히르수타(Duroia Hirsuta) 나무에서 삽니다. 레몬 개미는 산성 물질을 만들어 낼 수 있는데, 레몬 개미들은 이를 사용하여 그 나무 주변에 사는 다른 종류의 식물들을 제거시킬 수 있습니다. 이로써 보다 많은 두로이아 히르수타 나무들이 해당 지역에서 자랄 수 있게 됩니다. 아마존 일부 지역에서는, 이러한 개미들의 활동이 너무나 성공적이어서 두로이아 히르수타 나무만이 자라기도 합니다. 과학자들은 이러한 지역을 악마의 정원이라고 부르는데, 그 이유는 레몬 개미들이, 음, 다른 종류의 식물들을 모두 제거해 버리기 때문입니다. 이러한 악마의 정원은 너무나 커져서 수십 그루의 나무들과 수백만 마리의 개미들이 그곳에서 살 수도 있습니다. 오, 그래요, 그리고 개미에게는, 나무가 안식처와 영양분을 공급해 줍니다. 그것이 개미가 혜택을 받는 방식인 것이죠.

Sample Response p.93

그녀의 강의에서, 교수는 개미 및 나무와 관련이 있는 두 가지 종류의 상리 공생에 대해 설명한다. 그녀가 논하는 첫 번째 예는 아카시아 개미와 아카시아 나무 간의 관계이다. 이 개미들은 아카시아 나무의 가시에 살며 나무가 만들어 내는 즙을 먹고 산다. 그 대신, 개미들은 아카시아 나무로 접근하는 다른 곤충이나 초식 동물들을 공격한다. 이 개미들은 또한 아카시아 근처의 다른 식물들을 먹어 치우기 때문에, 아카시아 나무는 보다 많은 햇빛을 받고 더 잘 자라게 된다. 두 번째 예시는 레몬 개미와 두로이아 히르수타(Duroia Hirsuta) 나무 간의 관계에 관한 것이다. 레몬 개미는 해당 지역에서 다른 식물들의 제거에 사용되는 산성 물질을 만들어낸다. 이는 악마의 정원이라는 것을 만든다. 이런 장소에서는, 두로이아 히르수타(Duroia Hirsuta) 나무만이 자라는데, 아마존 우림의 일부 지역에서 그러하다. 그 대가로, 개미들은 이 나무를 생활 공간으로 이용하며 영양분 또한 얻는다.

Actual Test **09**

TASK 1 · INDEPENDENT TASK
Traveling in One's Country or Abroad

Sample Response p.96

› AGREE

나는 해외 여행보다는 자신의 나라를 여행하는 것이 더 낫다는 주장에 찬성한다. 이러한 의견을 갖는 것에는 두 가지 이유가 있다. 우선, 자신의 문화를 배우고 이해하는 것은 중요하다. 예를 들면, 나는 나의 가족과 함께 많은 국립 공원과 역사적인 장소들을 방문해 왔으며, 나라의 아름다움에 대해 더욱 깊은 이해를 가져왔다. 둘째, 나의 나라를 여행하는 것은 쉽고 편리하다. 설명하자면, 우리 가족들은 종종 가까운 곳으로 당일 여행을 다녀온다. 이는 많은 계획을 요하지 않으며 즉석 여행을 가능케 하는데 이는 해외 여행에서는 거의 불가능한 것이다. 이러한 두 가지 이유로, 나는 해외 여행보다는 국내 여행이 더 낫다고 믿는다.

› DISAGREE

나는 해외 여행보다는 자신의 나라를 여행하는 것이 더 낫다는 주장에 반대한다. 이러한 의견을 갖는 것에는 두 가지 이유가 있다. 우선, 다양한 문화를 경험하는 것은 중요하다. 예를 들면, 유럽의 많은 나라들을 여행한 후에, 나는 다양한 문화의 역사, 음악, 그리고 미술에 대해 좀 더 깊은 지식을 얻었으며 다른 종류의 음식을 즐기는 것을 배웠다. 둘째, 개인은 다른 문화와 사람들을 만남으로서 넓은 견해를 키울 수 있다. 설명하자면, 많은 외국 문화를 경험하면서, 나는 낯선 관습과 전통을 인식하는 방법을 바꿨다. 이러한 두 가지 이유로, 나는 국내를 여행하는 것보다 해외를 여행하는 것이 더 낫다고 믿는다.

TASK 2 · INTEGRATED TASK
New Department to Be Added

READING p.98

신설 학부 추가

내년 가을부터, 신설 학부가 학교에 추가될 것입니다. 로봇 공학과는 캠퍼스의 최신 건물인 Felton Hall에 위치할 것입니다. 로봇 공학 분야에서의 다양한 수업을 가르칠 8명의 부교수와 몇몇 조교수들이 있을 것입니다. 학생들은 로봇 공학 전공과 부전공을 모두 할 수 있을 것입니다. 로봇 공학과는 공학부에 소속될 것입니다. 더 많은 정보를 원하시면, 공학부 학장 사무실을 방문하시거나 학교 웹사이트를 방문하십시오.

LISTENING 🎧 09-03

W Student: The school is adding another department? Didn't we add two other ones just last year? Our school is expanding too fast.

M Student: Normally, I'd agree with you, but I'm actually rather excited about having a department for robotics.

W: But you're an Economics major.

M: That's true, but robotics is going to be extremely important in the future. I think it will be great that students here can be trained in the field. I mean, uh, I might even try to minor in Robotics. I'll need to get some more information about the minor first though.

W: Opening a new department can't be cheap. How is the school getting the money for this?

M: That's not a problem at all. The Caldwell Foundation recently donated something like fifty million dollars to the school. A lot of that money was earmarked for the creation of the Robotics Department.

W: I had no idea.

M: Yeah, the school has been quite good about procuring donations lately, so the endowment and the school's general fund have plenty of money. Regarding the school's financial situation, there's nothing to complain about.

여학생: 학교에 새로운 학과가 추가된다고? 우리 작년에 두 개 학과 추가하지 않았나? 우리 학교 너무 빨리 확장하고 있네.

남학생: 대체로 너에게 동의하지만 나는 사실 로봇 공학과가 생기는 것이 오히려 흥분돼.

여학생: 하지만 넌 경제학 전공이잖아.

남학생: 맞아, 하지만 로봇 공학은 앞으로 아주 중요해질 거야. 난 여기 학생들이 그 분야에서 훈련 받을 수 있는 건 굉장한 일이 될 거라고 생각해. 내 말은, 어, 난 로봇 공학을 부전공으로 할 수도 있을 거야. 먼저 부전공에 대해 더 정보를 얻을 필요가 있겠지만.

여학생: 신설 학과를 개설하는 덴 비용이 적게 들지 않을 거야. 학교는 이걸 위한 자금을 어떻게 충당할까?

남학생: 그건 문제가 되지 않아. Caldwell 재단이 최근 5천만 달러인가를 학교에 기부했어. 그 돈의 상당액이 로봇 공학부를 만들기 위해 배정되었지.

여학생: 몰랐어.

남학생: 그래, 학교는 최근에 기부 조달을 꽤 잘하고 있고, 그 기부금과 학교 일반 기금엔 돈이 많이 있어. 학교의 재정 상황에 관해서는 불평할 게 하나도 없어.

Sample Response
p.99

남자와 여자는 공대에 신설 학과가 추가될 것이라는 학교의 공지에 대해 의견을 나누고 있다. 로봇 공학과는 학생들에게 전공과 부전공 둘 다 제공할 것이다. 남자는 학교의 결정에 긍정적인 의견을 나타내며 그의 의견에 대해 두 가지 이유를 제공한다. 첫 번째 이유는 그는 로봇 공학이 미래에 굉장히 중요할 것이라고 생각한다. 그에 따르면, 새로운 학부를 추가하는 것은 학생들이 그 분야에서 훈련을 받을 수 있도록 도움을 줄 것이다. 둘째, 그는 재정에 대해 걱정이 없다고 말한다. 학교가 5천만불의 기부금을 받았기 때문에, 학과는 재정 상태에 대해 걱정할 필요가 없다. 그는 기부금과 학교의 일반 기금에는 많은 돈이 있다고 덧붙인다. 따라서 남자는 공대에 신설 학과를 추가할 것이라는 학교의 결정에 대해 긍정적인 의견을 가지고 있다.

Psychology: Frequency Illusion

READING
p.100

빈도 환상

언어학자인 Arnold Zwicky가 2005년에 이 용어를 만들었는데 이는 또한 일반적으로 Baader-Meinhof 현상이라고 알려져 있다. 이는 어떤 사람이 한번 누군가 또는 어떤 것을 인식하게 되면 그 사람은 갑자기 그 사람이나 사물을 규칙적으로 의식하게 되는 것 같은 현상을 나타낸다. 예를 들어,

한 여성이 잘 알려지지 않은 역사적인 인물에 대해 그녀의 친구들 중 한 명과 이야기했을 수 있다. 다음날, 같은 여성이 그녀가 이야기했던 그 사람에 대한 기사를 읽을 수도 있다. 이런 빈도 환상은 선택적 주의와 확증 편향의 결합이다.

LISTENING
🎧 09-05

M Professor: I'd like to provide two examples of frequency illusion. It's something that, I believe, happens to everyone. Let me use some examples from my family to give it a more personal touch.

My daughter is currently studying French. I happen to speak French, too, so I tutor her. One thing I do is give her five new words to memorize each day. Sometimes I have her watch a movie or TV program in French. It almost never fails that once she learns a new word, she hears it several times while watching the movie or show. She constantly points that out to me. The funny thing is that she had almost surely heard the words previously; however, she didn't know them. But once she learns new words, she hears them frequently.

I also have a son who just started playing on a baseball team. His coach lives a couple of streets away from us. Now that my son knows his coach, he sees Coach Williamson almost everywhere. The coach shows up at the supermarket, at the shopping mall, and even on the streets, where he likes to go jogging. My boy is amazed to see his coach everywhere. Of course, he had likely seen his coach before but never noticed him since he didn't know who the man was.

교수: 저는 빈도 환상의 두 가지 예를 제시하고자 합니다. 그건, 제가 믿기에는, 모두에게 일어나는 것이에요. 더 사적인 느낌을 줄 수 있도록 제 가족에게서 몇 가지 예를 사용해 보죠.

제 딸은 현재 프랑스어를 공부하고 있어요. 저 역시 프랑스어를 해서, 저는 그녀를 가르칩니다. 제가 하는 한 가지는 그녀에게 매일 외울 다섯 개의 새로운 단어를 제시하는 것이에요. 때때로 저는 그녀가 프랑스어로 영화나 TV 프로그램을 보게 하죠. 그녀가 한번 새 단어를 배우면 거의 절대 실패하지 않아서 그녀는 영화나 쇼를 보는 동안 여러 번 그 단어를 듣게 됩니다. 그녀는 끊임없이 제게 그것을 지적하곤 해요. 재미있는 점은 그녀는 거의 확실히 그 단어들을 이전에 들은 적이 있다는 것인데, 하지만, 그녀는 그것들을 몰랐었죠. 하지만 한번 그녀가 새 단어들을 배우면, 그녀는 그것을 빈번하게 듣게 됩니다.

저는 역시 막 야구팀에서 야구를 시작한 아들이 있어요. 그의 코치는 우리 집에서 몇 거리 떨어진 곳에 살죠. 이제 제 아들은 자기 코치를 알게 되니, 그는 Williamson 코치를 거의 어디에서나 봅니다. 코치는 슈퍼마켓, 쇼핑 몰, 그리고 심지어 그가 조깅하길 좋아하는 거리에서도 나타납니다. 제 아들은 자기 코치를 어디서나 보고는 놀랐어요. 물론, 그는 전에도 자기 코치를 봤을 것이지만, 그 남자가 누군지 몰랐기 때문에 전혀 알아채지 못했던 것이죠.

Sample Response
p.101

교수는 자신의 아이들의 경험에 대해 이야기한다. 그는 먼저 프랑스어를 배우고 있는 자신의 딸에 대해 말한다. 교수는 그녀에게 배워야 할 새로운 단어들을 제시하고, 그녀가 프랑스 영화와 TV 프로그램을 보도록 한다. 그는 자신의 딸이 그 새 단어들을 듣고 그것을 그에게 언급한다고 말한다. 그는 그

녀가 아마도 그 단어들을 전에도 들었을 것이나, 그 단어를 몰랐기 때문에 그것들을 결코 알아채지 못했다고 언급한다. 그는 다음으로 새 야구 코치가 생긴 자신의 아들에 대해 이야기한다. 그 코치는 교수의 집 가까이 산다. 이제 그의 아들은 그 코치를 알고 있으므로, 그는 자기 코치를 마을 곳곳에서 본다. 교수는 자기 아들은 그 코치를 전에도 봤음이 틀림 없지만 그를 몰랐기 때문에 코치를 봤던 것을 기억하지 못한다고 언급한다. 이것들은 빈도 환상의 예들이다. 이 현상은 개인이 한 사람이나 사물에 대해 배웠을 때, 그 개인이 종종 정기적으로 그 사람이나 사물을 의식하게 되는 사실을 나타낸다.

Economics: Business Partnerships

W Professor: One of the most important decisions potential entrepreneurs must make is whether to go into business by themselves or with a partner. I'd like to discuss the advantages and disadvantages of both, but I'll begin by speaking about business partnerships.

It's not easy to go into business. Numerous companies fail, and one of the primary reasons is that the owner takes on too many responsibilities. Entering a business partnership with someone therefore has the advantage of letting the co-owners share responsibility. There's plenty of work to be done, and it can be accomplished more easily and faster when two people handle it rather than one. Think about some highly successful corporations today. Many began as partnerships. Steve Jobs and Steve Wozniak founded Apple, and Bill Gates and Paul Allen founded Microsoft together. It's possible that if any of these men had entered business alone, their venture would have failed.

A second advantage of business partnerships concerns the skills and abilities the owners have. Not everyone has the same talents. But when you have a partner, it's not necessary to know how to do everything. For instance, many businesses with partners have one person who is the creative individual—you know, the inventor, the programmer, the designer—while the other person is more business oriented. One person thus works on the product or service to be sold while the other person works on marketing, selling, and everything else needed to get the product or service to customers. When the partners are able to focus on what they excel at, it becomes more likely that the business will be a success.

교수: 잠정적인 사업가들이 내려야 하는 가장 중요한 결정 중 하나는 혼자 사업을 하느냐 파트너와 함께 하느냐입니다. 저는 이 둘의 장단점을 이야기하고 싶은데요, 사업 제휴에 대해 말하는 걸로 시작해 보기로 해요.

사업을 하는 건 쉽지 않죠. 많은 회사들이 망하고, 그 주요 이유 중 하나는 소유주가 너무 많은 책임을 떠맡기 때문입니다. 그래서 누군가와 사업 제휴를 시작하면, 공동 소유주가 책임을 공유한다는 이점이 있어요. 해야 할 많은 일들이 있고, 두 사람이 하면 한 사람이 하는 것보다 더 쉽고 빠르게 할 수 있거든요. 오늘 날 가장 성공적인 기업들 몇을 생각해 보세요. 많이들 제휴로 시작했어요. Steve Jobs와 Steve Wozniak은 Apple을 설립했고, Bill Gates와 Paul Allen은 Microsoft를 함께 설립했지요. 만일 이들 중 누구든 혼자 사업을 했다면, 그들의 벤처 사업은 실패했을 겁니다.

사업 제휴의 두 번째 장점은 소유주들이 가진 기량과 능력에 대한 건데요. 모든 사람이 같은 재능을 가지고 있지 않죠. 하지만 파트너가 있을 때, 모든 것을 하는 방법을 알 필요는 없어요. 예를 들어, 많은 파트너와 함께하는 사업은 창의적인 사람, 아시다시피 발명가, 프로그래머, 디자이너 같은 사람과 좀더 사업 중심적인 다른 한 사람이 있어요. 이렇게 해서, 한 사람은 판매할 제품과 서비스에 대한 일을 하고, 다른 한 사람은 마케팅, 판매, 소비자들에게 제품이나 서비스를 제공하는 등의 필요한 모든 다른 일들을 하죠. 파트너들이 자신이 잘할 수 있는 것에 집중할 수 있을 때, 사업이 성공할 가능성이 더 높아집니다.

강의에서, 교수는 잠재적 사업가가 사업을 혼자 할지 공동 경영자와 할지를 결정하는 것이 얼마나 중요한지에 대해 설명한다. 그리고 나서 그녀는 동업에 관한 두 가지 이점을 설명한다. 첫 번째 이점은 책임을 나누는 것이다. 교수에 따르면, 사업을 실패하는 주된 이유 중 하나는 오너가 너무 많은 책임을 가지고 있기 때문이다. 그녀는 애플의 스티브 잡스와 스티브 워즈니악, 그리고 마이크로소프트의 빌 게이츠와 폴 앨런의 동업을 예로 든다. 두 번째 이점은 다른 기술을 사용한다는 것이다. 그녀는 동업자들은 다른 기술과 능력을 가지고 있기 때문에, 한 사람이 모든 것을 할 필요가 없다고 말한다. 교수는 사업 중심적인 사람은 홍보와 판매에 집중할 수 있는 반면, 발명가, 프로그래머, 혹은 디자이너와 같은 창의적인 사람은 제품이나 서비스에 대한 일을 할 수 있다고 한다. 이러한 방법으로, 교수는 공동 경영에 대한 두 가지 주된 이점에 대해 설명한다.

Actual Test 10

TASK 1 · INDEPENDENT TASK
Carrying a Cellphone

> AGREE

나는 그 진술에 동의하고 사람은 항상 휴대 전화를 가지고 다녀야 한다고 생각한다. 먼저, 긴급 상황을 대비하여 휴대 전화를 가지고 다녀야 한다. 과거에 나의 가족은 눈이 심하게 내리고 있을 때 자동차 사고를 겪은 적이 있었다. 주위에 다른 차들이 없었지만, 나의 아버지는 휴대 전화를 가지고 계셨다. 그는 자기 전화로 견인차를 불렀고, 누군가가 와서 우리를 도와주었다. 둘째, 휴대 전화로 범죄를 신고할 수 있다. 예를 들면, 내 친구는 예전에 어떤 사람이 보석 가게를 털고 있는 것을 보았다. 그는 자신의 휴대 전화를 사용하여 경찰에게 전화했다. 경찰이 곧 나타나서 도둑을 체포했다. 이러한 두 가지 이유로, 나는 사람들이 항상 휴대 전화를 가지고 다녀야 한다는 점에 동의한다.

> DISAGREE

나는 그 진술에 동의하지 않고 사람이 항상 휴대 전화를 가지고 다녀야 한다고 생각하지 않는다. 첫째, 휴대 전화는 사생활을 침해한다. 자세히 말하면, 만일 당신이 휴대 전화를 가지고 다니면, 사람은 언제라도 그리고 어디에서라도 전화 통화를 할 수가 있다. 나는 진동 모드로 해놓는 것을 잊어버려서 식사를 하거나 잠을 자고 있을 때 갑자기 전화기가 울리기 시작하는 것을 언제나 좋아하지 않는다. 둘째, 모든 사람들이 쉽게 연락이 닿는 것을 좋아하는 것은 아니다. 예를 들면, 내 삼촌은 홀로 숲에서 야영하는 것을 즐긴다. 일주일이나 이주일 정도 그렇게 한다. 삼촌은 혼자 있는 것을 좋아하기 때문에 캠핑을 갈 때 결코 전화기를 가지고 가지 않는다. 이러한 두 가지 이유로, 나는 사람들이 항상 휴대 전화를 가지고 다녀야 한다는 점에 동의하지 않는다.

TASK 2 · INTEGRATED TASK
No Cellphones in the Library

READING p.108

편집자님께,

저는 최근 도서관에서의 휴대 전화 통화 금지 조치가 잘못된 것이라고 믿습니다. 우선, 도서관에서 전화 통화를 하는 학생들은 매우 작은 소리로 통화를 합니다. 열람실에서 서로 잡담하는 학생들보다 결코 큰 소리로 통화하지 않습니다. 둘째는 학생들이 전화를 사용할 수 없다면, 긴급 상황의 경우에도 전화를 받을 수가 없게 될 것입니다. 부모님으로부터 긴급 전화가 왔지만 도서관에 있어서 전화를 받지 못한다면 어떻게 될까요? 제게 이번 새로운 방침은 잘못된 것처럼 보입니다.

Gina Stuart
1학년

LISTENING 🎧 10-03

M Student: I can't believe the letters that some students write to the school newspaper.

W Student: Tell me about it. Can you believe what this student just wrote?

M: We just can't let students talk on their cellphones in the library.

W: I agree. Even though they might start a phone conversation by whispering, the longer they talk on the phone, the louder they get. Eventually, they'll be speaking so loudly that they'll wind up disturbing the students around them.

M: That's exactly what they do. I've seen that happen so many times.

W: And if a student gets a call that might be an emergency, the student can simply go outside and either answer the phone or call the number back. I mean, everyone has caller ID these days. A student can check the number and then dial it after going outside.

M: I hadn't even considered that.

W: There's just no way that the library should lift the ban on cellphones. That would be upsetting.

M: I agree with you one hundred percent.

남학생: 일부 학생들이 학교 신문에 보낸 편지들을 믿을 수가 없군.

여학생: 무슨 말인지 잘 알아. 이 학생이 쓴 것이 믿겨지니?

남학생: 도서관에서 학생들이 이야기를 하거나 전화 통화를 하도록 내버려 둘 수는 없어.

여학생: 나도 동의해. 조용히 전화 통화를 시작한다고 하더라도, 통화가 길어질수록 점점 목소리가 커져서, 결국, 너무 크게 이야기함으로써 주위 학생들을 방해하게 될 거야.

남학생: 실제로 일어나고 있는 일이지. 그런 일이 일어나는 것을 수없이 봐 왔어.

여학생: 그리고 긴급 상황인 전화가 온다면, 그냥 밖으로 나가서 전화를 받던가, 아니면 전화를 다시 걸 수가 있어. 내 말은, 요즘 거의 모두가 발신자 확인 서비스가 있다는 거야. 번호를 확인한 다음, 밖으로 나간 후에 전화를 걸면 되는 것이지.

남학생: 그 점은 생각도 못했네.

여학생: 도서관에서 휴대 전화에 대한 규제를 철폐해서는 안 돼. 그럼 화가 날 거야.

남학생: 네 말에 100퍼센트 동의해.

Sample Response p.109

남자와 여자는 학교 신문의 편집자에게 온 편지에 대해 토론한다. 편지의 필자는 도서관에서의 학생들의 휴대 전화 통화 금지 조치에 반대한다고 말한다. 여자는 두 가지 이유로 학생의 편지에 부정적인 의견을 나타낸다. 첫 번째 이유는 학생들이 작은 목소리로 휴대 전화 통화를 시작한다고 하더라도, 얼마 후에는 보다 큰 소리로 통화를 하게 된다. 그녀에 의하면, 목소리가 곧 너무 커져서, 그들은 도서관에 있는 다른 학생들을 방해할 것이다. 다음 사항으로, 여자는 전화 벨이 울리면 학생들이 밖으로 나가서 전화를 받을 수 있다고 단언한다. 또한, 전화를 받지 못하는 경우, 발신자 번호 서비스를 사용하여 전화를 건 사람에게 다시 전화를 할 수가 있다. 그런 방식으로, 그들은 어떤 긴급한 전화도 놓치지 않게 될 것이다.

Psychology: Negative Ideation

READING p.110

부정적 관념화

종종 어떤 사람들은 좋지 않은 습관을 지니고 있다. 여기에는 흡연, 정크 푸드 섭취, 과음, 혹은 운동 부족 등이 포함된다. 많은 경우, 사람들은 이러한 유혹에 굴복하기를 바라지 않지만 그들은 실패한다. 나쁜 습관을 근절하기 위해 자주 사용되는 한 가지 방법은 부정적 관념화를 이용하는 것이다. 이렇게 함으로써, 사람의 뇌는 원하는 대상을 불쾌하거나 혐오스러운 것과 연관시킨다. 이러한 일이 이루어지면, 결국 자신이 한때 원했던 것을 혐오스럽고 바라지 않는 것으로 간주하게 된다.

LISTENING 🎧 10-05

W Professor: Resisting temptation is never easy. That's one of the reasons why people have so many bad habits. However, for people who have bad habits and want to break them, psychologists often recommend using negative ideation.

For instance, say that a person loves chocolate. This person eats chocolate virtually every day and can almost never get enough of it. However, the chocolate makes him gain weight and harms his teeth as well. He tries to quit eating chocolate but can't. Finally, he starts to think of chocolate as mud. After all, who wants to eat mud? Well, every time he looks at chocolate, he thinks, "Yuck, it's mud." Over time, he loses his desire for chocolate and even gets physically disgusted upon seeing it.

This also works for people who drink too much alcohol. Imagine a woman who drinks too much and wants to stop this bad habit. If she uses negative ideation, she might be able to quit drinking. She could think of a taste she really dislikes . . . say, uh, licorice. If she imagines that all alcohol tastes like licorice, then she will get repulsed even by the thought of drinking a single drop of alcohol. Try doing that to break a bad habit you have. It might work.

교수: 유혹에 저항하는 것은 결코 쉽지 않습니다. 사람들이 그렇게 많은 나쁜 습관을 가지고 있는 이유 중의 하나죠. 하지만, 나쁜 습관을 가지고 있지만 이를 근절하기를 바라는 사람들에게, 심리학자들은 종종 부정적 관념화를 사용해 볼 것을 권유합니다.

예를 들어, 한 사람이 초콜릿을 좋아한다고 가정해 봅시다. 이 사람은 사실상 매일 초콜릿을 먹으며 아무리 먹어도 충분하지 않다고 생각합니다. 하지만, 초콜릿은 살을 찌우고 또한 치아에도 손상을 입힙니다. 그는 초콜릿 먹는 것을 그만두려고 하지만 그럴 수가 없습니다. 결국, 그는 초콜릿을 진흙으로 생각하기 시작합니다. 어찌되었던, 누가 진흙을 먹고 싶어할까요? 음, 초콜릿을 볼 때마다, 그는 "윽, 그건 진흙이야"라고 생각합니다. 시간이 지나면서, 그는 초콜릿에 대한 욕구를 버리고 심지어는 초콜릿을 보자마자 신체적으로 메스꺼움을 느끼게 됩니다.

이는 과음을 하는 사람들에게도 효과가 있습니다. 과음을 하지만 이와 같은 나쁜 습관을 끊고자 하는 한 여성을 상상해 보세요. 부정적 관념화를 사용한다면, 술을 끊을 수 있을 것입니다. 그녀는 자신이 정말로 싫어하는 맛... 가령, 어, 감초를 생각할 수 있을 것입니다. 만일 그녀가 모든 술에서 감초와 같은 맛이 난다고 생각한다면, 그녀는 한 모금의 술을 마시는 것도 거절하게 될 것입니다. 여러분이 가지고 있는 나쁜 습관을 끊기 위해 그와 같이 해보십시오. 효과가 있을 것입니다.

Sample Response   p.111

강의에서, 교수는 사람들이 나쁜 습관을 끊으려 하는 두 가지 방식에 대해 설명하고 있다. 첫 번째 예는 초콜릿을 너무 많이 먹는 한 남성에 관한 것이다. 남자는 초콜릿 먹는 것을 그만 두고 싶지만, 그럴 수 없어서, 초콜릿이 진흙이라고 생각한다. 얼마 후, 그는 초콜릿을 먹는 생각에 메스꺼움을 느껴서, 이를 끊게 된다. 교수가 제시하는 두 번째 예는 금주를 하고자 하는 한 여성에 관한 것이다. 금주를 하기 위해, 여자는 술에서 자신이 매우 싫어하는 맛이 난다고 상상함으로써, 결국 금주를 하게 된다. 이러한 예들은 부정적 관념화라고 불리는 개념을 나타낸다. 본문에 따르면 그것은 나쁜 습관과 부정적인 것을 연관시키는 방법이다. 부정적 관념화를 사용하면 개인이 나쁜 습관을 멈추는 것이 가능하다.

Business: Product Designs

LISTENING   🎧 10-07

M Professor: When companies are creating new products, they put considerable thought into the design of the product. They focus on two main features. The first is the utility of the product to customers, and the second is whether the product is attractive enough to get the attention of customers so that they'll, you know, buy it.

In the past, ketchup came in glass bottles. But the problem with these containers was that it was difficult to get the ketchup out. You had to shake the bottle really hard, and even then, um, the ketchup might not come out. Or, uh, it would come out very quickly and in too great an amount.

So after years of dealing with customer complaints, ketchup companies redesigned their bottles. They switched to plastic bottles with narrow tops. This way, customers now can squeeze the ketchup out, and it flows evenly as well—neither too much nor too little.

The second consideration is attractiveness. Containers are almost always designed to make them more appealing. For instance, designers make the containers colorful, they make them in various shapes, and they put nice designs on them. Take cookie containers as an example. Now, many cookies come in paper or plastic bags. But what about high-end cookies? You know, the really good ones. They're often packaged in tin boxes that have pictures on the outside which look quite nice. The boxes frequently have thematic pictures, such as for Christmas or Halloween. Many people use these boxes as decorations after they eat the cookies. This makes customers more likely to buy the products in the first place since they can get another use out of them.

교수: 새로운 제품을 만들 때, 기업들은 제품의 디자인을 상당히 많이 고려합니다. 기업들은 두 개의 주요한 측면에 초점을 맞춥니다. 첫 번째는 소비자들에 대한 제품의 유용성에 관한 것이고, 두 번째는 제품이 소비자들의 관심을 끌기에 충분히 매력적이어서, 아시겠지만, 제품을 구매할 것인지의 여부에 관한 것입니다.

과거, 케첩은 유리병으로 출시되었습니다. 하지만 이러한 용기의 문제는 케첩을 밖으로 빼내기가 어렵다는 점에 있었습니다. 병을 정말로 세게 흔들어야 하고, 심지어는 그런 다음에도, 음, 케첩이 나오지 않을 수도 있었습니다. 혹은, 어, 너무 빨리 나오고 너무 많은 양이 나오기도 했습니다. 그래서, 수년 동안 소비자들의 불만 사항을 처리한 후, 케첩 회사들은 병을 새로 디자인했습니다. 입구가 좁은 플라스틱병으로 바꾼 것이었죠. 이렇게 해서, 소비자들은 현재 케첩을 짜내어 쓸 수가 있고, 또한 케첩이 고르게 흘러 나옵니다 – 너무 많은 양도, 너무 적은 양도 아니게요.

두 번째 고려 사항은 매력입니다. 용기는 거의 항상 제품을 보다 매력적이게 보이도록 디자인됩니다. 예를 들면, 디자이너들은 용기의 색을 다채롭게 만들고, 다양한 형태로 만들며, 용기에 멋진 디자인을 넣습니다. 하나의 예로 쿠키 상자를 들어봅시다. 자, 많은 쿠키들이 종이나 비닐 상자에 넣어져 나옵니다. 하지만 최고급 쿠키는 어떨까요? 아시겠지만, 정말로 좋은 쿠키 말입니다. 이들은 종종 상당히 멋지게 보이는 그림이 외부에 나타나 있는 주석 상자에 포장되어 있습니다. 이 상자에는 종종 크리스마스나 핼러윈에 맞춰진 테마 사진이 들어가 있습니다. 많은 사람들은 이러한 쿠키를 먹고 난 후 상자들을 장식품으로 사용합니다. 이러한 상자들은 또 다른 용도로 쓰일 수 있기 때문에, 이로써 소비자들은 처음부터 그러한 제품을 구매할 가능성이 높습니다.

Sample Response   p.113

강의에서, 교수는 소비자에게 제품을 보다 매력적으로 보이게 만드는 두 가지 종류의 제품 디자인에 대해 말한다. 첫 번째는 제품의 유용성이다. 교수는 케첩 병을 예로 든다. 그는 예전에 케첩 병이 유리로 만들어져 있었다고 언급한다. 하지만 유리병에서 케첩을 나오게 하는 것은 어려웠다. 그래서 기업들은 이를 플라스틱병으로 바꾸었다. 현재, 소비자들은 플라스틱병을 짤 수 있으며, 적정량의 케첩이 나온다. 두 번째 유형은 제품이 실제로 어떻게 보이는가이다. 이를 위해, 교수는 쿠키 용기에 대해 이야기한다. 그는 최고급 쿠키들이 종종 주석 박스에 담겨서 나온다고 언급한다. 이러한 상자에는 크리스마스나 핼러윈에 관한 그림들이 그려져 있다. 교수는 일부 사람들이 이러한 상자를 매우 좋아해서 이를 집을 꾸미는데 사용한다고 말한다. 소비자들은 쿠키를 먹고 상자를 활용하기 때문에, 제품들을 구매할 가능성이 높다.

Actual Test 11

TASK 1 · INDEPENDENT TASK

City Infrastructure Projects

Sample Response   p.116

› CONSTRUCT A STADIUM FOR SPORTING EVENTS AND CONCERTS

나는 시내에 주요 도로를 늘리는 것 보다 스포츠 경기나 콘서트를 위한 경기장을 짓는 것을 선호한다. 이러한 의견을 갖는 것에는 두 가지 이유가 있다. 먼저, 경기장은 많은 경제적 이득을 창출할 것이다. 예를 들면, 나의 도시에서 유명한 가수가 콘서트를 개최하면, 인근 호텔, 식당, 그리고 가게들은 막대한 수익을 올린다. 둘째, 지역 인프라의 다른 시설 개선이 이어질 것이다. 설명하자면, 수요를 충족시키고 지역 인구를 수용하기 위해 개선된 대중교통과 더 나은 통신망이 생길 것이다. 이러한 두 가지 이유로, 나는 시내에 주요 도로를 늘리는 것보다 경기장을 건설하는 것이 더 낫다고 믿는다.

› WIDEN THE MAIN STREETS IN THE DOWNTOWN AREA

나는 시내에 스포츠 경기나 콘서트를 위한 경기장을 짓는 것보다 주요 도로를 늘리는 것을 선호한다. 이러한 의견을 갖는 것에는 두 가지 이유가 있다. 먼저, 도로를 늘리는 것은 많은 경제적 이득을 창출할 것이다. 예를 들면, 더 나은 교통 상황은 거주민들뿐 아니라 관광객들도 식당, 가게, 그리고 호텔로 끌어들일 것이다. 둘째, 지역 인프라의 다른 시설 개선이 이어질 것이다. 설명하자면, 수요를 충족시키고 지역 인구를 수용하기 위해 더 많은 공공 차고와 개선된 대중교통 체계가 생길 것이다. 이러한 두 가지 이유로, 나는 시내에 경기장을 짓는 것보다 주요 도로를 늘리는 것이 낫다고 믿는다.

TASK 2 · INTEGRATED TASK

Review Session Changed

READING   p.118

역사 44를 듣는 모든 학생들에게,

오늘 아침 수업에서 저는 여러분에게 기말고사를 위한 리뷰 세션이 다음 주 수요일 오후 6시부터 7시까지 개최될 것이라고 알렸습니다. 하지만, 제 통제 밖 상황 때문에, 리뷰 세션의 날짜와 시간이 변경되었습니다. 이제 리뷰 세션은 다음 주 목요일 오후 8시에서 9시까지 개최될 것입니다. 그것은 여전히 Bannon Hall의 935호에서 있을 것입니다. 리뷰 세션은 의무는 아니지만, 그것에 참여하는 것을 여러분이 기말고사에서 더 잘할 수 있게 도울 것입니다. 세션이 끝난 후에 질문하는 것을 환영합니다.

David Ward 교수

LISTENING   🎧 11-03

M Student: What great news. Check out the announcement by Professor Ward. He changed when the review session is going to occur.

W Student: Hmm . . . Okay, that's fine. I can attend it then. Why are you so excited?

M: I work at the library every Wednesday from five thirty until ten PM. I had asked a couple of my coworkers if they could change shifts with me, but nobody was able to.

W: Let me guess . . . You don't work on Thursday, do you?

M: Er . . . Actually, I do, but my shift on Thursday ends at seven thirty. So I'll have time to grab a sandwich from the student center before I head to Bannon Hall.

W: That's nice. But do you really think the review session will be helpful? For the most part, they're a gigantic waste of time.

M: One of my friends took a class with Professor Ward last semester. He said that Professor Ward gives lots of hints about what will be on the exam.

W: Really? In that case, I'm definitely going.

M: Cool. It should be worth our while.

남학생: 얼마자 좋은 소식인지. Ward 교수님 안내문 좀 확인해 봐. 리뷰 세션이 있을 시간이 변경되었어.

여학생: 흠... 그래, 좋아. 그럼 난 참가할 수 있어. 근데 넌 왜 그렇게 신났어?

남학생: 난 매주 수요일 오후 5시 30분부터 10시까지 도서관에서 일하거든. 동료들 중에 두 명에게 나랑 시간 바꿔줄 수 있는지 물어봤었는데, 아무도 해 줄 수 없었거든.

여학생: 내가 맞춰 볼게... 너 목요일에는 일을 안 하는 거지, 그렇지?

남학생: 어... 사실, 일 해, 하지만 목요일엔 근무시간이 7시 반에 끝나 거든. 그래서 Bannon Hall로 향하기 전에 학생 회관에서 샌드위치를 먹을 시간이 있을 거야.

여학생: 잘 됐네. 근데 넌 리뷰 세션이 진짜 도움이 될 거라고 생각해? 대부분, 그게 엄청난 시간 낭비야.

남학생: 지난 학기에 내 친구들 중 하나가 Ward 교수님의 수업을 들었어. 그가 말하기를 Ward 교수님은 시험에 뭐가 나올지에 대해 많은 힌트를 주신데.

여학생: 정말? 그렇다면 나도 당연히 가야지.

남학생: 좋아. 우리에게 가치가 있을 거야.

Sample Response   p.119

남자와 여자는 교수가 게시판 공지에 대해 의견을 나누고 있다. 공지에 따르면, 이제 복습 시간이 수요일 저녁 대신 목요일 저녁에 열릴 것이며, 장소는 같은 곳이라는 것이다. 남자는 공지에 대해 긍정적인 의견을 나타내며 그의 의견에 대해 두 가지 이유를 제공한다. 우선, 남자는 도서관에서 일을 끝낸 뒤 복습 시간에 참여할 수 있기 때문에 바뀐 것에 대해 기뻐한다. 따라서, 그는 근무 시간을 바꿔야 하는 걱정을 할 필요가 없다. 둘째, 그는 복습 시간이 시간 낭비라는 여자의 생각에 찬성하지 않는다. 그가 말하기를 그의 친구가 지난 학기에 같은 교수님의 강의를 들었다. 복습 시간에 참여하는 동안, 그의 친구는 시험에 도움이 되었던 많은 힌트를 얻었다. 그러므로, 남자는 복습 시간에 대한 공지사항에 긍정적 의견을 갖고 있다.

Anthropology: Maladaptive Diffusion

READING   p.120

부적응 전파

문화 전파는 다른 인종과 문화의 사람들에 의해 점령된 다른 지리적 위치들로 다양한 측면의 문화가 확산되는 것을 말한다. 이렇게 하여, 하나의 문화는 종교, 언어, 음식 또는 사회 전반적으로 다른 문화에 영향을 미친다. 부적응 전파는 특정 지역의 환경이나 문화에 있어서 실용적이거나 유용하지 않은 어떤 문화에서 온 특성을 도입하는 것이다. 이는 사람들이 다양한 이유들 때문에 자신의 문화와 어울리지 않는 새로운 문화적 측면을 받아들일 때 일어날 수 있다.

LISTENING   🎧 11-05

W Professor: As you can see, because so many people are in contact with cultures around the world, there is much more cultural diffusion than there was in the past. Now, uh, the last type of cultural diffusion we shall discuss today is maladaptive diffusion. Let me give you some examples, and then I think you'll understand it.

Fast-food restaurants are best known for serving hamburgers, which are, for the most part, made of beef. Fast-food restaurants started becoming popular in the United States during the twentieth century. They then spread internationally, and, uh, you can find fast-food franchises in countries around the world today. Now, in India, most of the population doesn't eat beef due to religious reasons; nevertheless, there are still numerous McDonald's and Burger King restaurants throughout the country. But let's be honest . . . Those restaurants basically don't belong in India since they clash with the country's culture.

Here's another example . . . Millions of people wear blue jeans. They're comfortable, relatively cheap, and look good. You can see people wearing this American export around the world, uh, even in places such as Northern Europe and Siberia in winter, where the temperatures are extremely cold. Let me tell you something: Blue jeans are not appropriate in those temperatures, yet people still wear them. They're another example of maladaptive diffusion.

교수: 여러분도 보시다시피, 아주 많은 많은 사람들이 전세계의 문화와 접하고 있기 때문에 과거에 그랬던 것보다 훨씬 많은 문화적 전파가 있어요. 이제, 어, 우리가 논의할 마지막 유형의 문화 전파는 부적응 전파예요. 제가 몇 가지 예를 들 텐데요, 그럼 여러분들은 그것을 이해할 수 있을 거라 생각해요.

패스트푸드 음식점은 햄버거를 제공하는 것으로 가장 잘 알려져 있는데요, 그건, 대개 소고기로 만들어져요. 패스트푸드 음식점은 20세기 동안 미국에서 인기를 얻기 시작했어요. 그 후에 국제적으로 퍼졌고, 어, 오늘날에는 전 세계적으로 나라마다 패스트푸드 체인점들을 발견할 수 있습니다. 이제, 대부분의 인구가 종교적인 이유 때문에 소고기를 먹지 않는 인도에서, 그럼에도 불구하고, 여전히 많은 맥도널드와 버거킹 음식점이 전국에 있어요. 하지만 솔직해져 봅시다... 그런 음식점은 그 나라의 문화와 충돌하기 때문에 기본적으로 인도에 속해 있지 않아요.

여기 다른 예를 들어볼게요... 수백만 명의 사람들이 청바지를 입어요. 편하고, 상대적으로 싸고, 멋져 보여요. 여러분은 전 세계에서, 어, 기온이 극도로 추운 곳인 겨울의 시베리아나 북유럽 같은 장소에서도 사람들이 이 미국 수출품을 입고 있는 것을 볼 수 있을 거예요. 제가 한 마디 할게요. 청바지는 그런 기후에는 적절하지 않지만, 사람들은 여전히 그것을 입죠. 청바지가 부적응 전파의 또 다른 예입니다.

Sample Response   p.121

교수는 패스트푸드 음식점과 청바지 둘 다에 대해 강의한다. 패스트푸드 음식점에 관해서, 그녀는 많은 패스트푸드점이 주로 소고기를 포함하는 햄버거를 제공한다고 지적한다. 그녀는 또한 인도를 포함한 전세계에 패스트푸드 음식점이 있다고 말한다. 비록 인도의 많은 사람들이 소고기를 먹지 않지만, 그 나라에는 여전이 많은 맥도널드와 버거킹 음식점이 있다. 그녀는 그런 음식점이 인도의 문화와 충돌하고 그 곳에 속하지 않는다고 분명히 말한다. 다음으로, 그녀는 어디서든 수백만 명이 입는 청바지를 언급한다. 북유럽과 시베리아의 사람들조차 청바지를 입는데, 청바지는 아주 추운 기온 때문에 그 곳에 부적절한 옷이다. 이것은 모두 부적응 전파의 예이다. 이는 문화적 전파의 한 유형으로, 한 문화의 사람들은 다른 문화로부터 어떤 관행이나 습관을 택하는데 그것은 환경과 문화 차이 때문에 터무니없거나 유용하지 않다.

Chemistry: Synthetic Fabrics

LISTENING   🎧 11-07

M Professor: Unlike natural fibers such as cotton and wool, synthetic fibers are made from petroleum-based products using chemical processes. Polyester is arguably the best-known synthetic fabric, but there are others, including acrylic and nylon. We use synthetic fibers for all kinds of things with, uh, with clothing being the most common usage.

Why do we use so many synthetic fibers? Well, they have quite a few advantages over natural fibers. One is that synthetic fibers tend to be highly elastic. By that, uh, I mean you can stretch them a considerable amount, yet they'll return to their original shape and size as soon as you stop pulling on them. Compare that with, um, a cotton T-shirt. If you pull on a cotton T-shirt, you're going to stretch the fibers and ruin the shirt. A polyester shirt won't do that though. In fact, it will become easier to stretch the more you wear it, and it will always revert to its original appearance.

Another benefit of synthetic fibers is durability. You see, uh, they simply last longer than natural fibers. Have you ever put a wool sweater in the washing machine by accident? I did that a couple of months ago. It was completely destroyed. But that won't happen with clothing made of synthetic fibers. They're so durable that they're difficult to rip, tear, or cut. If you have ever been jogging and fallen down while wearing something synthetic, you know what I'm talking about. While you might have gotten scraped or cut up, your clothing survived intact, didn't it? That was a result of the crystalline structure which the synthetic fiber you were wearing had.

교수: 면, 모와 같은 천연 섬유와는 달리 합성 섬유는 화학 처리 공정을 사용해 석유를 원료로 한 제품들로 만들어져요. 폴리에스테르는 거의 틀림없이 가장 잘 알려진 합성 섬유지만, 아크릴과 나일론을 포함해 다른 것들도 있지요. 우리는 모든 종류의 것들에 합성 섬유를 사용하는데, 어, 옷에 가장 흔히 사용됩니다.

우리는 왜 이렇게 많은 합성 섬유를 사용할까요? 음, 그것들은 천연 섬유를 뛰어 넘는 몇몇 장점이 있답니다. 하나는 합성 섬유가 신축성이 아주 좋은 경향이 있다는 거에요. 그 때문에, 어, 제 말은 여러분은 상당 정도 잡아당길 수 있는데 잡아 당기는 걸 멈추는 순간 원래의 모양과 크기로 돌아갈 거에요. 면 티셔츠와 음, 비교해 봅시다. 여러분이 면 티셔츠를 잡아 당기면, 여러분은 섬유를 잡아 늘일 것이고 셔츠를 망칠 거에요. 그렇지만 폴리에스테르 셔츠는 그렇지 않을 거랍니다. 사실, 더 많이 입을수록 더 쉽게 늘어나게 될 것이고, 언제나 원래 모습으로 되돌아갈 것입니다.

합성 섬유의 또 다른 장점은 내구성입니다. 여러분도 알다시피, 음, 그것들은 요컨대 천연 섬유보다 오래 가요. 우연히 울 스웨터를 세탁기에 넣어 본 적이 있나요? 전 두어 달 전에 그랬어요. 그건 완전히 망가졌죠. 하지만 그런 일은 합성 섬유로 만들어진 옷에서는 일어나지 않습니다. 그것들은 내구성이 아주 좋아서 찢어지거나, 구멍이 나거나, 잘라지지 않습니다. 만일 여러분이 합성 섬유로 된 것을 입고 조깅을 하거나 넘어진 적이 있다면, 제가 무슨 말을 하는지 아시죠? 여러분은 긁혔거나 부상을 입을 수 있는 반면, 여러분의 옷은 멀쩡했을 거에요, 그렇지 않았나요? 그건 여러분이 입고 있던 합성 섬유가 지닌 결정 조직의 결과였어요.

Sample Response   p.123

교수는 폴리에스테르, 아크릴, 나일론 같은 합성 섬유에 대해 강의하며 면 같은 천연 섬유를 넘어선 합성 섬유의 두 가지 이점을 설명한다. 그가 논하는 첫 번째 이점은 합성 섬유의 신축성이다. 교수는 폴리에스테르 셔츠를 잡아당기고 그것을 잡아당기는 것을 멈추면 그 후에 그것이 원래 모양과 크기로 되돌아가게 하는 것이 가능하다고 지적한다. 하지만, 만일 면 티셔츠를 잡아당기면 섬유가 지나치게 늘어나게 되어 그 셔츠는 망가질 것이라고 그는 언급한다. 교수가 언급하는 두 번째 이유는 합성 섬유는 내구성이 매우 뛰어나다는 점이다. 그는 합성 섬유가 잘라지거나, 뜯어지거나 구멍이 나기 힘들다고 지적한다. 그는 언젠가 울 스웨터를 세탁기에 넣었다가 세탁기가 그것을 망가뜨렸다고 말한다. 하지만 그것은 폴리에스테르 옷에는 일어나지 않는다. 마찬가지로, 넘어진 조깅하는 사람은 긁힐 수도 있지만, 그 사람이 입고 있는 합성 섬유를 망가뜨리지는 않을 것이다.

Actual Test 12

TASK 1 · INDEPENDENT TASK
Celebrating Birthdays

Sample Response   p.126

› SPENDING BIRTHDAYS WITH MANY PEOPLE

많은 이들과 함께 생일을 보내는 것은 두 가지 이득을 준다. 첫째, 손님을 선택해야 하는 것에 대한 스트레스가 없다. 주최자가 원하는 만큼 많은 손님을 초대할 수 있다. 또한, 일부 친구들은 파티가 끝난 후 청소하는 것을 도와주는 반면 일부는 상을 차리는 것을 도울 수 있기 때문에 주최자는 많은 친구들로부터 도움을 받을 수 있다. 반면, 단점도 있다. 첫째, 많은 손님들이 다른 일정을 가질 것이고 일정한 날짜에 만나는 것이 불가능할 것이기 때문에 많은 사람들을 상대로 파티를 구성하기는 어렵다. 덧붙여 모두가 즐길 수 있는 공통 주제를 찾는 것은 힘들 수 있다. 그러므로, 몇몇 사람들은 파티에서 재미있지 않을 수 있다.

› SPENDING BIRTHDAYS WITH JUST A FEW PEOPLE

소수와 생일을 보내는 것은 두 가지 이득을 준다. 첫째, 파티 도중에 이야기할 기회가 있을 것이기 때문에 참석자들은 서로 더 친근하게 느낀다. 또한, 작은 파티를 구성하고, 모두가 즐길 수 있는 공통된 파티 주제를 찾는 것은 더 쉽다. 반면, 단점도 있다. 첫째, 특히나 개최자가 많은 다른 친구들 그룹이 있을 경우, 초대 명단을 줄이는 것은 스트레스일 수 있다. 어떤 손님을 초대할 것인지 결정하는 것은 매우 어려울 수 있다. 덧붙여, 일부 손님이 참석할 수 없으며 그것을 당일에 주최자에게 알릴 경우 문제가 생길 수 있다.

TASK 2 · INTEGRATED TASK
No More Grading by Teaching Assistants

READING   p.128

편집자님께,

캠퍼스에는 커다란 문제가 있으며 학교는 전적으로 그에 대해 무엇인가를 해야만 합니다. 올해, 저는 5개 수업에 등록했습니다. 3개 수업에서 나의 과제들이 조교에 의해 채점되었습니다. 이것은 잘못입니다. 각 수업의 교수는 모든 과제에 성적을 매겨야 합니다. 저는 가능한 최고의 교육을 받고 싶고, 이것은 단지 졸업생들보다 교재에 대해 훨씬 잘 하는 교수가 모든 수업 과제에 성적을 줄 때만 일어날 수 있습니다. 학교는 이런 일이 벌어지는 것을 즉시 확실히 할 필요가 있습니다.

Leslie Marbut
2학년

LISTENING   🎧 12-03

W Student: What are your thoughts about graduate students grading class assignments for undergraduates?

M Student: You read that letter to the editor, didn't you?

W: Yes, I did. I also know you have some classes with teaching assistants.

M: That's right. I'm an engineering student, and we almost always have teaching assistants for our classes.

W: So . . . do you like it when they grade your tests and papers? I mean, they know what they're doing, don't they?

M: Not really. Actually, I can't stand it when they do grading. I've often had TAs make mistakes when grading my tests. Later, when I pointed out the problems, they got mad at me. That was really uncomfortable.

W: I bet it was. Some of them might have graded you harder after that.

M: Yeah, I never really thought of it like that, but you're right.

W: That's too bad.

M: Here's something else. I decided to attend this school to get taught by the best professors. In my mind, that includes grading, not just lecturing. I feel like I'm not getting the best possible experience here, and I'm also losing out on my education.

여학생: 졸업생이 재학생의 과제에 성적을 매기는 것에 대해 어떻게 생각하니?

남학생: 편집자에게 보낸 편지 읽었구나, 그렇지 않니?

여학생: 응, 그래. 나는 네가 조교가 있는 몇몇 수업을 듣는 것도 알아.

남학생: 맞아. 난 공학도인데 우린 수업에서 대부분 언제나 조교가 있어.

여학생: 그래서... 네 시험과 시험지에 성적을 매기는 게 좋니? 내 말은, 그들은 자기들이 뭘 하는지 알고 있겠지, 그렇지 않니?

남학생: 꼭 그렇지만은 않아. 사실, 난 그들이 성적을 줄 때 견디기 힘들어. 종종 시험 채점을 할 때 실수하는 조교들이 있어. 나중에, 내가 그 문제들을 지적했을 때, 그들은 나한테 미친 듯이 화를 내. 정말 불편해.

여학생: 당연히 그랬겠다. 그들 중 몇몇은 그 후에 더 낮은 점수를 줄 수도 있어.

남학생: 그렇네, 그렇게 생각해 본 적은 한 번도 없는데, 네가 맞아.

여학생: 너무 안 됐다.

남학생: 여기 다른 것도 있어. 난 최고의 교수진들에 의해 배우려고 이 학교에 다니기로 결심했어. 내 생각에는, 거기에는 가르치는 것뿐만이 아니라 성적 주는 것도 포함되지. 그래서 난 여기서 가능한 최고의 경험을 하고 있지 않다고 느끼고, 내 배움은 손해를 보고 있는 것 같아.

Sample Response p.129

남자와 여자는 학교 성적 시스템에 문제가 있다고 주장하는 편집자에게 보낸 편지에 대한 그들의 의견을 나눈다. 그 학생에 따르면, 몇몇 수업에서 조교들에 의해 과제의 성적이 매겨진다. 그녀는 최상의 교육을 제공하기 위해 과제에 성적을 매기는 사람은 교수여야 한다고 믿는다. 남자는 두 가지 이유로 그 학생의 편지에 긍정적인 의견을 표한다. 먼저, 그는 과거에 한 조교와 좋지 않은 경험이 있다. 그가 조교가 성적이 매긴 시험에서 잘못된 점을 지적하자 조교는 남자에게 화를 냈다. 두 번째 이유는 남자가 좋은 교육을 받지 못했다고 생각하기 때문이다. 그는 자신이 교수로부터 강의를 듣고 성적을 받으리라는 것을 전제로 그 학교에 다니기로 결정했다고 덧붙인다. 그러므로, 남자는 그 편지를 쓴 사람에 동의한다.

Psychology: Team Building

READING p.130

팀 빌딩

기업들은 흔히 몇몇의 직원들로 이루어진 개별 팀들에 그들이 들어가게 함으로써 자기 고용인들을 조직한다. 이런 개개인들을 힘닿는 데까지 함께 일하게 하기 위해, 이런 사업장에서 관리자들과 팀 리더들은 팀 빌딩에 주목한다. 이것들은 대개 직원들 사이의 협력을 증진시키고 다른 이들과 원만하게 일을 하기 위해 그들의 능력을 사용하는 법을 가르치는 목표로 들이는 노력이다. 많은 팀 빌딩 노력들이 개개인이 가능한 가장 효과적인 방식으로 다양한 직무를 완수하기 위해 협력하기를 원하도록 동기를 부여하는 것을 의미하기도 한다.

LISTENING 🎧 12-05

M Professor: One of my friends is the CEO of a medium-sized company. He's constantly trying to devise ways to induce his employees to work better with one another. That way, his workers can accomplish their work more efficiently. Let me tell you about two of his most successful team-building activities.

Many of his employees enjoy physical activities, so something he did was organize a sports league at his company. In spring and summer, the employees play softball while they play volleyball in fall and winter. The teams are made up of people who work together at the company. The games can become competitive at times, but everyone has a good time. And the employees have come to realize that they won't be able to win if they don't engage in teamwork, so that's what they focus on.

Something else he does is take some employees on camping trips. This is a four-day trip where everyone is far away from civilization. The campsite doesn't even have cellphone coverage. The employees learn that to have a good trip, they need to organize into groups. Some erect the tents, others collect water and start campfires, and a few go fishing to acquire food for the trip. The people who go camping always come back more unified and closer to one another.

교수: 제 친구 중 한 명은 중견 기업의 CEO예요. 그는 자기 직원들이 서로 일을 더 잘하도록 유도하기 위한 방법들을 끊임없이 고안하려고 노력합니다. 그런 방식으로, 그의 직원들은 자신의 일을 더 능률적으로 완수하죠. 여러분에게 그의 가장 성공적인 두 가지 팀 빌딩 활동에 대해 이야기할게요.

많은 그의 직원들이 신체 활동을 즐겨서, 그가 한 일은 회사에서 스포츠 리그를 조직한 것이에요. 가을과 겨울에는 배구를 하는 반면, 봄과 여름에 직원들은 소프트볼을 해요. 팀은 회사에서 함께 일하는 사람들로 구성되어 있습니다. 게임은 가끔은 경쟁적이게 되지만, 모든 사람들은 좋은 시간을 가지죠. 그리고 직원들은 만일 그들이 팀워크를 하지 않았다면 이길 수 없었을 것이라는 점을 깨닫게 되는데요, 그것이 그들이 중점을 두는 것이죠.

그가 하는 다른 것은 몇몇 직원들을 캠핑 여행에 데려가는 것입니다. 이는 모든 사람들이 문명과 멀리 떨어진 곳으로의 4일간의 여행이에요. 캠프장은 심지어 휴대폰 권역이 아니죠. 직원들은 좋은 여행이 되기 위해서는 조 편성을 해야 한다는 것을 배웁니다. 일부는 텐트를 세우고, 다른 사람들은 물을 모으고, 모닥불을 피우고, 일부는 여행에 필요한 음식을 얻기 위해 낚시를 갑니다. 캠핑에 가는 사람들은 언제나 더 단합되고 서로 더 가까워져서 돌아오죠.

Sample Response p.131

교수는 수업에서 자신의 친구가 한 회사의 CEO라고 말한다. 그의 직원들이 팀으로 조직되었기 때문에, 그는 그들이 함께 일을 더 잘하도록 하기 위한 몇몇 효과적인 팀 빌딩 활동들을 생각해 내려고 노력한다. 교수의 친구가 했던 한가지 일은 스포츠 리그를 조직한 것이었다. 직원들은 소프트볼과 배구를 했으며 그들은 팀으로 조직된다. 이기기 위해, 직원들은 팀워크를 사용해야 한다. 교수의 친구가 한 또 다른 일은 직원들을 캠핑 여행에 데려가는 것이다. 성공적인 여행을 하기 위해서는 모두 다 같이 일할 필요가 있어서, 캠퍼들은 그들 사이에 일을 나눈다. 이런 활동은 모두 팀 빌딩과 관련이 있다. 이는 함께 일하는 직원들이 더 가까워지게 하고 팀으로써 일을 더 잘하는 법을 배우도록 하는 시도를 말한다. 팀 빌딩의 주요 목표는 한 그룹의 사람들을 더 효율적으로 만드는 것이다.

Botany: Coniferous Trees in Cold Regions

LISTENING 🎧 12-07

M Professor: Conifers, or coniferous trees, are one of the two main types of trees. Also called evergreens, these trees have leaves that remain on them all year round, unlike those of deciduous trees. You often see pictures in winter of conifers with green needles covered with snow. How can conifers thrive in cold regions? Basically, they've adapted over the years.

One adaptation is the shape of conifers themselves. Look at this picture here . . . Notice how these pine trees are shaped like cones. See how the lower branches extend the farthest . . . while the branches get shorter as they go higher up the tree. There's a reason for this. Short branches are unable to collect lots of wet, heavy snow. If the topmost branches had too much snow on them, they'd break, which would hurt the tree. Instead, the shapes of pines and firs prevent them from collecting too much snow. It generally just slides off, and that keeps conifers from being harmed in winter.

Another adaptation is the thickness of the bark. You know, um, it gets cold here in winter, which is why your homes have insulation. That insulation keeps warm air in your home while preventing cold air from getting inside. Tree bark works on the same principle. The bark of pines, firs, and other conifers tends to be thick. Some species have bark around two centimeters thick while others may be five or more centimeters thick. Often, uh, it depends upon the size and the age of the tree in question. Bark protects trees not only from extreme cold but also from heavy snow and storms, thereby letting trees survive the harsh weather conditions found in Arctic areas.

교수: 침엽수, 또는 침엽수 나무들은 나무의 두 가지 주종입니다. 상록수로도 불리는 이들 나무는 낙엽수와는 달리 일년 내내 나무에 있는 잎을 가지고 있어요. 여러분은 종종 눈으로 덮인 푸른 침엽이 있는 겨울 침엽수 사진을 볼 거예요. 어떻게 침엽수는 추운 지방에서도 잘 자랄까요? 기본적으로, 그것들은 시간이 흐르면서 적응해 왔습니다.

한 적응은 침엽수 자체의 모양입니다. 여기 이 사진을 보세요... 소나무가 얼마나 원뿔처럼 생겼는지에 주목해 봅시다. 나무에서 높이 올라가면서 가지들이 더 짧아지는 반면 낮은 가지들은 가장 멀리 뻗어 있는 걸 보세요... 이것에는 이유가 있어요. 짧은 가지들은 축축하고 무거운 많은 눈을 모을 수가 없어요. 맨 꼭대기의 가지들에 너무 많은 눈이 쌓이면, 그것은 부러지고 나무에 해를 끼칠 거예요. 대신, 소나무와 전나무의 모양은 그들이 너무 많은 눈을 모으는 걸 막아 줍니다. 일반적으로 눈은 그저 미끄러지고 그것이 침엽수들이 겨울에 해를 입는 걸 막아 줘요.

또 다른 적응은 나무껍질의 두께입니다. 여러분도 아시다시피, 음, 여긴 겨울에 추워지고, 그것이 여러분들 집에 단열재가 있는 이유죠. 단열재는 여러분 집의 따뜻한 공기를 유지하고 찬 공기가 안으로 들어오는 걸 막아줘요. 나무껍질은 똑같은 원리로 작동합니다. 소나무, 전나무, 그리고 다른 침엽수들의 나무껍질은 두꺼운 경향이 있어요. 몇몇 종은 2센티미터 두께에 가까운 나무껍질을 가지고 있고 다른 종 중에는 5센티미터나 더 큰 센티미터 두께일 수도 있지요. 종종 그것은, 어, 문제의 그 나무 크기와 나이에 달려 있어요. 나무껍질은 나무를 매서운 추위뿐 아니라 폭설이나 폭우로부터도 보호하고, 그렇게 함으로써 나무들이 북극 지방에서 발견되는 혹독한 날씨 조건에서도 살아남게 해 줍니다.

강의에서, 교수는 일년 내내 잎이 있는 침엽수에 대해 이야기한다. 그리고 나서 그는 추운 지역에서 침엽수가 잘 자랄 수 있도록 도와주는 두 가지 적응 능력에 대해 설명한다. 첫 번째 적응 능력은 침엽수의 모양이다. 소나무는 나무 위쪽에 더 짧은 가지가 있는 솔방울 같은 모양을 한다. 교수에 따르면, 이러한 짧은 나뭇가지들은 나무를 해칠 수 있는 축축하고 무거운 눈을 모으지 않는다. 따라서, 솔방울 모양은 눈이 미끄러지게 함으로써 나무가 너무 많은 눈을 모으는 것을 방지해 준다. 두 번째 능력은 나무껍질의 두께이다. 나무껍질은 차가운 공기가 들어오는 것은 막아주고 따뜻한 실내 공기는 유지해 주는 집의 단열재와 같은 역할을 한다. 그것은 두께가 보통 2-5센티미터인데, 나무의 크기나 나이에 따라 다르다. 교수는 나무껍질이 추운 날씨와 눈으로부터 나무를 보호해주어서 북극 지방의 혹독한 날씨에서도 나무들이 살아남을 수 있게 해 준다고 설명한다. 이러한 방법으로, 교수는 침엽수의 두 가지 적응 능력에 대해 설명한다.

Actual Test 13

TASK 1 · INDEPENDENT TASK
Playing Sports

› ENJOYMENT

나는 경쟁보다 재미를 위해서 운동 경기를 하는 것이 더 좋다. 내가 이렇게 느끼는 데에는 두 가지 이유가 있다. 첫째, 나는 친구들과 어울려 운동 경기를 하는 것을 좋아한다. 자세히 말하면, 내 친구들과 나는 바쁜 사람들이다. 따라서 서로 만날 수 있는 시간이 거의 없다. 우리가 만나면, 종종 운동 경기를 하고 그렇게 하면서 즐거운 시간을 보낸다. 둘째, 운동 경기를 하는 것은 스트레스를 줄이는데 도움이 될 수 있다. 예를 들면, 내 친구들과 나는 함께 운동 경기를 할 때 결코 점수를 매기지 않는다. 우리는 그저 다른 경기를 하며 운동하는 것을 즐길 뿐이다. 함께 운동을 하는 것은 스트레스를 없애는데 도움이 된다. 이러한 두 가지 이유로, 나는 경쟁을 위해서가 아닌, 재미를 위해 운동 경기를 하는 것을 좋아한다.

› COMPETITION

나는 재미보다 경쟁을 위해서 운동 경기를 하는 것이 더 좋다. 내가 이렇게 느끼는 데에는 두 가지 이유가 있다. 첫째, 나는 경쟁심이 강한 사람이고, 내가 하는 모든 것에 있어서 다른 사람들과 경쟁하는 것을 좋아한다. 운동 경기를 할 때, 나는 이기고 싶지, 지고 싶지는 않다. 내게 있어서는, 내가 하고 있는 경기에서 승리하는 것이 중요하다. 둘째, 나는 경쟁으로 인해 내가 경기를 더 잘 할 수 있다고 느낀다. 이기기 위해 경기를 할 때, 나는 더 열심히 하게 되고 하고 있는 경기에서 훨씬 더 잘하게 된다. 내가 다른 이들에게 경쟁심을 느끼지 않을 때, 나는 아주 잘하지 못한다. 나는 최선을 다하는 것을 좋아하기 때문에, 내게는 항상 경쟁을 하는 것이 중요하다. 이러한 두 가지 이유로, 나는 재미를 위해서가 아닌, 경쟁을 위해 운동 경기를 하는 것을 좋아한다.

TASK 2 · INTEGRATED TASK
Library to Expand Soon

READING   p.138

도서관이 곧 확장됩니다

익명의 기부자가 후하게도 천만 달러를 기부해 주었기 때문에, Parson Memorial 도서관이 이번 여름에 확장을 하게 될 것입니다. 공사는 5월 10일에 시작되어 내년 1월 15일경에 완공될 것입니다. 공사가 완공될 무렵에는, 도서관의 크기가 25% 더 커질 것입니다. 이로써 도서관은 도서 및 정기 간행물들의 소장을 엄청나게 확장할 것입니다. 또한 도서관에 두 번째의 시청각실뿐만 아니라 두 개의 컴퓨터실도 증설될 것입니다. 공사로 인하여 학생, 교수진, 그리고 교직원들께서 겪으실 불편에 대해 미리 사과 말씀을 드립니다.

LISTENING   🎧 13-03

W Student: Oh, that's awful. The library is going to be undergoing construction.

M Student: Awful? What's wrong with that? The library's going to get enlarged and will have a lot more books when it's finished.

W: I think the school should take that grant of ten million dollars and use it for something else. I mean, uh, so many of our science laboratories have outdated microscopes and stuff. The administration ought to use that money to purchase state-of-the-art science equipment.

M: That would be nice, but I'm in favor of a bigger library. It needs many more books than it currently has.

W: I suppose that will help you, but I'm going to be a senior next year.

M: Huh? How is that related to the library?

W: I'm going to be writing my senior thesis, so I'll have to spend lots of time there. But if there's too much noise from all the construction, I won't be able to concentrate at all. It's going to disturb both my research and my writing.

M: Ah, yeah. I'm only a sophomore, so I guess it won't bother me so much.

여학생: 오, 끔찍하군. 도서관에서 공사를 하게 될 거야.

남학생: 끔찍해? 그것에 잘못된 것이라도 있어? 도서관이 확장될 것이고 완공되면 훨씬 더 많은 책들이 소장될 거야.

여학생: 난 학교 측이 천만 달러의 후원금을 받아서 다른 것에 사용해야 한다고 생각해. 내 말은, 어, 너무 많은 과학 실험실에 오래 된 현미경들과 물품들이 있어. 대학 당국은 최신식 과학 장비를 구입하는데 그 돈을 써야 해.

남학생: 그러면 좋겠지만, 나는 도서관이 더 넓어지는 것에 찬성이야. 현재 있는 것보다 더 많은 책이 필요하거든.

여학생: 그러면 너에게는 도움이 되겠지만, 나는 내년이면 4학년이야.

남학생: 그래? 그러한 점이 도서관과 어떤 관련이 있는데?

여학생: 졸업 논문을 쓰게 될 것이기 때문에, 나는 그곳에서 많은 시간을 보내야 할 거야. 하지만, 공사로 인해 소음이 많아진다면, 전혀 집중을 할 수가 없게 될 거야. 조사하는 것과 글을 쓰는 것 모두에 방해되겠지.

남학생: 아, 그렇군. 나는 2학년이기 때문에, 그렇게 많은 신경이 쓰이지는 않을 것 같아.

Sample Response   p.139

남자와 여자는 그것이 확장될 것이라는 도서관의 공지 사항에 대해 의견을 나누고 있다. 여자는 다가오는 도서관 확장 공사에 부정적인 의견을 표하고 그런 생각에 대해 두 가지 이유를 제시한다. 첫 번째는 그녀가 학교 측이 그러한 돈을 다른 용도로 써야 한다고 생각하기 때문이다. 그녀에 의하면, 학교의 과학 실험실에는 낡은 장비들이 있다. 그녀는 학교 측이 보다 현대적인 장비를 구입해서 이들을 대체하기를 바라고 있다. 둘째, 여자는 자신이 내년에 졸업 논문을 쓸 것이라는 점을 언급한다. 그 결과, 그녀는 도서관에서 조사를 하고 글을 쓰게 될 것인데, 도서관에서는 내년 1월까지 보수 공사를 하게 될 것이다. 이로 인해 그녀는 자신의 공부가 방해를 받게 될 것이고 자신이 논문에 집중을 하지 못하게 될 것이라고 불만을 표시한다. 따라서, 여자는 도서관을 확장하려는 학교 측의 결정에 반대한다.

Biology: Rainforest Plant Adaptations

READING   p.140

우림 식물의 적응

우림은 가장 높은 나무만이 많은 햇빛을 받는, 어둡고 습기가 많은 지역이다. 그 결과, 많은 우림 식물들은 최소한의 햇빛만으로도 생존할 수 있도록 진화되어 왔다. 실제, 일부 식물들은 너무 오랜 기간 동안 햇빛에 노출되면 잘 자라지 못한다. 또한, 우림에는 많은 양의 비가 내리기 때문에, 많은 식물들이 극도로 습한 기후에 적합하도록 적응해 왔다. 이러한 식물들은 항상 습기가 있는 토양에서 잘 자란다. 일부 우림 식물들은 심지어 물을 보유하는 기관도 갖추고 있는데, 이로써 이와 같은 식물들은 항상 신선한 물을 공급받을 수 있다.

LISTENING   🎧 13-05

W Professor: Next on our list of tropical plant families is the bromeliad family. You may already be a little familiar with them as, um, pineapples and urn plants are two of that family's most well-known members. Let's focus on the urn plant first.

Urn plants are well adapted to the Brazilian rainforests in which they live. They don't require much sunlight to grow, and in fact, exposure to bright sunlight can scorch the leaves and ultimately kill the plant. Urn plants need some sunlight though. Don't misunderstand. What some species of urn plants do is grow high up on the trunks of trees. This enables urn plants to escape the rainforest floor, which is dark, and thereby gain access to a small amount of sunlight by being high above the ground.

Now, uh, if you'll notice this picture of an urn plant, you'll see that its center is shaped like a cup. What does it do . . . ? Well, that cup collects water. Most of the water collected comes from the rain, of which there is plenty in the rainforests where the urn plant grows. When the plant needs water for nourishment, it's easily accessible in the cup it has. Pretty convenient, huh?

교수: 열대 식물과의 목록에 있는 다음 것은 브로멜리아드 과입니다. 이미 여러분들에게 이들은 다소 익숙할 것인데, 그 이유는, 음, 파인애플과 항아리 식물이 이러한 과에서 가장 잘 알려져 있는 식물들이기 때문입니다. 먼저 항아리 식물에 대해 초점을 맞춰 보도록 하죠.

항아리 식물은 그들이 서식하고 있는 브라질의 우림 지대에 잘 적응해 있습니다. 이들은 자라는데 많은 양의 햇빛을 필요로 하지 않으며, 실제로, 밝은 햇빛에 노출되면 잎이 타서 결국 죽게 됩니다. 하지만 항아리 식물은 약간의 햇빛을 필요로 합니다. 오해하지는 마시고요. 일부 항아리종 식물들이 하는 일은 나무 줄기에서 높이 자라는 것입니다. 이는 항아리 식물이 어두운 열대 우림 바닥을 벗어나 지면의 높은 곳에 있음으로써 적은 양의 햇빛을 획득할 수 있게 해 줍니다.

자, 어, 항아리 식물이 있는 이 사진에 주목한다면, 그것의 가운데가 컵처럼 생겼다는 점을 알게 될 것입니다. 이것이 어떤 일을 할까요...? 음, 컵처럼 생긴 부분은 물을 모읍니다. 모아진 대부분의 물은 비로부터 얻어진 것인데, 항아리 식물이 자라는 우림 지대에는 비가 많이 내립니다. 양분을 얻기 위해 물이 필요할 때, 가지고 있는 컵 안에서 물을 손쉽게 구할 수가 있습니다. 꽤 편리하죠, 그렇지 않나요?

Sample Response   p.141

강의에서, 교수는 항아리 식물이 브라질 우림 지대에서 생존하기 위해 진화해 온 두 가지 방식에 대해 설명하고 있다. 첫 번째 예는 햇빛에 관한 것이다. 교수는 항아리 식물들이 많은 양의 햇빛에 노출되면 죽을 수 있지만, 약간의 햇빛은 필요하다고 말한다. 따라서 항아리 식물은 종종 어두운 지면 위의 높은 나무 위에서 자란다. 이로써 그들은 적은 양의 햇빛을 접할 수 있으며, 따라서 생존할 수 있다. 두 번째 예는 그 식물의 중앙에서 발견되는 컵에 대한 것이다. 컵은 항아리 식물을 위해 물을 모으는데, 이로써 그것은 필요할 때마다 스스로 영양분을 공급받을 수 있다. 우림 지대에 많은 양의 비가 내리기 때문에, 컵은 대부분 늘 물로 채워져 있다. 이러한 예들은 일부 열대 우림 식물 적응을 나타내 주는데, 이는 열대 우림에서 발생하는 약한 햇빛과 높은 강우량과 같은 환경 조건 때문에 식물들이 변화해 온 방식으로 정의될 수 있다.

Psychology: Childhood Play

LISTENING   🎧 13-07

M Professor: Playing is an integral part of all children's growth and development. Children play in many different ways. But childhood development specialists classify all types of playing into two groups. They are associative play and cooperative play.

Associative play happens when children engage in an activity that has, hmm . . . no direct purpose or goal. Children may or may not use toys or other objects when they do this. They may play in groups or as individuals. There are no, uh, set rules or functions in this type of playing. It's free flowing, so children basically do as they please and do anything that their imaginations come up with. Here's an example. Imagine, uh, two children in a sandbox with a couple of toy trucks. They're not building anything. They're just having fun, sitting, playing, and doing whatever comes to mind. This is associative play. Oh, this type of playing can be enjoyed by children of all ages once they acquire basic motor skills and cognitive abilities.

Now, cooperative play is different in that it's, well, it's much more controlled and defined. It usually involves a set of rules and has a goal to be achieved. It requires the children to act together . . . that is, to cooperate. In this type of playing, children learn to follow instructions, to get along with others, and to communicate with one another. Sports and board games are prime examples of activities that involve cooperative play. Children usually begin this type of playing around the age of two once they develop the speech, motor, and cognitive skills required to engage in more complex cooperative activities.

교수: 모든 아동의 성장과 발달에 있어서 놀이는 없어서는 안 되는 중요한 부분입니다. 아이들은 매우 다양한 방식으로 놀이를 합니다. 하지만 아동 발달 전문가들은 모든 유형의 놀이들을 두 가지 유형으로 분류하고 있습니다. 연합 놀이와 협동 놀이가 그것이죠.

연합 놀이는 아이들이, 흠... 직접적인 목표나 목적이 없는 활동을 할 때 이루어집니다. 연합 놀이를 할 때, 아이들은 장난감이나 기타 물건들을 사용할 수도, 혹은 사용하지 않을 수도 있습니다. 무리를 지어서 놀거나 혹은 개별적으로 놀이를 할 수도 있죠. 이러한 종류의 놀이에는, 어, 정해진 규칙이나 역할이 없습니다. 자유롭게 이루어지기 때문에, 아이들은 기본적으로 하고 싶은 대로 하며 자신의 상상력이 떠오르는 대로 무엇이든 할 수가 있습니다. 예를 하나 들어 드리죠. 어, 두 개의 장난감 트럭이 있는 모래 놀이통에 두 명의 아이가 있다고 생각해 봅시다. 이들은 아무것도 만들지 않습니다. 단지 재미를 느끼며, 앉아서, 놀고, 머릿속에 떠오르는 것들을 합니다. 이것이 연합 놀이입니다. 오, 이러한 유형의 놀이는 기본적인 운동 기능과 인지 능력을 얻게 되면 모든 연령대의 아이들이 할 수 있는 것입니다.

자, 협동 놀이는 그것이, 음, 훨씬 더 통제되고 잘 정의되어 있다는 점에서 다릅니다. 통상 일련의 규칙들이 관련되어 있고 달성해야 할 목표가 존재합니다. 이는 아이들로 하여금 함께하는 행동을 요구하는데... 즉, 협동을 요구하는 것이죠. 이러한 유형의 놀이에서는, 아이들이 지시 사항을 따르고, 다른 아이들과 어울리며, 그리고 서로 커뮤니케이션을 해야 한다는 점을 배우게 됩니다. 운동 경기와 보드 게임은 협동 놀이의 주요 사례들입니다. 보다 복잡한 협동 활동을 하는데 요구되는 언어 능력, 운동 기능, 그리고 인지 능력이 발달되면, 아이들은 약 2살 정도의 나이에 이러한 유형의 놀이를 시작하게 됩니다.

Sample Response   p.143

교수는 아이들이 노는 두 가지 방식에 대해 강의한다. 첫 번째는 연합 놀이이다. 이러한 유형의 놀이에는 어떠한 실제적인 규칙도 존재하지 않는다. 아이들은 혼자서, 혹은 다른 이들과 함께 놀이를 할 수 있다. 아이들은 자신들이 원하는 것을 할 수가 있다. 교수는 몇 개의 장난감이 있는 모래 놀이통에서 노는 두 명의 아이들에 대해 말한다. 이 아이들은 마음 속에 어떠한 목표를 가지고 있지 않다. 단지 자신들의 마음에 떠오르는 것들을 하고 있을 뿐이다. 필요한 운동 기능과 인지 능력이 있기만 하면, 모든 아이들이 이러한 종류의 놀이를 할 수 있다고 교수는 말한다. 두 번째 방식은 협동 놀이이다. 이러한 유형의 놀이에는 규칙과 목표가 있다. 협동 놀이를 하기 위해서는 아이들이 서로 협력해야 한다. 교수는 협동 놀이의 두 가지 유형으로 운동 경기와 보드 게임을 언급한다. 약 두 살 정도가 되면, 아이들은 이러한 놀이를 시작할 수 있다. 이러한 방식으로, 교수는 아이들이 하는 두 가지 유형의 놀이에 대해 설명하고 있다.

Actual Test 14

TASK 1 · INDEPENDENT TASK
Study Hall for High School Students

Sample Response   p.146

› AGREE

나는 고등학생들이 매일 자습실에서 한 시간씩 머물러야 한다는 주장에 찬성한다. 이러한 의견을 갖는 것에는 두 가지 이유가 있다. 먼저, 이는 공부 습관을 기르는 좋은 방법이다. 예를 들면, 학생들이 한 시간씩 의자에 앉아서 매일 공부를 하는 것이 일과가 될 것이다. 둘째, 지식을 쌓는 것은 고등 교육에 기본적인 부분이다. 자세히 말하자면, 비록 미래에 대학에 진학하기로 계획하지 않는 학생들일지라도 그들은 여전히 시험과 과제를 포함한 기본 학업 요건을 이행할 필요가 있다. 이러한 두 가지 이유로, 나는 고등학생들이 매일 자습실에서 한 시간씩 보내야 한다고 믿는다.

› DISAGREE

나는 고등학생들이 매일 자습실에서 한 시간씩 머물러야 한다는 주장에 반대한다. 이러한 의견을 갖는 것에는 두 가지 이유가 있다. 먼저, 고등학생들은 스스로 결정을 내리기에 충분히 성숙하다. 예를 들면, 그들은 자신만의 공부 계획이나 일정을 생각해 낼 수 있다. 둘째, 학생들은 자기 자신의 미래를 위한 개별 계획을 가지고 있다. 설명하자면, 학교 스포츠 팀에 있는 학생은 자습실에서 한 시간 동안 앉아있는 것보다 연습과 훈련에 집중하는 것이 나을 것이다. 이러한 두 가지 이유로, 나는 고등학생들이 매일 자습실에서 한 시간씩 보내서는 안 된다고 믿는다.

TASK 2 · INTEGRATED TASK
Practice Interview Sessions Happening Soon

READING   p.148

실습 인터뷰 세션 개최

사람들의 요구 때문에, 이번 학기에 학생 취업 사무실에서 다시 한 번 실습 인터뷰 세션이 열릴 예정입니다. 모든 졸업반 학생들은 자신의 인터뷰 능력을 향상시키기 위해 실습 세션에 참가할 수 있습니다. 면접관 역할을 할 사람들은 모두 재학생들을 돕기 위해 그들의 시간을 지원한 대학 졸업생들입니다. 세션은 4월 5일부터 5월 5일까지 개최될 것입니다. 인터뷰는 다양한 시간에 예정될 수 있습니다. 세션에 예약하기 위해서는 854-9400으로 전화 주시거나 Pine Street 33번지에 있는 학생 활동 사무실을 방문해 주십시오.

LISTENING   🎧 14-03

M Student: Alice, you're graduating this year, right? Are you going to sign up for one of those practice interviews? I imagine they must be pretty helpful.

W Student: On the contrary, I haven't heard anything good about the program.

M: Who told you that?

W: Three of my friends signed up for practice interviews last year.

M: Didn't they help your friends?

W: Not in the slightest. They told me that their interviewers didn't take the sessions seriously. They mostly just chatted about themselves and their work experiences. They also didn't provide my friends with any interviewing tips.

M: That's too bad. I was thinking of signing up for one next year when I'm a senior.

W: Well, you should tell the student activities office to conduct the interviews at a different time.

M: What do you mean?

W: They should hold the interview sessions in the fall. That's when students start searching for jobs and interviewing. We graduate in June, but they're holding the sessions in April and May. That's too late. Lots of students have already done tons of interviews. They could have used the assistance much earlier.

남학생: Alice, 너 올해 졸업하지, 그렇지? 저 인터뷰 실습 중 하나에 참가 신청할 거야? 꽤 도움이 될 것 같은데.

여학생: 도리어 난 그 프로그램에 대해 좋은 점을 하나도 못 들었어.

남학생: 누가 그래?

여학생: 내 친구들 중 세 명이 작년에 인터뷰 실습에 참가했었어.

남학생: 그들이 친구들을 도와주지 않았어?

여학생: 전혀. 면접관들이 그 세션을 진지하게 여기지 않았다고 했어. 그들은 대부분 단지 자기 자신과 자기의 경력에 대해서 이야기했어. 그리고 내 친구들에게 어떤 인터뷰 요령도 제공하지 않았다고 하더라.

남학생: 유감이다. 내가 졸업반일 때인 내년에 하나 신청할까 했거든.

여학생: 음, 넌 학생 활동 사무소에 다른 시간에 인터뷰를 해야 한다고 이야기해야 해.

남학생: 무슨 뜻이야?

여학생: 그들은 가을에 인터뷰 세션을 개최할 거잖아. 그 때가 학생들이 직장을 찾고 인터뷰를 시작하는 때지. 우린 6월에 졸업하지만 그들은 4월이나 5월에 세션을 열고 말이야. 너무 늦잖아. 많은 학생들은 이미 수도 없이 많은 인터뷰를 했을 거야. 그들은 훨씬 일찍 도움을 이용할 수 있었어.

Sample Response   p.149

남자와 여자는 학생들을 위한 모의 면접 세션이 있을 것이라는 공지에 대해 의견을 나누고 있다. 학생 고용 사무소는 학생들이 인터뷰 하는 기술을 향상시키는 것을 돕기 위해 세션을 개최할 것이며, 대학 졸업생들은 인터뷰 진행자로 지원함으로써 도울 것이다. 여자는 공고에 대해 부정적인 의견을 보이며 자기 의견에 대해 두 가지 이유를 제시한다. 우선, 여자는 모의 면접 세션은 도움이 되지 않는다고 생각한다. 그녀의 친구들에 따르면, 면접관들은 모의 면접 세션을 진지하게 받아들이지 않았다. 면접에 대한 유용한 조언을 주는 대신, 그들 자신과 자신의 경험에 대해 수다를 떨기만 했다. 둘째, 그녀는 면접 세션은 학생들이 실제로 구직을 하고 면접을 준비하는 가을에 열려야 한다고 생각한다. 이는 학생들이 6월에 졸업을 하기 때문에 4월과 5월은 너무 늦을 것이라는 뜻이다. 따라서, 여자는 모의 면접 세션의 공지에 대해 부정적인 의견을 가지고 있다.

Biology: Invasive Species

p.150

침입종

가끔 한 종 – 식물, 동물, 또는 다른 것 – 은 그것의 원산지가 아닌 서식지에 전해진다. 그러면 그것은 침입종으로 분류된다. 대체로, 침입종은 번식할 수 있고 그것이 침범한 서식지에 살고 있는 토착종보다 더 빨리 퍼질 수 있다. 주된 이유는 침입종은 천적이 없기 때문에 그것이 번식하고 확장되는 것을 막을 것이 아무 것도 없기 때문이다. 대개의 경우, 침입종은 골칫거리로 여겨지고 한 지역의 토착종에 적극적으로 해를 끼친다.

LISTENING
🎧 14-05

W Professor: We've all heard about invasive species. We know that when new species are introduced to a region, they can cause a variety of problems for the native species. Yet . . . not all invasive species are problematic. In fact, some people would argue that invasive species can be beneficial at times.

Here's an example . . . The honeybee. Yes, that's right. In the United States, it's actually an invasive species. Well, I suppose I should say that it started as an invasive species because it was brought to America centuries past by Europeans sailing to their colonies in the New World. So the honeybee was introduced to a nonnative environment, making it an invasive species. Still . . . it's quite a beneficial creature, isn't it? It pollinates a large percentage of farmers' crops each year, and it's also responsible for pollinating numerous species of trees, flowers, and other plants growing in the wild.

Another invasive species is the honeysuckle. Now, uh, not all honeysuckle plants are invasive species, but many are since people introduce exotic ones to their gardens, and they then grow out of control and spread to the wild. But honeysuckles provide an abundant amount of food for birds and other animals. So even though they tend to crowd out native species, honeysuckles provide some benefits to their new regions.

교수: 우리는 모두 침입종에 대해 들어봤을 거예요. 우리는 새로운 종이 한 지역에 전해질 때, 그것들이 토착종에 여러 가지 문제들을 야기할 수 있다는 것을 알고 있어요. 하지만... 모든 침입종들이 문제가 있는 것은 아닙니다. 사실, 몇몇 사람들은 가끔 침입종들이 유익할 수 있다고 주장할 거예요.

여기 한 예가 있습니다... 꿀벌이죠. 네, 맞아요. 미국에서 그것은 실제로 침입종이에요. 음, 저는 그것이 수세기 전에 신세계에 있는 자신의 식민지로 항해한 유럽인들에 의해 미국에 들어왔기 때문에 침입종으로 시작했다는 점을 말해야겠네요. 그래서 꿀벌은 외래 환경에 전해졌고 이는 그것을 침입종으로 만들었어요. 여전히... 그것은 꽤 유익한 존재예요, 그렇지 않나요? 그것은 매년 농부의 농작물의 큰 비율을 수분하고, 또한 야생에서 자라는 수많은 종의 나무, 꽃, 다른 식물들이 수분하는 것을 책임져요.

또 다른 침입종은 인동덩굴입니다. 이제, 어, 모든 인동덩굴 식물들이 침입종은 아니지만 사람들이 외국의 것들을 자기 정원에 들여오기 때문에 많은 수가 침입종이고, 그것들은 그래서 야생에서 통제 불능으로 증가해 퍼져요. 하지만 인동덩굴은 새들과 다른 동물들에게 풍부한 양의 먹이를 제공해

요. 그래서 비록 그들이 토착종들을 밀어내는 경향이 있을지라도, 인동덩굴은 자신의 새 지역에 몇 가지 이득을 제공해 줍니다.

Sample Response
p.151

교수는 두 가지 종, 그녀가 침입종이라 명명한 꿀벌과 인동덩굴에 대해 강의한다. 첫째, 그녀는 수업에서 유럽인들이 과거에 미국으로 꿀벌을 들여왔다고 말한다. 그것이 꿀벌을 침입종으로 만들었다. 그녀는 하지만 꿀벌이 야생에서 자라는 많은 다양한 종의 식물들뿐 아니라 상당수의 농부의 농작물을 수분하기 때문에 그것이 꽤 유익하다고 말한다. 다음으로 그녀는, 인동덩굴에 대해 논한다. 그녀는 많은 사람들이 그것을 자기 정원에 심지만, 그 후에 급속도로 자라 야생으로 퍼진다고 말한다. 여전히, 그것은 동물들에게 먹이를 제공하고 그래서 그것은 또한 유익하다. 이 둘은 모두 침입종이다. 침입종은 새 환경에 전해진 식물이나 동물 같은 종이다. 그 곳에는 천적이 없기 때문에, 급속도로 자랄 수 있고, 일부 토종 식물과 동물들에게 피해를 불러올 수 있다.

Business: Employee Promotions

LISTENING
🎧 14-07

M Professor: After graduating, most of you will obtain employment. One of your primary objectives—other than performing your duties well—will be to get promoted. By that, I mean you will seek a higher position, which traditionally comes with a bigger salary, better benefits, and more prestige. Many people are under the impression that employees get promoted due to the quality of their work, but they're wrong. There are other reasons for promotions.

Sometimes workers are promoted because their workplaces are concerned that those individuals may be searching for employment elsewhere. This is a fact many employees are aware of, and they frequently utilize this knowledge to their advantage. For instance, perhaps an engineer is talented but has been stuck at a relatively low-level position for a year. He makes it known to his boss that he's considering working elsewhere, uh, at a place where his talents will be recognized. In many cases, his supervisor may suddenly award that individual with a promotion even though he did nothing specific to deserve it. The higher position may convince the employee not to depart.

Employees also receive promotions if they're perceived by management as having leadership skills and possibly being future executives. When some individuals are hired, they're put on the fast track for management. As a result, they get scheduled for promotions every few months or once a year. This provides them with experience doing various jobs while also enabling them to rise higher in a company's hierarchy. So long as the employee performs well, that person will be promoted to a management or supervisory position and may even rise to the position of vice president or president one day.

교수: 졸업 후에, 여러분 대부분은 일자리를 얻을 거예요. 여러분의 주요 목표 중 하나는, 여러분의 직무를 잘 수행하는 것 이외에, 승진하는 일일 겁니다. 그로 인해, 제 말은 여러분은 높은 지위를 추구할 것이고, 전통적으로 이

Scripts and Translations 33

는 더 높은 급여, 더 나은 수당, 더 많은 명망이 수반되겠죠. 많은 사람들은 직원들이 그들의 일의 질 때문에 승진한다는 생각하고 있지만 그들은 틀렸어요. 승진에는 다른 이유들이 있습니다.

때로 직원들은 다른 곳에 직장을 구할지도 모르는 그 사람들을 그들의 직장이 우려하기 때문에 승진을 해요. 이는 많은 고용인들이 알고 있고 그들은 빈번하게 자신에게 이득이 되게 이런 지식을 활용하는 것이 사실이에요. 예를 들어, 아마도 한 엔지니어는 재능이 있지만 상대적으로 낮은 직급에 일년간 묶여 있었어요. 그는 그의 상사에게 자신이 다른 곳에, 어, 자신의 재능이 인정받은 곳에서 일하는 것을 고려 중이라고 알립니다. 많은 경우, 그의 관리자는 갑자기 그가 그럴만한 구체적인 어떤 것도 하지 않았음에도 그 사람을 승진시킬지도 모릅니다. 더 높은 직급은 그 고용인이 떠나지 않게 설득할 수도 있어요.

고용인들은 또한 그들이 경연진에 의해 리더십 기술이 있고 미래의 임원이 될 가능성이 있을 만하다고 인정받을 경우 승진을 해요. 몇몇 사람들이 고용되었을 때, 그들은 경영자가 되기 위한 빠른 길을 탑니다. 결과적으로, 그들은 몇 달마다 또는 일년에 한 번 승진하기로 되어 있지요. 이는 그들에게 다양한 직무를 할 경험을 제공하는 반면 회사 계급에서 더 높이 올라갈 수 있게 해 주어요. 고용인이 일을 잘 수행하는 한, 그 사람은 경영진이나 관리자 지위로 승진할 것이고, 심지어 언젠가 부사장이나 사장 자리로 올라갈지도 모릅니다.

Sample Response   p.153

강의에서, 교수는 직장에서의 승진에 대해 이야기한다. 교수에 따르면, 더 높은 직급은 더 많은 연봉, 더 나은 혜택, 그리고 위신을 의미하기 때문에 승진은 직원들의 가장 주된 목표 중 하나이다. 그리고 나서, 그는 승진에 대한 두 가지 주요 원인에 대해 설명한다. 첫 번째 원인은, 회사는 직원들이 다른 곳으로 이직을 할까 우려한다. 예를 들면, 능력 있는 엔지니어는 일부러 그의 상사에게 그가 다른 회사에서 일자리를 찾는 중이라는 것을 알게 할 수 있다. 이런 경우, 그의 관리자는 그를 회사에 머무르게 하기 위해 승진을 제안할 수도 있다. 승진의 두 번째 원인은 일부 직원들은 경영에 필요한 빠른 궤도에 놓여진다. 교수는 리더십 기술과 잠재력이 있는 몇몇 직원들은 매달 혹은 일년에 한 번씩 승진을 한다고 설명한다. 따라서, 그들은 다양한 직무를 경험하고, 더 높은 직급으로 승진하게 된다. 이러한 방법으로, 교수는 직장에서의 승진에 대한 두 가지 주요 원인에 대해 설명한다.

Actual Test 15

TASK 1 · INDEPENDENT TASK
Solving Problems

Sample Response   p.156

› ADVICE FROM OTHERS
문제가 있는 경우, 나는 두 가지 이유로 인해 다른 사람들의 조언에 의지하는 것을 선호한다. 첫째, 다른 사람들은 다른 방식으로 내 문제를 분석해 줄 수 있다. 예를 들면, 문제가 있을 때, 나는 감정적으로 관여하게 된다. 하지만, 다른 사람들은 그렇지가 않고, 그래서 그들은 내가 할 수 있는 것보다 내 문제를 더 잘 분석할 수 있고, 그런 다음 내게 충고를 해줄 수 있다. 둘째, 다른 사람들은 종종 나보다 더 많은 경험이 있다. 내 아버지께서는 내게 자주

충고를 해 주신다. 그는 나보다 훨씬 나이가 많고 나보다 훨씬 더 많은 인생 경험이 있으시다. 그러므로 문제가 있을 때 나는 아버지의 충고에 의지하는 경우가 많다. 이러한 두 가지 이유로, 나는 조언을 얻기 위해 다른 이들에게 의지하는 것을 선호한다.

› ONE'S OWN IDEAS
문제가 있는 경우, 나는 두 가지 이유로 인해 문제를 해결하기 위해 나 자신의 생각에 의지하는 것을 선호한다. 첫째, 나는 다른 누구보다도 내 자신에 대해 잘 알고 있다. 그러므로, 내 문제와 그것이 나에게 어떤 영향을 미치는지를 알아차릴 수 있다. 따라서 문제를 파악하고 그에 대한 해결책을 떠올리는데 있어서 나는 가장 좋은 위치에 있다. 두 번째, 나는 개인적인 사람이며 다른 사람들에게 내 문제에 대해 이야기하는 것을 좋아하지 않는다. 예를 들면, 나는 나를 괴롭히는 일에 대해 어머니나 아버지에게도 거의 말을 하지 않는다. 내 문제에 대해서 다른 이들과 이야기를 하지 않기 때문에, 나는 스스로 문제를 해결해야 한다. 이러한 두 가지 이유로, 나는 조언이 필요할 때 나 자신에게 의지하는 것을 선호한다.

TASK 2 · INTEGRATED TASK
Reagan Hall to Be Renovated

READING   p.158

Reagan관에서 보수 공사를 합니다

Reagan관의 보수 공사가 10월 10일에 시작되어 12월 15일에 완료될 예정입니다. 보수 공사는 건물의 4층과 5층에서 이루어집니다. 수업은 1층, 2층, 그리고 3층에서 계속될 것입니다. 학교 측은 학생들이 이번 학기 중간에 이루어질 보수 공사의 필요성에 대해 이해해 주기를 바라고 있습니다. 허리케인 Albert로 인한 피해로, Reagan홀은 즉각적인 보수가 필요한 상태입니다. 불편에 대해 미리 사과 말씀을 드립니다.

LISTENING   🎧 15-03

W Student: You've got to be kidding me. The school is going to renovate Reagan Hall right now?

M Student: Well, you read the announcement. The building got damaged by last week's hurricane.

W: Sure, but I have three classes there. How am I going to be able to concentrate with all that noise going on from the construction? That's going to be a constant disruption. I bet the other students and teachers will get upset as well.

M: Maybe, but it looks like there was a lot of water damage to the building.

W: I saw the damage. It wasn't that bad at all.

M: Are you sure?

W: Absolutely. I'm an engineering major. I know all about what kind of damage water can cause. Besides, the school is going to be doing renovations when the weather gets bad. That's less than ideal.

M: What's wrong with that?

W: It's kind of technical, so I won't explain. But the school would be much better off waiting to make the repairs next spring when the weather gets warmer. Otherwise, they might have to do more renovations in the future.

여학생: 말도 안돼. 학교 측이 지금 당장 Reagan관을 보수하려고 하는 거야?

남학생: 음, 너도 공지 사항을 읽었구나. 그 건물은 지난 주 허리케인 때문에 피해를 입었어.

여학생: 물론 그렇지만, 나는 그곳에서 수업이 세 개나 있어. 공사로 인해 생기는 소음으로 어떻게 집중을 할 수가 있을까? 항상 주위가 산만해질 거야. 다른 학생들과 선생님들도 언짢아하게 될 것이라고 확신해.

남학생: 아마 그렇겠지만, 건물이 심한 수혜를 입은 것 같아.

여학생: 나도 손상된 것을 보았어. 그렇게 전혀 심한 것이 아니었어.

남학생: 확실해?

여학생: 확실해. 나는 토목 공학이 전공이야. 수해로 인해 생길 수 있는 손상에 대해 모든 것을 알고 있지. 게다가, 학교 측은 날씨가 좋지 않을 때 보수 공사를 하려고 하고 있어. 그건 이상적인 것이 아니야.

남학생: 어떤 점이 잘못되었는데?

여학생: 기술적인 것인데, 그래서 설명은 하지 못하겠어. 하지만 학교 측은 날씨가 따뜻해지는 내년 봄까지 기다렸다가 보수를 하는 것이 훨씬 더 좋을 거야. 그렇지 않으면, 차후에 더 많은 보수를 해야 할 수도 있거든.

Sample Response p.159

남자와 여자는 학교 행정처가 발표한 공지에 대해 이야기한다. 공지는 최근 허리케인에 의해 훼손되었기 때문에 학기 중간에 Reagan관을 보수할 것이라고 말한다. 여자는 학교의 결정에 반대한다. 먼저, 그녀는 학기 중에 보수 공사가 이루어지는 것에 반대한다. 그녀에 따르면, 그녀는 Reagan관에서 세 개의 수업이 있다. 그녀는 보수 공사가 진행되는 동안, 자신과 다른 학생들은 집중을 하지 못하게 될 것이라고 불평한다. 둘째, 학생은 수해로 인한 건물 피해는 심각한 것이 아니라고 말한다. 그녀는 토목 공학이 전공이기 때문에, 건물이 괜찮다고 알고 있다고 말한다. 그녀는 또한 학교 측이 추운 날씨에 공사를 해서는 안 되며 날씨가 따뜻해지는 봄까지 건물을 수리하는 것을 기다려야 한다고 말한다.

Business: Advertising

READING p.160

광고

광고의 주된 목적은 고객들을 유인해서 다양한 제품이나 서비스를 구매하도록 하는 것이다. 많은 기업들이 소비자들의 눈이나 귀를 확실히 사로잡기 위해 광고를 함으로써 제품을 홍보한다. 기업들은 다채로운 광고판을 이용하고, 외우기 쉬운 노래를 만들어 라디오에서 방송되도록 하며, 그리고 제품 및 서비스의 장점을 자랑하는, 정교한 텔레비전 광고를 제작한다. 이러한 광고는 잠재적 고객들로 하여금 그러한 제품 및 서비스에 대한 의견을 형성시켜 이를 구매할 것인지 그렇지 않을 것인지를 결정하게 만든다.

LISTENING 🎧 15-05

M Professor: Have you ever wondered why some products are more popular than others? In many cases, it has to do with advertising. A company that can produce memorable—and therefore effective—advertisements often finds success in the market.

In 1984, one of the most effective advertisements of all time was made. And it only aired once, during the Super Bowl. Uh, that's the championship game of American football

if you don't know. Anyway, it was for the Apple Macintosh, a new computer by Apple, Inc. The ad was based on the book *1984* by George Orwell, and even to this day, people remember it. Oh, as for the Macintosh, it became one of the most successful personal computers of that era thanks in part to a single advertisement.

In other cases, a company doesn't rely upon just one advertisement but instead uses a large number of them. Coca-Cola, I think, is a perfect example of this. All throughout the year, you can see Coca-Cola ads everywhere . . . on TV, on the radio, on billboards. Many of the commercials are memorable—especially during the holiday season—and there are even Coca-Cola songs that people sing. It should come as no surprise that Coca-Cola is the most popular soft drink in the entire world.

교수: 왜 어떤 제품이 다른 제품보다 더 인기가 있는지에 대해 궁금해 본 적이 있나요? 많은 경우, 그것은 광고와 관련이 있습니다. 기억하기 쉬운 – 따라서 효과적인 – 광고를 만드는 기업이 종종 시장에서 성공을 합니다.

1984년, 역사를 통틀어 가장 효과적인 광고 중 하나가 만들어졌습니다. 그리고 슈퍼볼에서 한 차례만 방영이 되었죠. 어, 모르고 있는 경우를 위해, 슈퍼볼은 미식 축구의 결승 경기입니다. 어쨌든, 그것은 Apple 사의 새로운 컴퓨터인 Apple Macintosh에 관한 것이었습니다. 이 광고는 조지 오웰의 책인 『1984』에 기반하고 있고 심지어 오늘날에도 사람들이 이를 기억하고 있습니다. 오, 그리고 Macintosh에 대해 말씀을 드리면, 부분적으로 단 한 번의 광고 때문에, 이는 당시 가장 성공적이었던 개인용 컴퓨터 중 하나가 되었습니다.

다른 경우, 기업이 한 광고에만 의존하지 않고, 대신 여러 가지의 광고를 이용하기도 합니다. 제 생각에, Coca-Cola가 이에 대한 완벽한 예가 될 것 같군요. 일 년 내내, 여러분들은 어디에서나 Coca-Cola의 광고를 볼 수 있습니다... TV, 라디오, 광고판에서요. 이중 다수의 광고는 잘 잊혀지지 않으며 – 특히 휴가철이요 – 사람들이 따라 부르는 Coca-Cola 노래도 있습니다. Coca-Cola가 전 세계에서 가장 유명한 음료라는 점은 전혀 놀라운 것이 아닙니다.

Sample Response p.161

교수는 광고가 다양한 제품에 도움이 되는 두 가지 방식에 대해 학생들에게 말한다. 교수가 사용하는 첫 번째 예는 Apple Macintosh에 관한 것이다. 교수는 단 한 차례만 방송된 광고로 Apple Macintosh가 1980년대에 가장 많이 팔린 컴퓨터가 되었다고 말한다. 교수가 제시하는 두 번째 예는 Coca-Cola의 광고에 관한 것이다. 교수에 의하면, 온갖 종류의 Coca-Cola 광고가 있으며, 이 중 다수는 기억하기가 쉽다. 그 결과, Coca-Cola는 세계에서 가장 많이 팔리는 음료가 되었다. 이러한 예들은 본문에서 묘사된 광고의 개념을 보여준다. 광고는 기업이 그들이 파는 몇몇 제품들을 홍보하기 위해 상업 광고를 제작하는 마케팅의 한 유형이다. 본문에 따르면, 광고는 소비자들로 하여금 이러한 제품에 대한 의견을 형성하게 하며 제품을 구입하도록 만든다.

Biology: Insect Defenses

W Professor: While lots of people prefer to avoid insects, this isn't true of other creatures. They, instead, tend to think of insects as tasty treats. Well, in order to avoid winding up in another animal's stomach, insects have developed a number of defenses. We categorize most of them as physical defenses or chemical defenses.

Insect physical defenses come in a variety of forms. One common defense some insects have is the ability to blend into their backgrounds. By this, I mean that some insects can be difficult for predators to see. Take the walking stick. As you can surmise from its name, it resembles a stick. When it's on a tree branch and not moving, many predators simply don't notice it. Another physical defense some insects have is the ability to survive when one of their legs is detached. A few grasshoppers have breaking points on their legs. So if a predator grabs a grasshopper's leg, the grasshopper simply detaches that leg and hops away as well as it can.

As for chemical defenses, insects use these to deter or even attack predators. There are many different chemical defenses. The stinkbug is an insect that produces an awful-smelling chemical when it feels threatened. The smell is so intense that it drives predators away, thereby saving the stinkbug's life. Other insects, meanwhile, have chemical toxins in their bodies that they use to defend themselves by attacking their enemies. For instance, bees, wasps, and hornets all have stingers that they use against others to inject these toxins. They sometimes use them to hunt with, but they often use their stingers when they are under attack by larger predators.

교수: 많은 사람들이 곤충들을 피하고 싶어하지만, 다른 생물들도 그러한 것은 아닙니다. 그 대신, 곤충을 맛있는 별미로 생각하는 경향이 있죠. 음, 다른 동물들의 위 속으로 빨려 들어가는 것을 피하기 위해, 곤충들은 여러 가지 방어 수단들을 발전시켜 왔습니다. 대부분의 수단들은 물리적 방어 수단과 화학적 방어 수단으로 분류되고 있습니다.

곤충의 물리적 방어 수단은 다양한 형태로 이루어져 있습니다. 곤충들이 지니고 있는 한 가지 일반적인 방어 수단은 주변과 섞이는 능력입니다. 이로 인해, 그러니까 포식자들이 일부 곤충들을 찾아내기가 힘들 수 있습니다. 대벌레를 예로 들어 봅시다. 그 이름에서 추측해 볼 수 있듯이, 대벌레는 막대와 비슷하게 생겼습니다. 대벌레가 나뭇가지에 앉아 움직이지 않으면, 많은 포식자들은 이를 알아채지 못합니다. 일부 곤충들이 가지고 있는 또 다른 물리적 방어 수단은 다리 중 하나가 떨어져 나갔을 때도 살아남을 수 있는 능력입니다. 몇몇 메뚜기들은 다리에 절단 지점을 가지고 있습니다. 그렇기 때문에, 포식자가 메뚜기의 다리 하나를 붙잡더라도, 메뚜기는 그 다리를 떼어 내어 가능한 멀리 도망가게 됩니다.

화학적 방어 수단에 대해 말씀 드리면, 곤충들은 이를 이용하여 포식자들의 공격을 억지하거나 심지어 포식자들을 공격할 수도 있습니다. 여러 다양한 화학적 방어 수단들이 존재합니다. 방귀벌레는 위협을 느끼면 끔찍한 악취가 나는 화학 물질을 분비해 내는 곤충입니다. 그 냄새가 너무도 강력해서 포식자들은 달아나게 되고, 따라서 방귀벌레는 목숨을 건질 수가 있습니

다. 한편, 적들을 공격함으로써 스스로를 지키는데 사용하는 독성 화학 물질을 체내에 가지고 있는 곤충들도 있습니다. 예컨대 꿀벌, 말벌, 그리고 호박벌들은 모두 상대방에게 이러한 독성 물질을 찔러 넣을 수 있는 침을 지니고 있습니다. 이들은 때때로 침을 사용하여 사냥을 하기도 하지만, 종종 보다 큰 포식자들에 의해 공격을 받는 경우 자신들의 침을 사용합니다.

Sample Response
p.163

교수의 강의에서, 그녀는 곤충들이 사용하는 두 가지 유형의 방어 수단에 대해 알려 주고 있다. 첫 번째 종류는 물리적 방어 수단이다. 교수는 일부 동물들이 주변과 섞일 수 있다고 말한다. 대벌레가 그렇게 할 수 있다. 대벌레는 나무에서 마치 막대와 같이 보이기 때문에, 포식자들은 이를 알아채지 못한다. 메뚜기와 같은 다른 동물들은 자신의 다리를 떼어낼 수가 있다. 포식자가 메뚜기의 다리를 붙잡을 때, 다리를 떼어내고, 메뚜기는 그 후에 도망칠 수 있다. 두 번째 종류는 화학적 방어 수단이다. 교수가 말하는 첫 번째 예는 방귀벌레이다. 방귀벌레는 그 냄새가 지독해서 포식자들이 자신을 건드리지 않도록 만드는 화학 물질을 방출한다. 교수가 들고 있는 또 다른 예는 독성 화학 물질의 사용에 관한 것이다. 꿀벌, 말벌, 그리고 호박벌은 침을 통해 분비할 수 있는 화학 물질을 지니고 있다. 이들은 포식자들이 자신을 공격할 때 이러한 방어 수단을 사용한다.

Actual Test 16

TASK 1 · INDEPENDENT TASK
Learning from the Past

Sample Response
p.166

› AGREE

나는 과거로부터 배우기 위해 과거를 기억하는 것이 중요하다는 점에 동의한다. 나는 두 가지 이유 때문에 이렇게 생각한다. 먼저, 과거를 연구함으로써, 다른 이들의 실수로부터 배울 수가 있다. 내 말은, 내 아버지께서는 젊었을 때 변호사가 되고 싶어하셨다. 로스쿨을 다니셨지만, 아버지께서는 정말로 그곳을 싫어하셨다. 나의 여자 형제가 변호사가 되는 것을 고려했을 때, 그녀는 내 아버지의 경험을 기억하고 마음을 바꾸었다. 둘째, 과거를 연구함으로써, 우리는 몇몇 행동 뒤에 어떤 일이 일어날 것인지를 예측할 수 있다. 예를 들면, 내가 사는 지역에서는, 거의 매년 가을마다 산불이 일어난다. 따라서 지역 주민들은 최근 산불이 일어나는 것에 대해 매우 주의해야 한다는 점을 알게 되었다. 이러한 두 가지 이유로, 나는 과거를 연구함으로써 많은 것을 배울 수 있다고 믿는다.

› DISAGREE

나는 과거로부터 배우기 위해 과거를 기억하는 것이 중요하다는 점에 동의하지 않는다. 나는 두 가지 이유 때문에 이렇게 생각한다. 먼저, 역사는 결코 되풀이되지 않는다. 내 말은, 역사에서 동일한 사건은 결코 두 번 일어나지 않는다. 따라서 과거에 어떤 일이 일어났는지 살펴봄으로써 미래의 사건들을 예측할 수는 없다. 둘째, 나는 학교에서 성적이 좋지 못했지만 인생에는 매우 성공한 사람들을 알고 있다. 예를 들면, 내 할아버지께서는 기업을 소유하셨고 부자가 되셨지만, 결코 과거를 연구한 적은 없으셨다. 오직 현재와 미래에만 집중했을 뿐이다. 이러한 두 가지 이유로, 나는 과거로부터 배우기 위해 과거를 연구하는 것이 중요한 것은 아니라고 믿는다.

TASK 2 · INTEGRATED TASK

Paving a Bicycle Path

READING p.168

편집자님께,

Milton관과 Atwell 과학 빌딩 사이의 공원을 가로지르는 자전거 도로의 상태가 좋지 못합니다. 최근 그 도로에서 자전거를 탔는데, 거의 몇 차례나 넘어질 뻔 했습니다. 자전거 도로는 흙투성이기 때문에 포장되어야 합니다. 그렇게 하면 자전거 도로는 자전거를 타기에 훨씬 더 안전한 곳이 될 것입니다. 또한 도로의 폭이 확장되어야 합니다. 현재의 상태에서는, 자전거 타는 사람 두 명이 충돌하지 않고 서로를 지나치기가 불가능합니다. 학교 행정 당국이 겨울 방학 동안 자전거 도로의 상태를 개선시키는 것이 옳다고 생각합니다.

Scott Pickering
1학년

LISTENING 🎧 16-03

M Student: Hmm . . . This writer makes some good points in his letter.

W Student: I couldn't disagree more with him.

M: But the bike path ought to be paved. I mean, uh, I almost wrecked my bike on it last week.

W: You just need to ride more carefully then. Paving the bike path in the middle of all those trees would be unnatural. It wouldn't be harmonious with nature. In fact, I think it would look pretty ugly.

M: Well, I say that safety is more important than appearance.

W: Let's just agree to disagree then.

M: All right, but don't you think the path should be widened?

W: Not really. That writer is exaggerating. I've been on the path many times in the past, and cyclists have often passed me without ever coming close to running into me. I don't think there's anything to worry about.

M: I don't know.

W: Come on. When was the last time an accident happened on that path . . . ? That's right. There's never been one, and that path has been around for years. There is absolutely nothing wrong with it.

남학생: 흠... 글을 쓴 사람이 편지에서 몇 가지 좋은 지적을 하고 있네.

여학생: 나는 전적으로 동의하지 않아.

남학생: 하지만 자전거 도로는 포장되어야 해. 내 말은, 어, 지난 주에 내가 그곳에서 자전거를 타다가 거의 넘어질 뻔 했거든.

여학생: 보다 주의해서 자전거를 타기만 하면 돼. 나무들이 있는 중간에 자전거 도로를 포장하면 부자연스럽게 될 거야. 자연과 조화를 이루지 못할 것이고. 실제로, 상당히 이상해 보일 거라고 생각해.

남학생: 음, 나는 보이는 것보다 안전이 더 중요하다고 하고 싶은데.

여학생: 그럼 서로의 의견이 다르다는 것을 인정하도록 하자.

남학생: 좋아, 그런데 도로 폭은 넓어져야 한다고 생각하지 않아?

여학생: 꼭 그렇지는 않아. 글을 쓴 사람이 과장하고 있어. 나도 예전에 수차례 자전거 도로에 갔는데, 자전거를 타는 사람들은 나를 칠 정도로 가까이 오지 않고서도 종종 지나쳐 갔지. 우려할 점이 있다고는 생각하지 않아.

남학생: 나는 모르겠어.

여학생: 봐. 그 도로에서 사고가 마지막으로 일어났던 것이 언제였지...? 맞아. 한 번도 없었고, 그리고 그 도로는 일 년 내내 이용이 가능해. 잘못된 것은 정말 아무것도 없다고.

Sample Response p.169

남자와 여자는 한 학생이 편집자에게 쓴 편지에 대해 대화하고 있다. 편지에서 학생은 교내 자전거 도로가 확장되어야 한다고 주장한다. 여자는 두 가지 이유로 편지 작성자의 의견에 반대한다. 첫 번째 이유는 그녀가 자전거 도로를 포장하면 자연스럽지 않을 것이라고 느끼기 때문이다. 그녀에 의하면, 공원의 나무들을 가로지르는 자전거 도로는 자연과 조화를 이루지 못할 것이고 도로가 포장되면 좋아 보이지 않을 것이다. 둘째, 그녀는 그 도로에서 여러 번 자기 자전거를 탔다고 주장한다. 그녀는 자전거를 타는 많은 사람들이 자신과 충돌하지 않고 지나갔다고 말한다. 그러므로, 그녀 생각에, 도로를 확장할 필요는 전혀 없다. 따라서, 여자는 편집자에게 보낸 편지의 내용에 동의하지 않는다.

Economics: Customer Service Testing

READING p.170

고객 서비스 테스트

사업가들과 경영진들은 직원의 능력을 평가하는데 항상 관심을 가지고 있다. 하지만, 고용주가 주위에 있으면 노동자들은 보통 최선을 다해 행동을 하기 때문에, 직원이 얼마나 뛰어난지를 확인하는 일은 어려울 수 있다. 따라서, 많은 사람들이 고객 행세를 하는 사람들을 고용한다. "비밀 고객들"이라고 알려져 있는 이러한 사람들은 사업체를 방문하여 직원들과 소통한다. 사업 상의 거래를 마치자마자, 이들은 자신들이 받았던 서비스의 질에 대해 보고를 한다. 이러한 방식으로, 고용주들은 자신들의 직원들이 제공하고 있는 서비스의 수준에 대해 많은 것을 알 수가 있다.

LISTENING 🎧 16-05

M Professor: Before I started teaching here, I owned a restaurant. It was a tough business, and one of the hardest aspects of the job was determining which employees were good and which were bad. I often had to resort to something called customer service testing to find out which people I should promote and which ones I should fire.

Here's what I did . . . I hired people to visit my restaurant and eat there. I told them to make various requests of the help staff and chefs to see how they would respond. In one case, one of these, uh, secret shoppers, made several requests of one of my waitresses. However, she never complained but did everything that he asked with a smile on her face. He was highly impressed with her service, and so was I. I soon made her the head waitress.

Sadly, another secret shopper had a different experience. He ordered a meal, but it wasn't prepared the way he wanted it. He returned it to the chef, but the chef came out of the kitchen to berate the customer. I had no idea he was so hot headed. As soon as I found out about that incident, I fired the chef immediately. Customer service is crucial in restaurants after all.

교수: 이곳에서 교편을 잡기 전에, 저는 식당 하나를 소유하고 있었습니다. 힘든 사업이었고, 일에서 가장 힘든 측면 중 하나는 어떤 직원이 뛰어난지, 그리고 어떤 직원이 뛰어나지 못한지를 알아내는 것이었습니다. 저는 어떤 사람을 승진시켜야 하고 누구를 해고해야 하는지를 알아내기 위해 고객 서비스 테스트라고 불리는 것에 종종 의지를 해야 했습니다.

제가 했던 일을 알려 드리죠... 저는 제 식당을 찾아, 그곳에서 식사를 할 사람들을 고용했습니다. 저는 직원과 주방장들이 어떻게 대응하는가를 알아 보기 위해 그들에게 서빙 직원과 주방장들에게 다양한 요구를 하도록 시켰 습니다. 한 번은, 이들 중 한 명이, 어, 비밀 고객이었는데, 여종업원에게 몇 가지 요구를 했습니다. 하지만, 그녀는 불평하지 않고 그가 요구했던 모든 것 들을 웃는 얼굴로 처리해 주었습니다. 그는 그녀의 서비스에 깊은 인상을 받 았고, 저 또한 마찬가지였습니다. 저는 곧 그녀를 급사장으로 임명했습니다.

안타깝게도, 다른 비밀 고객은 이와 다른 경험을 했습니다. 그는 식사를 주문했지만, 그가 원하는 방식으로 준비가 되지 않았습니다. 그는 음식을 주 방장에게 다시 돌려보냈지만, 주방장은 주방에서 나와 손님에게 심한 말을 했습니다. 저는 그가 그렇게 성급한 사람인 줄 몰랐습니다. 그러한 사건에 대 해 알게 된 직후, 저는 즉시 그 주방장을 해고했습니다. 어쨌든 식당에서는 고객 서비스가 중요하니까요.

Sample Response   p.171

강의에서, 교수는 자신의 직원들의 자질을 알아보기 위해 비밀 고객들을 이용한 두 가지 방식에 대해 설명하고 있다. 첫 번째 예는 그의 여종업원에 관한 것이다. 그가 고용한 사람은 여종업원에게 여러 가지 요구를 했다. 그녀 는 이를 기쁜 마음으로, 그리고 잘 처리해 주었기 때문에, 교수는 그녀를 급 사장으로 임명했다. 두 번째 예는 주방장 중 한 명에 관한 것이다. 한 비밀 고 객이 음식을 주방으로 되돌려 보냈지만, 주방장이 뛰어나와 식당 고객에게 소리를 질렀다. 이러한 사건으로 교수는 주방장을 해고했다. 이러한 예들은 고객 서비스 테스트라고 불리는 개념을 나타내 주는데, 고객 서비스 테스트 는, 사업장을 방문하여 직원들과 소통을 하도록, 사람을 고용하는 것으로 정 의된다. 그러면 이러한 비밀 고객들은 자신들이 받은 서비스의 질에 대해 사 업주에게 보고를 한다.

Biology: Animal Fur Adaptations

LISTENING   🎧 16-07

W Professor: In cold northern climates, many animals have evolved to have fur on their bodies. This helps them survive in exceedingly cold weather. Some animals, such as the polar bear, maintain the same fur thickness and color all year round. Yet in places further south, where the seasons and the weather conditions differ, the fur of many animals changes in response to the varying conditions. Let me tell you the two main ways in which it changes.

In winter, the fur on animals is much thicker than it is during the warmer summer months. After winter ends and spring arrives, many animals begin shedding. When animals shed, their fur starts to fall out and therefore becomes thinner. Shedding is common among mammals, particularly bears, rabbits, dogs, and cats. By shedding, animals rid themselves of extra fur, which could cause their bodies to overheat in hot summer conditions. Later, when fall arrives, their fur starts growing back more thickly. Thus, in winter, it's, uh, thick enough to protect them from the increasing cold.

The second way in which animals' fur changes is that its color tends to vary depending upon the season. The rabbit is a perfect example of an animal whose fur changes colors along with the seasons. Rabbits are primary prey animals, uh, so many larger animals hunt it as a vital food source. In response, rabbits have evolved so that their fur changes colors in winter and summer. During summer, most rabbits have brown fur, which helps them blend in with the ground and trees. Yet in winter, the fur of many rabbits changes to become white. This lets them more easily camouflage themselves in the snow.

교수: 추운 북부 기후에서는, 많은 동물들이 신체에 털을 지니도록 진화해 왔습니다. 이로써 극도로 추운 날씨에서도 동물들은 생존할 수가 있는 것이 죠. 일부 동물들, 예컨대 북극곰과 같은 동물들은 일 년 내내 동일한 밀도와 색깔을 가진 털을 가지고 있습니다. 하지만 계절과 날씨가 변하는, 보다 남쪽 지방에서는, 다양한 환경에 따라 많은 동물들의 털이 변합니다. 털이 변화하 는 두 가지 주요한 방식에 대해 말씀 드리도록 하겠습니다.

겨울에는, 동물들의 털이 더 따뜻한 여름 기간 동안 보다 훨씬 더 촘촘해 집니다. 겨울이 끝나고 봄이 찾아오면, 많은 동물들은 털갈이를 시작합니다. 동물들이 털갈이를 하면 털이 빠져나가서, 털이 보다 성기게 됩니다. 털갈이 는 포유류들 사이에서, 특히 곰, 토끼, 개, 그리고 고양이 사이에서 흔합니다. 털갈이를 함으로써, 동물들은 여분의 털들을 제거하게 되는데, 여분의 털이 있게 되면 여름의 더운 환경에서 신체가 과열될 수 있습니다. 이후, 가을이 찾아오면, 동물의 털은 다시 보다 촘촘하게 자라기 시작합니다. 따라서, 겨울 에는, 어, 점점 추워지는 날씨로부터 동물들을 보호하기에 충분할 정도로 촘 촘하게 되는 것이죠.

동물들의 털이 변화하는 두 번째 방식은 털의 색깔이 계절에 따라 다양하 게 바뀌는 경향을 보인다는 점입니다. 털의 색깔이 계절에 따라 변하는 동물 의 완벽한 예는 토끼입니다. 토끼는 주로 피식 동물이기 때문에, 어, 몸집이 더 큰 많은 동물들이 이들을 중요한 먹잇감으로 사냥합니다. 이에 대응하여, 토끼는 털이 겨울과 여름에 색이 변하도록 진화되었습니다. 여름 동안, 대부 분의 토끼들은 갈색 털을 갖게 되는데, 이로써 토끼들은 지면과 나무의 색에 섞이게 됩니다. 하지만 겨울에는, 많은 토끼들의 털이 하얀색으로 변합니다. 이로써 눈 속에서 위장을 보다 쉽게 할 수가 있는 것이죠.

Sample Response   p.173

강의에서, 교수는 털이 있는 동물들이 진화해 온 두 가지 방식을 알려 준 다. 첫 번째 방식은 일부 동물들이 털갈이를 한다는 점이다. 겨울 동안, 대부 분 동물들의 털은 촘촘하다. 하지만, 봄과 여름에는, 기온이 점점 따뜻해진 다. 그러면, 동물들은 촘촘한 털이 필요하지 않게 된다. 실제로, 털이 촘촘히 있다면 이들의 신체는 과도하게 뜨거워질 것이라서 털갈이를 하는 것이다. 이는 털의 일부가 떨어져 나가, 더 이상 털이 촘촘하지 않다는 것을 의미한 다. 가을 동안, 털은 더 추운 겨울에 대비하기 위해 다시 촘촘하게 자란다. 두 번째 방식은 일부 동물들의 털 색깔이 바뀐다는 점이다. 한 예로서 교수는 토 끼에 대해 이야기를 한다. 교수는 여름 동안 대부분의 토끼들이 갈색의 털을 지닌다고 말한다. 지면과 나무가 갈색이기 때문에, 토끼들은 쉽게 몸을 숨길 수가 있다. 하지만 겨울에는, 토끼들이 하얀색 털을 갖게 되는데, 이로써 토끼들은 눈 속에서 위장을 할 수가 있다. 이러한 방식으로 교수는 털을 지닌 동물들의 두 가지 적응 방식에 대해 논의하고 있다.

MEMO

TOEFL® MAP

ACTUAL TEST

New TOEFL® Edition

Speaking 1